荷蘭史

張淑勤　著

三民書局

國家圖書館出版品預行編目資料

荷蘭史 / 張淑勤著.－－初版一刷.－－臺北市：三
民, 2012
　　　面；　　公分

ISBN 978–957–14–5680–5　（平裝）
　　1. 荷蘭史

747.21   101009558

Ⓒ 荷 蘭 史

編 著 者	張淑勤
責任編輯	洪曉萍
美術設計	李唯綸
發 行 人	劉振強
著作財產權人	三民書局股份有限公司
發 行 所	三民書局股份有限公司
	地址　臺北市復興北路386號
	電話　(02)25006600
	郵撥帳號　0009998–5
門 市 部	（復北店）臺北市復興北路386號
	（重南店）臺北市重慶南路一段61號
出版日期	初版一刷　2012年6月
編 號	S 740630

行政院新聞局登記證局版臺業字第○二○○號

有著作權‧不准侵害

ISBN　978–957–14–5680–5　（平裝）

http://www.sanmin.com.tw　三民網路書店
※本書如有缺頁、破損或裝訂錯誤，請寄回本公司更換。

自　序

　　荷蘭在國際上，正式的名稱是尼德蘭王國 (Koninkrijk der Nederlanden, Kingdom of Netherlands)，簡稱尼德蘭。但是，荷蘭較尼德蘭更廣泛地被人們稱呼。確切地說，荷蘭只是現今尼德蘭王國 12 個省分中的兩個省，即南荷蘭省與北荷蘭省。在 1581 年，透過《斷絕法案》(Act of Abjuration) 的頒布，尼德蘭的北方 7 省：荷蘭 (Holland)、澤蘭 (Zeeland)、于特列赫特 (Utrecht)、赫德蘭 (Gelderland)、艾瑟爾 (Ijssel)、菲士蘭 (Friesland)、格羅寧根 (Groningen)，宣布正式脫離西班牙政權。

　　荷蘭省負擔了新成立之聯省共和國總經費之 59% 以上，人口則佔共和國總人口數之 40% 左右，荷蘭省除了是當時北尼德蘭最富裕的地區；在其他各方面，如文化、藝術等領域亦具領導地位。歷史學家通常認為，沒有荷蘭省，就沒有尼德蘭。這也是尼德蘭之所以被通稱為荷蘭的重要原因。

　　荷蘭位於西北歐，東邊的陸界為德國，南方與比利時接壤，西北方臨北海。荷蘭與北海的臨界線，遠長於與比利時、德國之間的國界線，當今的荷蘭疆土與國界是於 1839 年，尼德蘭王國時期，經過國際承認所界定。荷蘭是一個君主立憲國家。

　　作為一個陸域和水域面積總共僅約 41,526 平方公里的蕞爾小國，荷蘭在歐洲歷史，乃至世界史的脈絡上，其重要性及意義，遠比荷蘭國土面積大得多。荷蘭在世界史的層面上，對「現代性」形成之歷程，具有深遠影響。例如，在其城市的興起與發展、資本主義之萌芽與建立、宗教改革的具體、共和主義之出現、科技之發明改良、海外探險與全球貿易網的成立等。在歷史上，荷蘭人早就對「全球化」有所察覺。荷蘭透過世界貿易網，將荷蘭的經濟與文化和全球編織在一起。

　　「尼德蘭」在荷語中意指為「低窪之地」，其境內地勢最低之處，約

為海平面 6 公尺以下。荷蘭人經常與海爭地，填海而成的海埔新生地 (polder) 遍布各處。人們印象中的荷蘭風光，常是如畫般的景緻，經常與水景運河、風車鮮花聯結在一起。對荷蘭人而言，海水與潮汐、無止盡的海砂與風雨、冷冽的空氣與海埔新生地，使得荷蘭人擁有了特別的勇氣、毅力、機警與精明。

歷史學家西蒙‧夏瑪 (Simon Schama) 認為，荷蘭最早的民族主義，乃因荷蘭人必須共同協力抵抗海洪而產生。驚濤巨浪會將荷蘭很多地方頓時化為廢墟，當然，風平浪靜的海洋，也帶給了荷蘭豐饒與繁榮。潮水的迴盪之聲，成為每一個荷蘭人生活的一部分。蠻橫的洪水、無數的海難，以及無止盡的築堤、修壩與填海，需要荷蘭人發揮互助團結的精神，以及養成彼此溝通時的寬容。在早期，許多的荷蘭人，曾認為洪水的氾濫是上帝懲罰人類罪惡生活的一種方式。畢竟在《聖經》裡，海洋對人類並不怎麼友善。傳說中，海底棲居著令人畏懼的怪物。

海水也成為宗教想像的隱喻，荷蘭的喀爾文教徒，曾將諾亞方舟 (Noah's Ark) 與大洪水的事蹟和荷蘭歷史相連。不論是無情無義如高牆般的浪濤，或是滾滾洪水如何粗暴地肆虐他們，最後，荷蘭依然如諾亞的方舟一般，安然無恙。荷蘭在經歷過大洪水的劫難之後，成為被洗滌過的新生之地，看見了美麗的彩虹，並成為上帝的「應許之地」 (Promise land)。

荷蘭人對「水」的解釋，也可成為一種「政治辯論」。例如，在 16 世紀時，大海被象徵為荷蘭與西班牙的政治關係。他們將粗暴的海洋隱喻為對荷蘭實行暴政的西班牙。歷史上無數的洪水潰塌了堤防，捲走了男女老幼、牲口與家禽、樹木與良田，也粉碎了溫暖的家園。不斷氾濫的洪水，帶給荷蘭人巨大的物質與精神創傷，深深刻印在荷蘭人的心中。然而，海洋也的確造就了荷蘭人不斷向外冒險的民族性與經濟繁榮。

荷蘭對「水」的態度與水利工程之發達，令人印象深刻。荷蘭的水

利工程日新月異，從早期的修堤防堵、填海圍地，到現在有效的排水系統與封海工程，荷蘭政府均提出了相應的嚴密組織及政策。除此之外，荷蘭人也對全球暖化的問題，具有敏銳的思考。

　　荷蘭自身的歷史發展頗為複雜。在過去的歷史中，尼德蘭所指涉的地區廣義來說，涵蓋了今日的荷蘭、比利時、盧森堡以及法國北方的一部分。荷蘭、比利時、盧森堡也稱之為「低地國」(The Low Countries)。「低地國」不是一個國家，而是一個地理名詞。「低地國」之間的歷史相互交錯，關係密切。

　　尼德蘭歷經羅馬時代、日耳曼帝國、大小諸侯國林立的封建時期，隨之被加入勃艮第 (Burgundy) 和哈布斯堡王朝，後來經由北尼德蘭革命，成立荷蘭共和國。在法國大革命後，曾被併入法國版圖，拿破崙失敗之後與南尼德蘭合併，成立尼德蘭聯合王國。在南尼德蘭於 1830 年獨立之後，是為今日的比利時，而北尼德蘭則成為尼德蘭王國，即荷蘭。

　　在荷蘭歷史的發展中，「尼德蘭革命」或稱「荷蘭叛變」，常被描繪成壯烈的史詩，但是，荷蘭在反抗西班牙的過程中，至少存在 3 種意義。首先，在政治上，是在反西班牙的中央集權。再來，在經濟上，要求經濟自主，並反對西班牙的嚴苛徵稅。最後，也是最重要的原因，是為了爭取宗教自由。荷蘭的建國，具有強烈反中央集權的精神。自古以來，尼德蘭地區曾經是日耳曼帝國封建體制下的一部分。尼德蘭地區的貴族們，曾經是帝國的封臣，但事實上，身為封建領主的日耳曼帝國，一直以來對南尼德蘭（即今比利時）獲得的利益更為重視，而對北尼德蘭的興趣則相對較少。中世紀時期的神聖羅馬帝國，是一個較為鬆散的政體，帝國本身就缺乏類似英法一般強而有力的中央權力。所以，尼德蘭貴族們，可以漸漸獲得較高的地方自治權力。

　　自 1515 年以降，在西班牙的查理五世成為尼德蘭地區的領主之後，尼德蘭和哈布斯堡王朝之間的關係，轉變得較為緊密。在菲力二世成為

西班牙帝國及尼德蘭地區的國王後，哈布斯堡與尼德蘭之間的關係逐漸惡化。至此，北尼德蘭終至走向脫離西班牙的歷程。荷蘭共和國成立之後，以一個「國家」層面的政治實體而言，其政治結構及其屬性尚不屬於一個現代觀念下之共和國，但從經濟層面來看，荷蘭已經是一個具有「現代」形式的經濟體系，荷蘭共和國各省分，均具有較多的自治權，各大城鎮的自主地位，容易發展成自由貿易。

「荷蘭叛變」的主要原因在於，荷蘭貴族們想極力保護其地方的自治權以及延續自身從中世紀以來就享有的特權。因宗教改革產生的喀爾文主義，逐漸在荷蘭建國的過程中，成為反天主教西班牙的關鍵角色。而威廉・奧倫治拿騷 (William Orange-Nassau) 家族，也與喀爾文宗派的利益相結合。

本書的宗旨，希望針對荷蘭歷史的發展，提出一個扼要的概念與解釋。內容的焦點，將聚焦於北尼德蘭和建國後的荷蘭，但不可避免地，也旁及到南、北尼德蘭之間的歷史淵源。畢竟，這兩個地區的歷史發展互相交錯、密不可分。

本書在一些專有名詞的使用上，中譯名詞之後，為了讀者方便起見，將以國際慣用的英文為主要標示。無英譯的地名與人名等，將使用荷蘭文原文，或其他相關的歐洲語言。具關鍵性的名詞，則同時使用相關原文與英文。在本書中，關於國家與地區的名稱使用上，「尼德蘭地區」意指今天之比利時與荷蘭。「南尼德蘭」則意指獨立之前的比利時，「北尼德蘭」則指獨立之前的荷蘭。「荷蘭省」是為一個省分，「荷蘭」則意指國家。不少的學術著作啟發了筆者的書寫，使用之參考資料，附加於正文之後的參考書目。

張淑勤

2012 年 5 月

目次

第一章
史前時期、羅馬時代與日耳曼世界

第一節　史前時期

羅馬人最早以文字記錄了關於尼德蘭地區的事蹟。在羅馬人到達尼德蘭地區之前，此地的歷史，因缺少具體的文字記事，只能稱為史前時代。在遠古時期，距今約 20 萬年以前，尼德蘭地區，還是一個覆蓋著厚厚冰霜的凍地，在往後的年代裡，隨著氣候的變遷，北極區的冰帽逐漸融化，造成海水不斷上升，逐漸形成了今日歐洲的北海岸，也開始形塑了今天荷蘭的地理形貌。

憑藉著考古學的知識，歷史學家，解釋了尼德蘭地區的歷史演變與其人類的生活。特別是從今天荷蘭之于特列赫特和北不拉班地區 (North Brabant) 的出土文物得知，在石器時代，人們就以粗糙簡陋的石斧狩獵，或採集野果維生。人們在自然環境中，艱難的生活，沒有什麼固定的居住據點，為了覓食，在各處流浪遊走。在西元前 4000 年左右，於今日林堡地區 (Limburg) 馬士河 (Mass) 沿岸的石洞中遺存的痕跡來看，已經有一批荷蘭人定居在此。由於這個地區出產豐富的燧石原料，人們便可以使用燧石製作一些簡單的工具，如石斧和石刀。原始荷蘭人也開始種植一些農作物兼飼養動物，過著農業與畜牧生活，在此地區，更發現了帶有螺旋狀條紋裝飾的陶器。約於西元前 6000 年的德倫特 (Drenthe) 附近，考古學家也發現了獨木舟的殘跡。青銅時代的墓塚以及鐵器時代的骨灰罐之相繼出土，史學家判斷，這是意味著人們喪葬習俗的變遷。

在早期的歷史中，往往一種新工具的使用，可以視為新文化出現的代表。例如已經懂得使用鐵器的霍斯塔得文化 (Halstatt culture)，以及稍後具有塞爾特人 (Celts) 風格的拉得那文化 (La Tène culture) 在尼德蘭地區發展生根。在鄰近菲士蘭和格羅寧根的地區，人民則居住於土崗 (trepen) 上，這是此地區人民，為了防止海水倒灌氾濫所堆建之高地。他們主要以出海捕魚維生，並嘗試動物的放牧豢養，土崗應該是菲士蘭人最早防禦海水氾濫的建築工程。

第二節　羅馬人的到來

羅馬人為尼德蘭地區的文字歷史揭開了序幕，他們的文化光環，一路從地中海地區閃耀到北海。西元前 57 年，凱撒 (Julius Caesar) 率領了其訓練有素之軍隊到來，逐漸征服了部分尼德蘭地區。羅馬史家塔西圖斯 (Publius Cornelius Tacitus) 認為，尼德蘭地區相對於羅馬，真是一個偏遠蠻荒的邊疆之地。不過羅馬人終究在這個地區建立了行省與城鎮，並帶給尼德蘭地區所謂的「文明」。尼德蘭地區的比利其（Belgac，即比利時）人，曾嘗試反抗羅馬人的統治。在凱撒的著作《高盧戰記》中，曾描寫比利其人最悍勇的抵抗。日耳曼人中的一支巴達維亞人 (Batavians) 也曾於西元 69 年，由巴達維亞人的領袖西比利斯 (Claudius Civilis) 為

圖 1：凱撒征服尼德蘭地區後所鑄造的硬幣

首，對羅馬人奮戰，激烈反抗其入侵。巴達維亞人的此次「叛亂」，成為荷蘭人日後對西班牙反抗之「尼德蘭革命」的象徵，例如，荷蘭人將「尼德蘭革命」的領袖，威廉・奧倫治親王 (Prince William of Orange) 比喻為西比利斯。巴達維亞人在荷蘭人的想像與再現中，已經成為荷蘭人的祖先，並產生了所謂的「巴達維亞迷思」。在近代的荷蘭詩歌、通俗文學與戲劇中曾被不斷地稱頌。荷蘭在東印度殖民地佔領之雅加達 (Jakarta) 也被改稱作巴達維亞 (Batavia)。在 18 世紀末發生的「愛國者革命」則稱「巴達維亞革命」。

尼德蘭地區的人們，在與羅馬人接觸的過程中，通悉了如何修建堤防、建造橋樑、挖掘運河以及建蓋堡壘之技法。現今，在卡色 (Kassee)、佟赫樓 (Tongerlo) 與尼莫恆 (Nljmegen) 等城鎮，都留有羅馬時代的遺跡。由於羅馬人在尼德蘭地區的定居，對本地生活方式產生了明顯的影響。

第三節　日耳曼人的世界

日耳曼民族約於西元前 250 年左右西移，在西元 3～4 世紀時達到遷徙的高峰。萊茵河流域是羅馬人與日耳曼「蠻族」的分界河。換言之，萊茵河在當時區分了歐洲兩大族群的文化和語言，即羅馬 (Romance) 文化與日耳曼 (Germanic) 文化。由於尼德蘭地區恰好位於這兩個文化之分界區，這樣的結果，正解釋了現今尼德蘭地區的語言差異。南尼德蘭的瓦隆 (Wallonia) 地區屬羅馬語系，而法蘭德斯 (Flanders) 地區與鄰近的北尼德蘭，則屬日耳曼語系。羅馬的行政、法律與財務系統，也影響了日後尼德蘭地區的政治與社會組織。

西移的日耳曼人，嘗試越過萊茵河，來挑戰羅馬人的攻防界線。於茲，羅馬帝國的疆域結構，也因此起了變化。在日耳曼部落中，法蘭克人 (Franks) 主要聚集在尼德蘭地區的南部，而薩克森人 (Saxons) 與一些

菲士蘭人 (Frisians) 則居住於北部。歷史學家認為，在尼德蘭地區，凡是以 "thun" 作為字尾的地名，乃屬當時薩克森人活動的地區。薩克森人多半定居於尼德蘭東北部，菲士蘭人居住於沿海地帶的土崗上，德倫特地區很早就開始從事貿易活動，他們變賣自己的家畜、毛皮等，與其他西北歐地區的民族交換貨物。

一些大大小小日耳曼部落之間的戰爭，促使一些弱小的部落，常被迫與較強悍之部落合併，成為更大的部落。其中，法蘭克族中的一支撒利安人 (Salians) 逐漸擊敗並馴化了其他法蘭克部落。隨著法蘭克人的南移，日後，法國的巴黎最終也成為了他們的權力中心。406 年的酷寒冬天，雖然萊茵河凍結成冰，但是，仍沒能抵擋住日耳曼「蠻族」的入侵。日耳曼人移居高盧比利時 (Gallia Belgica)，即羅馬稱呼位於今日低地國以及法國東北、德國西部之地區，並大肆搶劫。包括了原本居住在較北地區的其他法蘭克人，他們同時沿著須爾德河 (Scheldt) 前進，於 430 年，佔領了圖爾內 (Tournai) 和康布萊 (Cambrai) 等地。於是一個短小精悍的王國在該地區被建立起來。

476 年，西羅馬帝國主要因為日耳曼「蠻族」的不斷入侵與基督教的逐漸壯大，終究走向滅亡之路。法蘭克人的勢力，在萊茵河、馬士河、和羅亞爾 (Loire) 河之間逐漸擴張，塞納河 (Seine) 流域隨後也漸漸被他們所佔有。法蘭克王國在克洛維 (Clovis) 時期，展開了大規模的發展，建都巴黎，成為歷史上的墨洛溫 (Merovingian) 王朝。克洛維出生於尼德蘭地區的法蘭德斯西南部，尼德蘭地區也被劃入他的統轄範圍之內。在今日荷蘭尼莫恆地區仍然可見到克洛維時期所留下的遺跡。

500 年左右，克洛維皈依了羅馬天主教。一些法蘭克貴族，隨後也跟隨他的腳步，相繼成為基督徒。這樣的改變，不但促進了新王國上層階級和早先羅馬高盧菁英分子之間的新關係，也說明了日後世俗政權和天主教會間的密切合作關係。

　　墨洛溫王朝人種之組成相當多元，由不同的日耳曼種族和羅馬高盧比利時人等融合而成。各個部族都有自己的習慣法，不論是評斷論事，或是處罰罪犯，均依據自己的習俗形成之習慣法而行。相較於羅馬文明，日耳曼之社會構成也較為原始簡單，不過，兩種文化也就如此融合並存。在社會等級上，分為 3 個階級：貴族、自由人和奴隸。墨洛溫時代的貴族階層，包含了日耳曼與羅馬高盧的貴族，但隨著時日漸長，他們也開始與自由人通婚，並互相融合。奴隸則被視為個人財產或商品。在宗教方面，日耳曼人原來多相信存在於自然界的神性事物，他們會將諸神人格化，有掌握雲雨雷電之神，也有掌管農業之神祇，以及掌管愛情之神等。人們膜拜眾神，並在大自然原野中建造的簡單廟宇中，舉行各種祭典。基督教傳播到羅馬帝國之後，在 4 世紀時，已經有小部分羅馬化的尼德蘭地區人民，皈依為基督徒。但大規模的集體皈依，則源自法蘭克王國時期。

　　傳教事業在尼德蘭地區，大致上是由愛爾蘭人和居住在尼德蘭南方的高盧人傳播，尤其是愛爾蘭的修士們對傳教事業更為熱忱。例如，聖阿曼德 (St. Amandus) 在南尼德蘭的根特市 (Ghent) 建立了聖彼得 (St. Peter) 和聖包博 (St. Bavo) 修道院。教宗塞吉阿斯一世 (Sergius I)，任命薩克森的修士威利布洛德 (Willibrord) 為北尼德蘭之菲士蘭主教。他於安特衛普 (Antwerp) 和于特列赫特建造教堂並組織修道院，于特列赫特更成為荷蘭日後主要的主教堂區。威利布洛德也在愛荷特拿赫 (Echternach) 建立了本篤會修道院 (Benedictine Monastery)，這間修道院也成為尼德蘭地區重要的基督教文化中心。

　　教會在早期的傳教事業並不順利。教義、宗教禮儀及基督教倫理都需要漫長的時間使人了解。傳教事業的拓展與法蘭克王國的疆域擴張並行。隨著王國的日益茁壯，傳教活動也足跡遍至。在基督教傳教過程中，也發生過教士殉道的事件。如包尼法提 (Bonifatius) 就在菲士蘭遭到殺

害，成為早期的基督教殉道者。之後，隨著教士們在各地建立主教轄區，宗教信仰也漸成為尼德蘭地區生活很重要的一部分。當時如茂梅地 (Malmedy)、尼維 (Nijvel) 成立的修道院，至今依然有部分的遺址留存。在修道院中，修士們過著極為虔誠的日子。尼德蘭地區人民的宗教生活，在進入中世紀時，達到了極致，成為日常生活中最重要的核心價值。

在克洛維過世之後，依照法蘭克族的撒利安法，由他的 4 個兒子分別繼承其領土。起初，由於王國持續擴張，尚未出現分裂的危機，他的子嗣甚至將王國疆域拓展至鄰近地中海的地區。之後，王國的分裂和擴張卻同時進行。在克洛維的子孫當中，克洛達里 (Chlotarius) 和達戈貝爾特 (Dogobert I) 分別在尼德蘭地區內建立起兩個小國：位於須爾德河和塞納河之間的紐斯特里亞 (Neustria)，以及座落於萊茵河和馬士河間的奧斯特拉西亞 (Austrasia)。達戈貝爾特後來陸續征服了大部分的菲士蘭地區，並將沿海地區的多爾城 (Dorestad) 建立為一個貿易據點。多爾城即今日的韋克‧貝‧杜爾斯特城 (Wijk bij Duurstede)。尼德蘭地區的人擅於經商，多爾城漸成為掌控西北歐的貿易重心，貿易通往地中海、波羅的海 (Baltic Sea)，並遠至伊斯蘭的哈里發 (Khalifs)。這個貿易中心，促成了北海與波羅的海之間的頻繁貿易往來。許多貨物由各地運送到多爾城，如錫器、皮毛、鯨油、酒、琥珀等，都在此地轉運販售。

墨洛溫王朝的後期，在奧斯特拉西亞的宮相家族中，具有膽識與財力的矮子丕平 (Pepin the Short)，於 751 年廢掉了國王，並自行稱王。從此法蘭克王國進入了一個新的紀元，即卡洛林 (Carolingian) 王朝。為教宗解決了倫巴底人 (Lombards) 的威脅之後，丕平的王位得到了教宗札哈里斯 (Zacharias) 的認可。札哈里斯教宗首先派遣大主教卜尼法斯 (Bonifatius) 為他祝聖，之後又在 754 年，由當時的新教宗史蒂芬二世 (Stephen II) 為其在聖丹尼斯修道院 (St. Denis) 行塗油加冕禮。這種塗油儀式，主要是為了使丕平的王位，不再與其他日耳曼統治者相同。丕平

將自己的地位，置於上帝在塵世中的神聖之國。這也開啟了一個先例，丕平的後代自此之後，都接受教宗主持的塗油加冕儀式。

768 年，丕平過世，他的子嗣查理繼承了亞奎丹 (Aquitain) 和尼德蘭地區的領土。查理的兄弟卡洛曼 (Carloman)，則獲得今日法國的東部地區。在卡洛曼死後，查理兼併了他的領土，並於 799 年幫助教宗李奧三世 (Leo III) 剷除異己，以換取其支持。800 年，教宗為查理施塗油禮，正式加冕他為皇帝，並宣布他為羅馬帝國的繼承者。之後，查理又征服了菲士蘭人，並將整個尼德蘭地區納入他的帝國版圖，成為了「偉大的查理」，即查理曼 (Charlemagne)。查理將他的宮廷遷至奧斯特拉西亞的阿亨 (Aachen)，位於今日比利時和德國的邊界處。

幅員遼闊的查理曼帝國，從庇里牛斯地區 (Pyrenees) 到多瑙河流域 (Danube)，從菲士蘭到義大利中部，全都在它的版圖之內。由於阿亨為其宮廷所在，馬士河地區遂成為帝國的中心。查理曼也在尼莫恆的沃克霍夫 (Valkhof) 建造皇家城堡，尼德蘭地區也因此成為了帝國的核心區。

查理曼時期，羅馬天主教扮演了很重要的角色。帝國不僅僅只是一個龐大的世俗力量，更成為了一個精神上的領導。許多重要的羅馬經典，都以教會為媒介，在其帝國境內傳播。尼德蘭地區的各修道院中的教士們，在羊皮紙上手抄文稿，並在其文稿上繪圖。另外，教會也負起了教育的重任，教堂周圍建立了學校，如在荷蘭的于特列赫特的聖馬汀 (St. Martin) 教堂就設有教會學校。在學校中，設有文法、修辭、算數，以及幾何學等課程。宮廷中的官吏，也被要求學習，以提高文化素質。奧昆 (Alcuin of York) 數次訪探位於今盧森堡的愛荷特拿赫修院，他也修訂了大量的宗教書籍，並撰寫聖人傳記，提高了尼德蘭地區的文化地位。在南尼德蘭列日 (Liège) 附近的銅製藝術受到鼓勵，並蓬勃發展，成為了著名的藝術中心。查理曼推動的這些文化事業，被稱為卡洛林文藝復興 (Carolingian Renaissance)。

　　查理曼在 814 年死後，為了解決領土繼承問題，他的後代於 843 年
訂下了《凡爾登條約》(*Treaty of Verdun*)，將整個帝國分為 3 個部分。帝
國的分裂不只是對歐洲版圖造成明顯影響，對尼德蘭地區更有其歷史意
義。在這分裂出來的 3 個部分當中，約相當於今天德國地區的東法蘭克
王國 (Francia Orientalis) 由日耳曼的路易 (Ludwig der Deutsche) 繼承；隸
屬於今法國地區的西法蘭克王國 (Francia Occidentalis)，則由禿頭查理
(Charles le Chauve) 取得；而在東、西法蘭克王國中間的法蘭克王國
(Francia Media)，則是由洛泰爾一世 (Lothaire I) 繼承，其中包括尼德蘭
地區的絕大部分。介於萊茵河到馬士河、隆河 (Rhône)、須爾德河西岸一
帶、北義大利地區，以及阿亨也包含其中。在名義上，洛泰爾繼承了皇
帝之名，在今天荷蘭的馬斯垂克 (Maastricht) 和比利時的列日地區，還可
以見到洛泰爾時期之遺跡。

　　在《凡爾登條約》下建立的東、西法蘭克，後來逐步走向強權。而
當時夾在東、西法蘭克之間，由洛泰爾所繼承的包含尼德蘭地區的中間
地帶，卻在日後成為東、西法蘭克長久以來相互爭奪的對象，而尼德蘭
地區則始終被其具有強大勢力的左右鄰居所威脅。875 年，禿頭查理奪
得帝國。880 年，洛泰爾王國的北部，逐漸遭到東法蘭克的入侵，而後
終於在 925 年被亨利 (Henry the fowler) 兼併。959 年，又被奧圖一世
(Otto I) 分割成上、下洛泰爾，上洛泰爾屬於今法國的洛林區 (Lorraine)，
而下洛泰爾包含了大部分的尼德蘭地區。嚴格來說，比尼德蘭的大部分
領土，是在神聖羅馬帝國轄境統治之下，直至 1648 年簽訂的《西發利亞
條約》(*The Treaty of Westphalia*)。不過，神聖羅馬帝國因為時常處於「既
不神聖又不羅馬」的局面，勢力角逐漸漸落在各諸侯國的伯爵公侯身上，
他們演變成當時強大的地方政權。

第二章
中世紀的荷蘭：封建權力、宗教
虔敬與城市經濟

第一節　北歐諾曼人的入侵

在卡洛林帝國之晚期，因中央權力漸弱，地方貴族、教會的主教們與修道院長之勢力相對滋長。然而，出沒於北海地區的諾曼人 (Norse) 也因卡洛林帝國崩解，趁勢在北海沿岸掠奪打劫，海盜對沿海的菲士蘭及法蘭德斯地區的騷擾尤為嚴重。諾曼人一般也稱作維京人 (Vikings)，他們來自今天斯堪的那維亞 (Scandianavia) 地區。由於自然環境因素，迫使原本主要從事捕漁打獵、種植農作物及偶爾也從事一些海上貿易的諾曼人，把更多的時間放在西歐沿海岸各地搶劫。換言之，維京人在很早就開始從事海盜活動。諾曼人入侵尼德蘭地區，富庶的多爾城附近，吸引了大量的維京人來襲，造成多爾城一帶之商業貿易敗壞。德文特 (Deventer)、尼莫恆也受到波及。有資產的教會與修道院也是維京人的搶劫對象。地方貴族們，不得不加強自己的防禦力量來預防海盜來襲。後來一個被稱作赫拉德 (Harald) 的維京人，因在該地區久居，並於瓦赫倫 (Walcheren) 得到了一個近似於總督的頭銜。之後，另一維京人羅利克 (Rorik) 甚至還成為了多爾城的主宰。至於居留在尼德蘭地區的維京人，則漸漸皈依了基督教，海盜也逐漸變成商人。於茲，菲士蘭人的船隻也可以繼續在海上從事貿易。在中世紀的盛世，其他維京人則已轉移其掠奪目標，於英格蘭地區打劫。

第二節　封建領主與地方主權之形成

　　約在 10～14 世紀之間,尼德蘭地區在政治情勢上是多變又分裂的狀態。複雜的封建體系，形成了許多大大小小諸侯國林立的局面。持有采邑者，通常是一個貴族或數個貴族共同擁有一些封地。一個貴族，可能同時持有許多領地。領地也可能授予一個團體，如教會機構也是接受封地之對象。不論受封者是世俗者或是教會，相同的是：他們全都是貴族出身。這些貴族之間，時而相互合作，時而相互對抗，原因幾乎都是因彼此較量財富，爭權奪利。當時的封建關係，在理論上，須爾德河以西的諸侯國，效忠於法蘭西；以東者，乃歸屬於神聖羅馬帝國。當時，勢力較大的諸侯國為法蘭德斯伯爵領地、荷蘭伯爵領地、不拉班公國、赫德蘭公國、以及于特列赫特主教轄區。這些地方勢力，後來都成為今日尼德蘭地區的省分。本節將較多的注意力放在今日屬於荷蘭境內的諸侯國，如荷蘭伯爵領地、赫德蘭公國、以及于特列赫特主教轄區。其他封侯領地，則在荷蘭歷史相關的脈絡下提及。

荷蘭伯爵領地

　　第一個荷蘭伯爵是迪克 (Dirk) 家族，他可能是在 922 年從法國國王簡單查理 (Charles the Simple) 之處得到愛格蒙 (Egmond) 修道院周圍的封地。之後，他的後裔迪克二世 (Dirk II) 因支持日耳曼皇帝奧圖二世 (Otto II)，又從奧圖二世那裡，得到了西菲士蘭地區的封地。迪克三世 (Dirk III) 時，趁勢奪取了于特列赫特主教轄區的墨韋德 (Merwede) 和部分法蘭德斯伯爵在澤蘭 (Zeeland) 的領地。到 1083 年，迪克五世 (Dirk V) 才正式自稱為荷蘭伯爵。

　　荷蘭伯爵傳到了威廉二世的時候，在不拉班公爵的支持下，於 1247

年成為日耳曼皇帝。但弗羅里斯五世 (Floris V) 才是荷蘭伯爵中聲名最響亮者。弗羅里斯五世，因與其他諸侯發生商船與貿易路線的爭奪，繼續與當時的最大強權法蘭德斯伯爵相爭，最終，弗羅里斯五世征服了西菲士蘭。他在世時，推動荷蘭貿易發展，並填海開墾農地。弗羅里斯五世拉攏資產階級希望得到支持，反之，他與貴族的關係因為相互的權力紛爭而交惡。貴族中的范・阿姆斯特 (G. van Amstel) 與農民的關係良好，相傳他曾在沒有得到教會與貴族的同意下，就封了一批農民為騎士。范・阿姆斯特曾鼓動科那梅爾 (Kennemer) 的農民暴動，來反抗弗羅里斯五世。最終他聯合了其他受排擠的貴族，於 1296 年設計謀殺了弗羅里斯五世。有關弗羅里斯五世的軼事，後來成為了荷蘭民間故事中的英雄象徵。譬如 17 世紀的荷蘭著名詩人馮德爾 (Vondel)，就曾寫過弗羅里斯五世的相關劇本。

　　弗羅里斯五世的兒子約翰一世 (John I)，雖然繼承了伯爵頭銜，但因他早逝又無子嗣，於是在 1299 年，其姪子海諾 (Hainaut) 伯爵，約翰・德阿維斯內 (Johan d'Avesnes) 繼承了他的頭銜與領地。海諾伯爵的兒子威廉三世 (William III) 與法國貴族及皇室關係良好。他利用聯姻進入法國瓦洛皇室 (Valois)，他將女兒分別嫁給巴伐利亞 (Bavaria) 國王路易 (Louis) 以及英王艾德華三世 (Edward III)。威廉三世為了拉攏城市市民代表，准許他們與教士、貴族一同參與會議，這可能是日後三級會議的前身。他的兒子威廉四世，崇尚騎士精神，曾 3 次參加十字軍東征，後來死於對菲士蘭之戰役。威廉四世在 1345 年過世，並無留下任何子嗣，於是他的姊妹瑪格麗特 (Margaret) 繼承了爵位。瑪格麗特嫁給了巴伐利亞的路易，他們的兒子威廉五世伯爵，卻與其母親發生了激烈的權力鬥爭。鬥爭的主要原因，是瑪格麗特為了幫助其丈夫路易募款，抵押了部分海諾、荷蘭與澤蘭領地給其他貴族。再加上她個人的奢華揮霍行徑，引起了部屬與市民階級的不滿。

　　瑪格麗特在她的丈夫過世後，逃離了巴伐利亞，留下了當時年幼的威廉五世。于特列赫特主教，於是趁此機會爭奪荷蘭伯爵國的領地。當瑪格麗特在魚鈎派 (Hoeken) 貴族家族的支持下，趕回荷蘭伯爵國與巴伐利亞，想奪回權力之時，另一個貴族家族，鱈魚派 (Kabeljauwen) 卻鼎力支持其子威廉五世，荷蘭伯爵國之內戰因而爆發。後來威廉五世得到荷蘭與澤蘭領地，而瑪格麗特則保有海諾。交戰的兩派貴族們，之後也各自拉攏其他貴族的支持。這種貴族家族之間的鬥爭，遂成為荷蘭伯爵國政治鬥爭的基本模式，直至 1490 年，才暫告一段落。此即荷蘭史上的「鱈魚派和魚鈎派之爭」(Hoekse en Kabeljauwse twisten)。

赫德蘭公國

　　赫德蘭是赫爾 (Gelre, Guelders) 和聚特芬 (Zutphen) 城組合而成。原為日耳曼亨利四世 (Henry IV) 所分封的伯爵領地。1339 年，赫德蘭經由路易四世晉升為公國。在 12 世紀末之前，貴族家族仍為該地區的主要支配力量，這些貴族之間原本並無深仇大恨，直至後來因為領地的繼承權問題，才開始出現類似荷蘭伯爵國的大貴族間之爭權奪利恩怨。1343 年，兩個赫德蘭未成年的兄弟羅納德三世 (Ronald III) 和愛德華背後各有大貴族的支持，以角逐赫德蘭的爵位與領地繼承。鬥爭始於 1361 年，至弟弟愛德華被承認為公爵後暫時終止。但這種結果，卻導致赫德蘭公國與不拉班公國之間的戰爭，原因為羅納德與不拉班公國的聯姻。之後，愛德華於 1371 年死於戰場，而羅納德也於同年過世。由於他們都沒有留下子嗣，因此他們的幾位姑姑均宣稱她們具有繼承權的正統性，並再度與大貴族們利益結合。

　　當時赫德蘭的兩大貴族為范赫克倫 (Van Heeckeren) 和范布洛克霍斯 (Van Bronckhorst)。查理四世調解其糾紛，並任命威廉為公爵，但該地區後來仍一直為繼承權爭吵不休，直至勃艮第公爵時期為止。

于特列赫特主教轄區

于特列赫特的主教們，曾於卡洛林王朝時，獲得不少領地與大莊園。在中世紀初期，于特列赫特早已是西北歐的基督教重鎮。675 年，威利布洛德 (Willibrord) 在于特列赫特被任命為菲士蘭大主教。1024 年，日耳曼皇帝將德倫特 (Drenthe) 送給于特列赫特大主教 —— 阿德博德 (Adalbold)。于特列赫特在尼德蘭地區稱為史帝赫特 (The Sticht) 教區，因主教們在與荷蘭伯爵的權力鬥爭中屢屢獲勝，因此，主教轄區涵蓋了大部分的北尼德蘭。在主教轄區內，主教的位子並非世襲而來，所以，貴族們與皇室均希望主教是自己所支持之人，以便利其行事。他們努力使自己的親信成為于特列赫特的大主教，各主教區遂成為豪門、貴族與皇室擴張勢力之地方；反之亦然，大主教們也希望從鬥爭中獲取權力。中世紀的政教關係密切，主教地位在精神層次上顯赫重要。神聖羅馬帝國的皇帝們，也經常賜予主教們一些司法上的特權。在中世紀，世俗的領主們與精神領袖維持良好的關係成為首善之事。

1122 年，歷史上發生了主教敘任權之爭 (Investiture Conflict)，神聖羅馬皇帝亨利五世與當時的教宗卡里斯特二世 (Calixtus II) 在沃爾姆 (Worms) 簽訂《沃爾姆宗教協議》(*Concordat of Worms*)。在協議中決定，依照教會法，皇帝及主教允諾修道院長由教士中選舉產生，並由教會賜予象徵宗教權力的權戒與權杖。而教宗則承諾主教與修道院長的選舉，必須在皇帝面前進行，以象徵領地的世俗權力。如此，神聖羅馬皇帝在于特列赫特轄區的支配力減弱，所以該轄區無法得到皇帝的大力支持，于特列赫特轄區遂成為由荷蘭伯爵以及赫德蘭公爵覬覦的對象，進而走向複雜的政教權力糾葛衝突當中。

法蘭德斯伯爵領地

862 年，法蘭德斯伯爵鐵腕包德文 (Baldwin of the Iron Arm)，娶了當時法蘭西國王，禿頭查理的女兒茱蒂斯 (Judith)，她也是薩克森國王的遺孀。這椿婚姻使包德文的勢力與封地大增。法蘭德斯伯爵成為皇室封臣，他的領地包含了今天比利時的東、西法蘭德斯、荷蘭的澤蘭地區，以及法國東北部的法屬法蘭德斯地區。在當時的封建制度下，該地區可算是一塊範圍相當廣大的封地。由於封地大，又因水上交通之便而帶來的貿易資源，法蘭德斯伯國之重要性日益增加。另外，法蘭德斯伯爵的地位和實力與日俱增，大到足以和法國中央相抗衡的地步，其權勢儼然為一個獨立之王國。歷來好幾位大有能力的伯爵，以他們的遠見和家族本身所具有的雄厚實力，對當地積極建設。例如包德文五世興建城堡要塞以強化武裝力量，並開鑿運河以及開拓荒地以促進地方繁榮。伯爵們並授予各城市特許狀 (Town Charter)，讓城市自治，不受領主管轄，以增進城市間的相互交流與彼此間的連結關係。

法蘭德斯的勢力，在 12 世紀時達到高峰，在伯爵菲力浦 (Philip of Alsace) 掌權的時代，成為法蘭西王國底下勢力最大的封臣。1204 年，法蘭德斯伯爵包德文九世，因參加十字軍東征並立下功績，在君士坦丁堡 (Constantinople) 加冕為皇帝。此地區紡織業發達，布魯日 (Bruges)、根特 (Ghent)、伊佩爾 (Ypres) 都快速成為強而有力的自治市，並且也在往後的日子裡，持續捍衛其所擁有的自治特權，抵抗法蘭西國王及其宗主國。

1302 年，法蘭西出動麾下最精銳的騎兵攻入法蘭德斯，希望收回在此的一些領地和權力。當地居民，在布魯日的紡織業領袖德克尼科 (Deconinck) 和布雷德 (Breydel) 的率領下，於克特雷克 (Kortrijk) 展開激烈的抗爭。約 2 萬名由法蘭德斯各城鎮，聚眾組成的臨時步兵隊，竟然

奇蹟般，擊敗了法蘭西的菁英騎兵以及支持宗主國的貴族部隊，成功維護了他們的自治權，史稱金馬刺之役 (The Battle of the Golden Spurs)。不過，荷蘭伯爵領地的伯爵迪克三世，卻將法蘭德斯伯爵在澤蘭的部分領地收服。

不拉班公國

不拉班為中世紀尼德蘭地區，地位相當重要的公國。特別是在 13 世紀的政治與經濟領域中，扮演舉足輕重的角色。不拉班公爵約翰一世 (John I) 是一個典型的騎士公爵，他喜歡出征，擁有「勝利者」的稱號。約翰一世也是教會和藝術品的大贊助者，他本身就喜愛書寫騎士文學作品。在沒有子嗣的林堡公爵於 1280 年死亡後，爵位的繼承權問題，引起了赫德蘭伯爵和不拉班公爵的覬覦。當時的列日主教，丹皮耶 (Dampierre) 支持約翰一世，科隆 (Kölner) 大主教則支持赫德蘭伯爵。1288 年，不拉班公爵與科隆主教在萊茵河近屋林根 (Woeringn) 發生戰役，約翰一世擊敗了科隆主教，且俘虜了赫德蘭伯爵。因此約翰一世從他那裡得到了盧森堡地區的領地，並於 1289 年，與林堡區合併。原本尼德蘭地區僅有的兩個公爵領地，林堡與不拉班合成為大公國，在赫德蘭晉升為公國之前，不拉班公國是尼德蘭地區唯一的公國。

第三節　經濟與城鎮的發展

歷史中的政治、經濟和文化進程，與城鎮的興起有密切的關係。歐洲各地的城鎮，就其形成與演變來說，並沒有所謂的一致性。以尼德蘭地區的歷史來看，城鎮的形成與發展大致上有兩個主要因素：

1.地理環境及農業發展

　　尼德蘭地區在中世紀的城鎮，起先多在須爾德河和馬士河河谷地帶形成。因為這個地區人口稠密，開發的農業技術也較為先進。教會團體更扮演重要角色，如修道會團體西篤會 (Cistercian Order) 的修士們，在開闢森林與石南花荒野地方面付出許多努力，因而造就了不少良田。此外，教會團體在沼澤區及沿海地區修築海壩，填出海埔新生地加以利用。藉著對土地的開發，修道院遂成為主要的地主。同時，教會也有受封的龐大地產，其封地面積經常超過一般貴族。於是，教士們便對向他們租用土地的農民徵收什一稅 (Tithes)。教士們在中世紀因具顯赫的地位，故容易掌握經濟上的支配權。依靠信徒們的捐獻，教會團體所持有的財力，往往能在農作物歉收時，給予窮人貸款。

　　再來，新的農業技術——三耕制 (Three field system)，也帶來了較為穩定的農收。中世紀晚期，農業上更發展出所謂的「法蘭德斯式耕種法」。農民不再休耕，或將休耕減少到每 7、8 年一次。並在原來該休耕

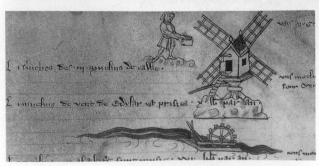

圖2（上）：馬用墊頸套的發明，可使馬匹取代動作緩慢的牛隻從事農事。

圖3（下）：農人播種圖

的土地上，種植蕪菁與蕎麥。人口的成長與土地的充分應用，也大大提高了生產力。另一方面，由於農業上的多項改革，例如重犁的使用、以牛馬代替人力；大鐮刀的發明，也可以使收成速度加快。以上農耕方式的變革，都促使了農作物的收成增長。除了自足之外，還可以擁有多餘的利潤。原來替地主工作的農奴，也能以其他的方式（如金錢給付）來替代自己的勞役。就勞力的運用上來說，則顯得更有彈性。多出來的人力，則可以用來從事或激發出更為多元的工作。這也說明了在尼德蘭地區，封建奴役現象的逐漸消失，要比其他歐洲地區更早。

14 世紀黑死病在歐洲各地猖獗，尼德蘭也未能倖免。雖然經濟衰退的現象相當普遍，但這種現象並沒有造成毀滅性的影響。在農業方面，蕪菁被大量種植，這種作物主要作為牲口的飼料，因此在牛隻眾多的荷蘭地區，特別是菲士蘭地區，乳酪與奶製品遂成為該地區的特產。因此，肉用動物的大規模飼養也成為一種可能。

尼德蘭的農業型態有助於農民取得較為自由的生活，例如，可以選擇從事其他非農業的勞動。農產品的專業化種植，使得各地區擁有自己的特產，推展了不同地區間的農業交易，讓市場的買賣更為活絡。如此一來，農業的發達便連帶影響到工商業的發展和城市的形成。特別是在修道院的附近，有較多的農產品出售，因而形成了市集。另一方面，領主們擴大其領地後，也需要更多的日用品。大領主為了防禦維京人的搶劫，建造了城堡與城牆，在城牆的周圍也形成了市集。人們聚集在此，出售各項產品，在人潮聚集之處，開始出現商人開張營業，職業工匠也隨之出現。農民也生產了具商業性的農業產品。城鎮的雛形，此時已逐漸形成。

2.工業的發展

在歐洲中世紀歷史發展中，須爾德河流域或許是最早出現工業發展

的地區。特別是在法蘭德斯地區，該地的紡織業尤為發達。紡織業工人所生產出來的布匹、布料、桌布以及相關產品，都已經是具有專業型態的製造業。另外，在海埔新生地的牧羊業，可以直接提供羊毛作為紡織原料。雖然在 12 世紀後，英格蘭地區生產出更優良的羊毛原料，然而，在中世紀早期時所使用的羊毛原料，則一律由尼德蘭地區提供。法蘭德斯紡織工業能生產出質地優良的產品，也開拓了其在歐洲其他地區的市場。

經濟上的需求不斷，商業組織也跟著因應發展，其運作模式與近代「資本家」居然頗有相似之處。一個有資本的商人，先從牧區或英格蘭買入羊毛原料，再將羊毛運到城鎮給紡織工人，並支付工人工資，被稱為布商 (lakenkopers) 的紡織業者，委託紡織工人製造成品，然後，再將製造好的成品運送到市場。在市場裡，來自各地的商人相互交易，貿易因此開始推動並發展起來。這樣的商業行為，已經具有兩種近代資本家的特性：其一，類似由企業家所經營領導的形式；其二，市場經濟。貨物的製造，不再僅止於自給自足，而是成為一種買賣，提供市場所需要的商品。尼德蘭地區的紡織工業，逐漸走向專業之路。紡織行業的運作是非常複雜的，僅處理作為原料的羊毛，從豢養羊隻，剪羊毛、編織、染色，到製成各式不同的成品，就需要經過近 25 道以上的分工程序，每種勞力都各自具有不同的專門技術。著名經濟史家畢倫 (Henri Pirenne) 認為，在中世紀時期，因交通工具發展有限，因此在國際貿易中佔有重要地位者，乃為價值較高，貨物重量中等的商品，而非低廉笨重之貨物。換言之，尼德蘭地區的毛紡織品與後來的香料具有相同的性質，均為價格高且運輸方便的商品。

尼德蘭地區的城鎮從出現到發展，乃由幾個主要配合條件構成。首先，貿易商選擇在距離幾個重要河流的交會區與重要的交通孔道附近定居；其次，農業的生產豐富，供過於求，使得其他非農業性質的職業人

口得以興起。如手工業者、製鞋的鞋匠，以及烘烤麵包的師傅等。

　　起初貿易商團體、農業生產者、手工藝匠和當地領主的權力發展，往往各自為政。但隨著時間漸長，彼此牽涉的利益日趨複雜，他們逐漸融合在這個可以使他們定居下來之處。加上城牆和城門的修築，區隔了城內和城外，這使得一個個「真實」具體的城鎮出現了。當時留下的老城牆，至今仍可在尼德蘭地區看見。在尼德蘭地區城市經濟的發展中，南方比北方發展得早，對北方有著重要的啟發與刺激的作用。

　　14世紀時在城鎮發展起來的紡織業，也遷往鄉村地區，因為鄉村的勞工工資比城鎮廉價。原本小規模的家庭工業，漸形成一個重要的經濟型態，家庭工業的維持，延續到工業革命的前夕。

　　在國際貿易方面，由於英國等地的紡織市場也興盛起來，法蘭德斯的紡織品不再得天獨厚，加上城鎮原本的防禦設施，造成運輸的不便，貿易商只得帶著他們的貨物，直接到北海地區的港口交易。像是在1300年左右，由義大利到布魯日之航海貿易路線建立，於是布魯日在13、14世紀成為國際貿易和財經中心。布魯日對北尼德蘭之多德列西特、尼莫恆及萊登等北方城鎮的呢絨紡織業，有著多方激發及學習作用。例如，這些城鎮也模仿布魯日從英國輸入羊毛，以從事其紡織事業走向工業化之發展。

　　布魯日地區的第一個港口在丹茉 (Damme)，後來多了史律司 (Sluis)，歐洲各地的船隻可以在此停泊，布魯日在15世紀以前，就有一處稱之為瓦塞哈勒 (Wasserhalle) 的大型市場，此詞意為「位於水上的大廳」。該詞的由來，是因為這個大市場是跨河而建的建築。在瓦塞哈勒市場，貨物可由貨船底部的船艙直接進入市場。布魯日之所以成為重要的國際港都，主要原因有二：其一，歐洲各地商人非常喜歡定居在此，因為布魯日給外國商人提供種種優惠關稅，有著如同布魯日市民般的便利。起初，外國商人居所的房東，扮演了貿易商和布魯日貿易之間的中介者，替他

們辦事跑腿，提供資訊。漸漸地，一切有關貿易的事物，發展為專業機構，有了「代理商」般的據點。大量的貨品，也有倉庫儲存。當時在布魯日的商人，儼然如「聯合國」，其中以義大利、西班牙、葡萄牙、英、法、及日耳曼地區的商人最多。這些商人定居於此，不僅造成經濟互動，也影響到文化上的互動多元性。其二，布魯日是歐洲貨物的主要集散地，各式各樣的貨品，都可在此地交易，如日耳曼漢撒同盟 (Hanseatic League) 城鎮的各式貨物、萊茵區的葡萄酒、波羅的海地區的魚貨、大麻、木材、皮革、蠟、瀝青、英格蘭的羊毛、法蘭西的鹽和酒類、義大利地區的糖、水果、東方的絲織品及各種香料和藥品、葡萄牙的乾果、軟木、非洲的象牙、及熱帶區的各式產品，世界上最貴、最精緻的物品在這裡都可找到。年度最大的市集自 1277 年起開辦，這是一種有如一場貿易嘉年華般的熱鬧與絢麗的市集，每年的 4 月或 5 月，在復活節後的第一個禮拜天於布魯日舉行，吸引著成千上萬的人前來趕集。

尼德蘭地區的教堂十分密集，這也是繁榮社會的象徵，外國商人可以在教堂內設立屬於自己的小教堂 (chapel)。此外，醫院也提供外商醫療上的方便。在布魯日，12 世紀就設立了聖若望 (St. John) 醫院，內有 150 個病床位，今天仍可看到這座醫院的古蹟。醫院中的醫護人員，接受了奧古斯丁會 (Augustinian Order) 神職人員所給予正規的訓練，醫術頗受好評。13 世紀，一些藥房也逐漸出現，多取名為「磨藥棒」或「小天堂」之類的店名。南尼德蘭與北尼德蘭關係密切，若沒有南方領先的城市與經濟發展，以及這些經濟發達之城市對北方經濟的刺激與啟發；若沒有在南方致富的，有專業商貿知識和具有工業技術的人民，於日後帶著他們的金錢、技術以及知識大量地移居北方，那麼之後的荷蘭就不可能出現繁榮耀眼光芒的黃金時代。

第四節　城鎮中的政治、社會與市民

　　尼德蘭地區，在經濟繁榮和城鎮發展的影響下，在政治生活的層面上，城鎮人民希望可以更自主獨立。各個由封建領主所統治的城鎮，雖然在名義上分別屬於法蘭西王國和神聖羅馬帝國，但活躍在城鎮中的人物，如大貿易商，無不希望謀求政治上的權力。這些富商要求的「政治自由」，不只是一個抽象的名詞，而是要求能夠保證自由貿易為先決條件。商人的交遊與見聞因接觸面較為廣闊，再加上經商得來的財富，使得他們的社會地位迅速上升，成為社會中的經濟菁英分子，並有機會左右城鎮中的政治與法律。有實力的商人，為了達成在貿易上的競爭，謀求透過制定法律的方式來保障自己的權益。對於城鎮中的各項事務，也積極提出自己的看法。於茲，許多城鎮便逐漸取得一些自治權，為了得到更具體的保障，自治權遂成為書面形式的城市特許狀。城市經濟起初，即在一種較為自由的環境中產生。

　　一個城鎮的統治階層，有時由世家貴族所掌權，有時則是富有的貿易商和貴族同時操控，或由兩個集團共同聯手統治。在尼德蘭，富有的大商人，地位權力強大，他們往往也是實質上的掌權者，甚至身居政治體系中的重要職位。14 世紀初，城鎮的商人新貴們，因為擁有廣大的社會人脈，因此，頗有取代封建貴族的傾向。市民們因為有特許狀作為保障，而擁有法律上的自治，導致城鎮的政府走向一種新的政治體系，即權力不再只是來自封建貴族，也來自富裕的市民。原本由手工業者的同業組成的互助團體——基爾特 (guild)，扮演了一種走向「前民主」社會的推動力。在尼德蘭城鎮的市民，藉由基爾特之力，時而示威，表達自己的聲音與不同的意見，逼使當權勢力讓步。他們也會採取一種協議式的方式，以表達意見或訴求。

第五節　宗教生活與文化

基督教在中世紀各個層面都扮演了相當重要的角色。基督教是當時文化與日常生活的核心。教士們常因獨具讀與寫的能力，所以王室與貴族們也須從教會徵聘他們所需要的文官書吏，貴族們也由教會人才中尋找具備記帳能力之人，以計算他們生活的收支平衡。教會更肩負了當時的教育職責。尼德蘭地區的教育機構以教士為師，並以拉丁文為共同的學術語言。

人民在宗教皈依的過程中，通常是經由神職人員對信徒的教化與感召而來，那是因為當時的人們，對於宗教信仰的教義無法掌握足夠的認識。有時，也出現神職人員強迫人民皈依的傳教行為。藉著教會嚴密且有效率的組織，在各地區加強人們的道德精神信念，然後再將這種信念轉化為宗教信仰。一些宗教上的改革運動，也影響了尼德蘭地區。例如，教宗葛里果七世 (Gregory VII) 著名的葛里果改革 (Gregorian Reform)，以及克呂尼 (Clunny) 修道院改革。但是，源自尼德蘭地區最重要的改革者為諾貝爾特 (Norbert of Xanten)，他原來是一位四處雲遊的傳道人，但在 1120 年，建立了普里孟特 (Prémontré) 修會，開始有據點的傳教並興辦教育事業。

13 世紀尼德蘭地區的宗教團體中，出現了稱之為比貞 (Beguines) 的女性修道組織。她們是一群不發修女誓願的女性修道者，過著獨身、自立自主，自力更生，宗教信仰虔誠的一群人。這個自立的女性宗教團體成員，居住在一起相互扶持，其居所宛如城中城，稱為「比貞院」(Begijnhof)。比貞修院內恬靜但又富有活力，院內設有自己的教堂，古樸且具藝術性，如今，在尼德蘭地區被當作古蹟保留下來，並被列入聯合國世界文化遺產。

　　女性的宗教文學，特別是神秘主義文學作品也在 13 世紀的尼德蘭地區出現，這些著作對後來荷蘭之「現代虔誠運動」影響重大。神秘主義文學在低地國很發達。代表著作為不拉班地區的女作家碧特蕾絲 (Beatrijs) 的《認識神聖之愛的方法》。一位比貞女性宗教團體的領袖人物——哈德維克 (Hadewijcks)，也出版了多冊的靈性詩作和散文集。這兩位作家以愛情詩的風格方式來表達神秘主義與上帝之契合，神秘主義文學通常描述人的虔誠信仰，如何透過純淨之愛，經過神修，體驗到與上帝合一的幸福及愛的經驗。也只有在與神合一的神秘經驗中，以及不容易言喻的愛之氛圍中方能真正認識上帝。她們的言行，對呂斯布洛克 (Jan van Ruusbroec) 神秘主義影響巨大。

　　伴隨著虔誠的宗教生活，教堂建築，不論是中世紀稍早的羅馬式 (Romanesque)，或是中世紀盛期的哥德式 (Gothic style)，都並存於尼德蘭地區。羅馬式教堂的主要特點是以石頭砌成的拱頂。但由於石塊的重量，必須由厚重的牆壁加以支撐，所以外觀看起來類似城堡。內部則成長方形，在中庭兩旁又建有耳堂，構成了整體為十字形的建築。教堂的門窗也做成拱形，內部的石柱皆有雕飾。教堂外面又設有鐘樓，作息時間規律的維持，公共活動的聯繫，都藉著鐘樓的功能來實踐。羅馬式的教堂建築，在今天荷蘭的格羅寧根與菲士蘭地區仍然可見。在馬斯垂克市的聖母堂，是屬於一種稱為馬斯垂克式的羅馬風格建築。

　　在 12 世紀，是哥德式建築的發展期。哥德式教堂使用交叉拱門式的屋頂建造技術，所以減輕了柱子和牆壁的壓力。較大的窗子可以使更多的光線進入教堂內部，高聳的空間使信徒舉心向上，感覺與之向上飛騰，進而由衷產生虔敬之心，歌頌及榮耀上主。祭壇設計較大，並在兩旁設置許多小聖堂，可供信徒舉行個別彌撒。哥德式大教堂通常設有多個大門，門上放置雕像，以基督的救贖史為雕刻主題，彩色玻璃則以描述聖人事蹟為主，具備宗教教育的功能。屋頂上的尖塔與鐘樓，象徵信徒的

祈禱聲上達天庭。尼德蘭地區的哥德式教堂有須爾德哥德式 (Scheldt Gothic)、不拉班哥德式 (Brabant Gothic) 和石磚哥德式 (Brick Gothic)。典型的須爾德式教堂,內部有 3 條走道通往中央的祭壇,薄薄的塔形側翼,加上十字形的格局,以及 3 面採光的彩色玻璃窗戶。在海埔新生地,也常見由磚塊砌成的小型須爾德哥德式教堂,矗立於比海平面還低的綠色草原上,顯得十分獨特,這種教堂則屬於石磚哥德式。不拉班哥德式教堂除了外觀上宏偉高大,通常使用白色的砂石混建。由於這種建材的質地較為柔軟,因此更容易展現其雕刻藝術,其表現手法也相當細膩動人,裝飾更加繁複。這種風格到 14 世紀以後,在勃艮第尼德蘭時期達到高峰。荷蘭境內的于特列赫特大教堂是典型的哥德式建築,鐘塔 (Domtoren) 於 1382 年完成。在海托斯包許的大教堂是不拉班哥德式教

圖 4:于特列赫特大教堂　左側的鐘塔是荷蘭最高的鐘樓,也是于特列赫特的地標建築。

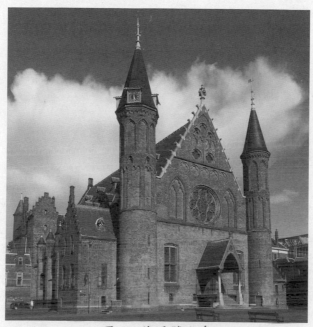

圖 5：海牙騎士廳

堂。較為著名的世俗哥德式建築，則是位於海牙 (The Hague) 的騎士廳
(Ridderzaal)，此乃在 13 世紀末荷蘭伯爵弗羅里斯五世時代所建。城市中
的世俗建築，如行會大樓、市政廳與鐘樓等，代表了世俗的城市文化，
象徵城市脫離了神聖教會的過度掌控。

　　尼德蘭地區，在 13 世紀左右，城市裡也出現了世俗文學。相對於拉
丁文，世俗文學是以當地語言書寫而成的作品。例如，諷刺文學《列那
狐》系列 (*Reynard the Fox*)，故事中的主角狐狸象徵了城市中的市民。
13 世紀的尼德蘭地區，荷蘭文也成為另外一種重要的書寫文字，一些當
地的宗教禮儀、通俗文學，以及法律詔令，就以古荷蘭文書寫而成。

　　荷蘭向來以繪畫藝術聞名於世，但這大多指 15 世紀以後的繪畫。在
14 世紀之前，荷蘭的繪畫大都為一些小型畫作、微型畫，多為修道院內
手抄稿之小插圖，尤其以教士和貴族們，所持有的私人彌撒經本內的小
型插畫最為精緻著名。

第三章
勃艮第尼德蘭：走上整合

很多研究尼德蘭地區歷史學家，如畢倫、赫津哈 (J. Huizinga)、柯斯曼 (E. H. Kossmann)，藍伯特 (E. Lambert) 等，都將勃艮第尼德蘭時期，視為形成現代荷蘭和比利時的奠基時代。的確，尼德蘭諸省是在勃艮第的統治下走向了統一。在勃艮第尼德蘭時期，無論是在政治、經濟以及文化藝術各方面都有大幅的改變與進展。南北尼德蘭因地理位置與城市經濟型態的某些差異，因此，在文化風格與日常生活上也稍有不同。但畢竟南北尼德蘭的歷史發展相互交織，所以在各個面向可謂異中有同，同中有異。勃艮第時期的南北尼德蘭，也呈現了文化上的一體兩面。

第一節　勃艮第的公爵們

西元 9 世紀，在法國的封建制度之下，勃艮第已成為一個公國。封地即今法國的勃艮第地區。勃艮第公爵大膽菲力 (Philip the Bold, Philippe le hardi) 是法蘭西國王瓦洛的簡二世 (Jean II de Valois) 的幼子，勃艮第公國勢力日漸擴張，至 14、15 世紀時達到高峰。宮廷史家柯米亞內 (P. de Commynes) 曾將勃艮第的繁榮與富饒比作《聖經》中之「應許之地」。當時，歐洲其他各國均對之投以既羨又妒的眼光。

在中世紀的封建諸侯們，常習慣以貴族聯姻的方式達到政治與外交目的，勃艮第公爵們也不例外。1369 年，勢力顯赫又富裕的法蘭德斯伯爵路易・梅爾 (Louis of Male) 之女瑪格麗特 (Margaret of Male) 與大膽菲力成婚。加上瑪格麗特繼承的領地，大膽菲力擁有了法蘭德斯、阿圖

瓦 (Artois)、法蘭西孔泰 (Frenche-Comté)、那維 (Never)，並包括當時重要之城市安特衛普 (Antwerp)、麥赫倫 (Mechelen) 等地區。大膽菲力深知與顯貴聯姻的利益，所以他在 1385 年就安排其子無畏的簡 (John the Fearless, Jean sans peur) 與其女瑪格麗特與當時具有相當權勢的巴伐利亞家族聯姻。

當時歐洲的局勢，正處於軟弱又組織散漫的神聖羅馬帝國，以及英法兩國忙於百年戰爭的時代，因此對勃艮第來說，正是一個發展的大好時機。勃艮第四位實力雄厚的公爵，遂得以乘機鞏固其勢力。大膽菲力、無畏的簡、善良菲力 (Philip the Good, Philippe le bon)、勇者查理 (Charles the Bold, Charles le téméraire)。他們的稱謂，都冠以勇敢、俠義、大膽的名號，以增添人們對騎士風範之想像。勃艮第的政治訴求與騎士精神緊密地聯繫在一起。無畏的簡是大膽菲力的長子，於 1404 年繼位。他正如其雅號「無畏」，是一位雄心勃勃又膽大異常的公爵。無畏的簡身為流著法蘭西皇室血統之人，希望透過種種策略，嘗試使自己成為法蘭西王國真正的主人，而不只是滿足於封建制度下的公爵封號而已。但是，在 1419 年，無畏的簡卻死於英法百年戰爭，他的作風也被他的兒子善良菲力所承襲。

善良菲力為整個勃艮第朝廷中最負盛名的一位公爵。他在位期間 (1419～1467) 是勃艮第的全盛時期，善良菲力不斷透過繼承、買賣、征討，以擴張疆域。他的勢力、財富足以和歐洲各王室媲美。善良菲力，善於以藝術品布置的富麗堂皇宮廷，成為當時歐洲國際政治中的矚目焦點。其品味也是歐洲各國君主爭相學習的對象，尤其是善良菲力的宮廷所展現的時尚、衣著、禮儀、金羊毛騎士的比武儀式、絢麗的藝術、精緻的文化、令人目眩的珠寶飾品、精美的壁毯畫、美麗的手抄稿、豐富多彩的音樂，以及華麗的盛宴和飲食，被稱之為「勃艮第生活風格」。

善良菲力特別設立了金羊毛騎士團組織 (Order of the Golden

Fleece)，該騎士團是歐洲最著名且最成功的騎士團。荷蘭史學家赫津哈認為，這個騎士團成功的主要原因，除了歸功於勃艮第公爵的財富與勢力，也要歸功於他們所選定的徽紋典故。最初取名為金羊毛，只是意指雅頌 (Jason) 到科爾奇斯 (Colchis) 找尋金羊毛的神話故事。但後來卻為了更深層的意涵，採用了《聖經》中人物基登 (Gideon) 將金羊毛鋪在地上，以便金羊毛可以承接天堂聖露的典故。於茲，金羊毛象徵了聖母瑪麗亞由聖神感應懷孕生下耶穌基督的奧蹟。金羊毛騎士團除了象徵勃艮第王朝及其騎士精神，更大的目的，則在於使騎士們效忠其領主並忠於教會。因此，騎士團常舉行宗教儀式般的禮儀，以示效忠於勃艮第公爵及其王朝。騎士的美德，成為一種高貴的、英雄式的、具有浪漫色彩的理想。騎士們如同教士遵守神聖的會規一般，堅守騎士團的團規，保持個人道德上的完美；在個人生活上，則過著優雅的騎士愛情生活。這樣的目的，在於使貴族和菁英們有著強烈的凝聚力，共同榮耀、效忠君主。

圖 6: 金羊毛騎士團的騎士會議如同宗教儀式一般。

金羊毛的騎士們，夢想著自己王國的偉大輝煌。這個奢華的騎士團，在後來西班牙哈布斯堡尼德蘭時期也繼續留存下來。

勃艮第公爵們在領土的擴張上，則是透過各種策略來取得。善良菲力在 1421 年，買下了拿慕兒 (Namur)，1430 年，佔領了不拉班公國，在他的姪子林堡公爵猝死之後，善良菲力又以精明的手段繼承了其領地。在 1433 年，趁巴伐利亞家族斷嗣之時，又兼併了其領地，因此荷蘭省、澤蘭省以及海瑙也在其統屬下。在爭奪領地的過程中，尤其與巴伐利亞的賈桂琳 (Jacqueline de Bavière) 的鬥爭最為激烈。賈桂琳是巴伐利亞及海瑙、荷蘭省以及澤蘭省的繼承人，她是荷蘭伯爵威廉六世的女兒，1417 年，威廉去世以後，她應順理成章的繼承女伯爵的地位。但其叔父巴伐利亞的約翰 (John de Bavière)，亦因看上荷蘭領地逐漸具備的經濟重要性，進而角逐繼承權。當時，在賈桂琳與約翰背後，都有在前一章節就提到之荷蘭省與澤蘭省的兩大貴族家庭，即「鱈魚派」與「魚鉤派」各自支持。「魚鉤派」支持賈桂琳，「鱈魚派」則站在約翰這一方。

賈桂琳為一位非常奇特的女子，勃艮第編年史家夏斯特蘭 (George Chastellain) 曾描寫賈桂琳是一個可愛活潑以及具有極為強烈性格之奇女子。在她 14 歲之時，就曾被安排嫁給法國皇子圖爾內的簡 (Jean de Tournai)，但在她的丈夫與父親相繼死去之後，17 歲的賈桂琳便成為一名孤兒寡婦。隨後又被安排嫁給不拉班的約翰四世，但後來，賈桂琳卻選擇離開約翰，這是她對於掌控自己人生之男人們的第一次反抗。自此，也展開了賈桂琳情感與政治生活上的冒險。

賈桂琳後來被迫流亡至英國，國王亨利五世熱烈地歡迎她，當然，亨利五世別有用心。他想利用賈桂琳在歐陸的影響力，進而接近歐陸的核心。亨利五世很快地，安排了自己年輕、富有魅力的弟弟，葛洛切斯特 (H. Gloucester) 公爵，於 1422 年與賈桂琳成婚。1425 年，善良菲力利用機會，將賈桂琳囚禁於根特。但在幾個月後，賈桂琳在貴族「魚鉤派」

的協助下，從獄中逃往荷蘭的高達 (Gouda)。1427 年，她的前任丈夫約翰四世死亡，她的新任英國丈夫又與賈桂琳的侍女再婚，並宣布他們的婚姻無效，此舉切斷了賈桂琳的英方補助。在無助及各方威脅下，于特列赫特的主教安排賈桂琳接受善良菲力的要求，訂下《臺爾夫特和約》(*Peace Treaty of Delft*)。在和約中，菲力承認賈桂琳為海瑙、荷蘭省以及澤蘭的伯爵地位，但附帶條件為在賈桂琳之後，善良菲力將成為她爵位的繼承者，即有權統治她的領地。和約中也約定在荷蘭省議會中，菲力將有 6 個成員代表，而賈桂琳則僅可有 3 個代表，領地中的稅收兩人必須平分。沒有善良菲力的同意，賈桂琳不可再婚。但是，在 1432 年，善良菲力卻驚聞，賈桂琳在海牙與貴族范·柏斯蘭 (F. van Borselens) 秘密結婚。這件婚事意味著《臺爾夫特和約》的終止。善良菲力在盛怒之下，計謀囚禁了范·柏斯蘭。賈桂琳為了救夫，不得已將荷蘭省與澤蘭割讓給善良菲力。1436 年，賈桂琳死亡。她的一生充滿傳奇，為捍衛自己的婚姻與權力，曾經與當時最有勢力和最有野心的男人們奮力抗爭。

　　1441 年，善良菲力從自己的姑母手中買下盧森堡公國，之後他又使用計謀，成功將于特列赫特主教的職位，委任於他的私生子大衛 (David)。除了赫德蘭與格羅寧根仍然被視為他領土擴張的勁敵之外，大部分的尼德蘭地區都已在他的勢力範圍內。他將法蘭西的領地與尼德蘭地區整合成一個政治實體。並對當時的 3 個親王主教區，列日、于特列赫特、康布萊具有保教權。當時，善良菲力的勢力大到可以不必向法蘭西國王行使封建義務，他本人及其臣下也不必對巴黎的皇室負責，只須要對勃艮第的大參議院 (Burgundian Council) 負責即可。於茲，勃艮第儼然已被歐洲各王室默認為一個獨立的王國。1435 年，善良菲力與法蘭西皇室代表，在阿拉斯 (Arras) 簽訂條約，結束與法蘭西之間的封建關係。善良菲力為了達到中央集權，設立了一個掌管立法和司法的「大參議院」，以及兩個統理財政的「會議院」(Council Chambers)，分別設在里

耳 (Lille) 和海牙，而且在每一個省設立公爵庭堂，諮詢政治事務。於 1433 年又建立了尼德蘭地區的統一貨幣單位，稱「四個登陸者」(De vierlands, The Fourlander)。

善良菲力的時代，在某種程度上，也可以稱作尼德蘭的「黃金時期」。經濟繁榮、低稅率、絢麗的宮廷文化與高尚品味。勃艮第公爵們享受著風雅的生活。在他們有計畫的推動下，公爵們所統轄的貴族及市民之生活也受其影響。

勇者查理是善良菲力在他第三次婚姻時與其結褵的葡萄牙公主伊薩貝拉 (Isabella) 所生之子。1465 年，在皮卡地 (Picardy) 和法蘭西的戰役中，他的勇猛形象給自己贏得了「勇者查理」的稱號。他因覬覦法國，故拉攏英國，欲獲得其支持繼續與法國鬥爭。在勇者查理時期所擴張的領土，包括赫德蘭及亞爾撒斯 (Alsace)。勇者查理並企圖攻奪洛林，他甚至希望擁有神聖羅馬帝國皇帝之頭銜。但他的夢想並未實現。勇者查理不幸在 1477 年於南錫 (Nancy) 戰役中戰死。勃艮第朝廷在南錫為他舉辦之隆重喪禮上，洛林公爵也穿上喪服親自來祭悼他這旗鼓相當的對手，但洛林公爵可沒忘記，戴上他的金色假鬍鬚來慶賀自己的勝利。

第二節　走上政治之統一

在勃艮第公爵們統治下之尼德蘭地區，一向有其傳統上的自治，不易接受統一的政經體制。善良菲力參酌了各地的原有制度，定出一些方針，希望達成中央化的管理。於是，他努力整合行政組織，並招募各地方的人才一起治國，又建立 4 個代表中央的財政機構，一個設在第戎 (Dijon)，第戎本來就是勃艮第的中心；第二個設於里耳，以便將法蘭德斯、阿圖瓦、海瑙、及皮卡地等地方稅收納入國庫；第三個則設於布魯塞爾 (Brussels)，作為不拉班、林堡、及盧森堡地區的財收管理；最後一

個設立在海牙，為方便管理荷蘭省、澤蘭省的稅收。但因各地方都有著自己傳統的簿記制度，較難達成統一的收入總額以作為中央的歲收，也不容易統計實質上的開銷，所以常有爭執。1433 年，中央發行統一幣制，希望可以聯合各地貿易商業之便，以和其他如漢撒組織加以競爭。

在掌理立法和司法之大參議院的組織下，成立了位於麥赫倫的最高法院。並設有檢察和審理制度，司法上走向專業化。法院執法人員皆有法律學位。成文法雖然是法庭的依據，但地方上仍保留法庭，必要時也依其地方之習慣法和自然法來執法。之後，又設聯省會議 (States General)。

在官僚體系上，由於勃艮第公爵多方招募各地人才，逐漸形成了外地官代替本地官的情形，但中央官吏還是具有最大勢力，故也容易發展成地位高，權威大的高官。如當時最有地位的勃艮第大臣為羅林 (Nicolas Rolin)，在他任職的 35 年間 (1422～1457)，不但掌握了權勢，擁有非凡的影響力，且為他自己賺進了大量的財富。像羅林這樣一個原非貴族出身的官員，得以竄升到最重要的掌璽大臣，且因為官場上的出色表現，被封予爵位，更晉升到高級教士，這在當時代表了一種較平等的用人標準，只要憑著個人的努力、才氣，便有機會入仕升官。但另一方面，在勃艮第的官僚系統中，公爵們與其臣下的利害關係在地方與中央上卻依然對立著。

中央集權的實施，需要削減地方的勢力才得以完成。但尼德蘭地區的城市，早有自己深厚的自治傳統，不容易被整合在一起。例如南尼德蘭之布魯日 (Bruges) 從 1436 年到 1438 年，就曾有叛變發生，以抵制中央的干涉。但因叛變沒有成功，善良菲力以索取賠款，撤除其城市衛兵作為懲罰，來宣示自己的主權。又如勃艮第公爵開始徵收鹽稅時，他的提案卻在根特市議會中，遭到以由手工業者為主的同業，組成的工會基爾特領袖為代表的團體加以否決，於是善良菲力和根特市之間的關係呈

現緊張狀態。在地方官吏的人選任命上，各地方和公爵之間也會發生嚴重的衝突。根特市之反抗漸漸增多，結果導致中央必須和根特交戰，善良菲力出兵制服「暴動」，根特叛變失敗，善良菲力因而得到大筆賠款。在投降儀式中，根特市之代表們，必須身穿象徵懺悔的白長袍，赤腳向善良菲力行臣服禮。總括來說，儘管各城鎮還是偶爾會發生抗爭，勃艮第王朝，終究還是走上了一個中央集權化的王朝之路。但相對的，因為稅收問題，在許多地方上，公爵們還得讓步於地方代表。這早在勃艮第進入法蘭德斯和不拉班的城市時就見端倪。因為公爵們曾與市民建立憲章，保證尼德蘭地區的城鎮市民擁有選擇使用語言的自由、公平的法律、以及在沒有徵詢的情況下，不可任意徵稅的規章，這樣的協定，是謂《喜悅的進入》(Blijde Inkomst, Joyous Entry)。憲章協定以書面形式記錄了領主與市民間的權利與義務。

第三節　經濟與商貿

　　勃艮第的統一政策，總歸來說，造成尼德蘭地區大致上經濟之平穩發展，也提升了國際貿易的競爭力。城市因為可以免受大封建勢力的牽制脅迫，即使偶有一些不滿的暴動，甚至受到黑死病的威脅，但事過之後，人口繼續穩定成長，經濟也能較快恢復繁榮。很快地，尼德蘭地區城鎮的人口密度，在15世紀便超過了法蘭西、義大利、英格蘭、和神聖羅馬帝國各地區之人口密度。既然，尼德蘭地區成為一個人口聚集和高度城市化的地方，安特衛普也因地理優勢發展為重要港都，與布魯日同時成為歐洲的貿易中心。1433年開始實行的統一幣名為「四個登陸者」，新幣制使尼德蘭地區的貿易更成為一體，使之可與日耳曼地區的漢撒同盟以及英國相競爭。

　　在15世紀，大部分尼德蘭地區的排水技術功能尚未成熟，農田經常

遭受洪水肆虐，於是，北尼德蘭的農民遂轉向多元種植，並特別推動乳製品的生產，也以捕魚以及開採煤泥作為彌補。乳製品的大量生產和牲口的養殖，促使酪農業可以提供尼德蘭地區各大城市市場消費，當時，乳製品亦被稱為「脂肪事業」。「脂肪事業」間接促進了市場化與貨幣化的農業畜牧經濟發展。另外，為了運送貨物，交通運輸也需要更多設施。中世紀後期的尼德蘭商人在國際貿易中，扮演了日益重要的角色。當肉類與乳製品價格上漲時，農民會將純穀物種植改為農牧混合或畜牧業的經營。農民亦種植經濟價值較高的可榨油作物，如油菜籽。故當時阿姆斯特丹北部的榨油廠，也得以發展。此外，芥菜亦為尼德蘭當時重要的經濟作物。麻的種植也很普遍，故麻繩手工業也得以發展。荷蘭人帶著他們的貨物，沿著須爾德河至不拉班地區販售。回程時，則帶著當地較缺少的穀物回來銷售。

大多數的北尼德蘭城鎮，並未參與漢撒同盟。聚特芬、德文特與茲沃勒，這些位於荷蘭東方的城鎮，早在 12 世紀起，即成為了一個繁榮的貿易中心，這些城鎮都是漢撒同盟的一員。原本漢撒同盟是各個不同城鎮的商人，為了減少旅行開銷與安全問題組織在一起，以保護自己的利益，並共同抵抗當時的封建貴族。後來，一些漢撒城鎮組成同盟，成為一個跨日耳曼、尼德蘭、波羅的海諸國、挪威以及波蘭等地的城鎮商業組織。他們主要的貿易項目為鹽、穀物、木材、酒類與毛皮。阿姆斯特丹並非漢撒同盟的一員。因此，也不必受漢撒同盟所定的規章限制，阿姆斯特丹可與南尼德蘭的商業城市以及漢撒同盟城市有所競爭，阿姆斯特丹此時更成為漢撒同盟成員最強勁的競爭者。

阿姆斯特丹約在 1200 年左右開始發展，該城位於阿姆斯特河口。原先只是一個小漁村，人民多居住在人造土崗上，以防止洪水的侵襲。荷蘭伯爵弗羅里斯五世在位期間，允諾了阿姆斯特丹的貿易權，並准許阿姆斯特丹人擁有自由通行弗羅里斯五世其他領地的權利。當然，貿易競

爭不可避免會產生貿易戰爭，在勃艮第公爵的協調下，的確阻止了荷蘭省與不拉班以及法蘭德斯之間的貿易戰爭。不過，在 1441 年，阿姆斯特丹與漢撒同盟城市還是發生了激烈的貿易戰爭。荷蘭人在布里斯特 (Brest) 沿岸，擄獲了 20 多艘普魯士的運鹽船。由於漢撒同盟將波羅的海視為自己的勢力範圍，故荷蘭人希望將丹麥海峽開放給荷蘭船隻。因為在由呂北克 (Lüebeck) 為首的溫地斯 (Wendish) 城市，與普魯士所主導的城市間產生規章制定上的分歧。當時，漢撒同盟也不再有足夠的能力規範船隻，後來在丹麥提供航運保護的介入下，於 1473 年簽訂了《于特列赫特和約》，此和約代表著貿易保護主義的減少，波羅的海遂成為一個較為開放的貿易自由地區，普魯士與荷蘭省的貿易往來也隨之增加。在海上的鯡漁業，亦大規模地興起，成為荷蘭人主要的收入來源之一。荷蘭人的魚源來自瑞典南方海域，他們早年即得到在該地貿易的權利，但後來因日耳曼漁夫將荷蘭人驅逐，因此，他們轉移到蘇格蘭北方海域尋找漁業資源。由於荷蘭人必須將捕撈的鯡魚運送至北海沿岸，故漁人必須先將鯡魚洗淨，並使用鹽來醃製保存，以利長途運輸。

天主教徒遵守星期五不食肉卻可食魚的齋戒，故鯡魚在歐洲市場上是一種有價值的必需食品，主要銷往南歐地區。因醃製鯡魚及製作乳酪所需，鹽也成為了重要的貨品。起初，荷蘭人沿著馬士河和須爾德河流域尋找鹽礦，由於產量不足，他們遂轉向法國尋找海鹽。但因為法國的鹽過於粗糙，不適合醃漬鯡魚以及製造乳酪，故荷蘭省之鹽商，先自法國和葡萄牙大量輸入海鹽，再使用荷蘭省當地的煤泥做燃料，提煉精鹽。這類鹽商在 15 世紀的尼德蘭快速竄起。其他工業在 15 世紀也開始發展，如啤酒開始大量釀造。早期的啤酒是使用穀物發酵釀造，這個時期則開始使用啤酒花。而紡織業原本就是尼德蘭地區重要工業，萊登和哈倫市，也成為了紡織加工的重鎮。

在英國船隊尚未興起前，荷蘭人的商船已至波羅的海各港口採買小

麥、木材，船業運輸已開始發達。米德堡 (Middelburg) 和維爾 (Veere) 也隨之興起，但因為該地區的港口普遍吃水較淺，不能容納大噸位的船隻。地理位置較佳的港口與商業城市，隨後漸漸取代了小型港口。一些位置較佳的城市，旋即成為後來荷蘭最重要的港口城市，如阿姆斯特丹與鹿特丹 (Rotterdam)。

第四節　藝術與文化生活的兩種面貌

華麗繁榮的面向

由於經濟的繁榮、穩定的生活、消費能力的提高、加上公爵們對文化、藝術的鼓勵與贊助，勃艮第時期的文化，在 1440 年以後的近 40 年間達到頂峰，是謂勃艮第文化的燦爛時代。勃艮第的公爵們，早已擅長將文化藝術作為展現自己外交與政治實力的手段。公爵們藉由藝術，如繪畫、音樂以及各種公開隆重儀式、宴會與活動，來型塑自己的公共形象。在日常生活中，勃艮第公爵們喜愛舉辦各式慶祝宴會，以提供大眾娛樂，如騎士們的比武大會。在各種儀式中，貴族們身著華麗的絨袍，佩戴亮麗的珠寶與寶劍，以炫耀他們的財富與地位。演奏各種樂器，更為儀式增添了絢麗聲響與色彩。

勇者查理在 1468 年，於布魯日舉行的豪華婚禮，堪稱當時歐洲的盛事，婚宴的慶祝歷時一星期之久。其中僅筵席就舉辦了 3 天 3 夜，並有絢爛的煙火以及華麗的舞會配合助興。藝術家們也參與了慶典大廳的設計與布置。婚宴的食品，包括 200 頭牛、2,500 頭肥羊及小牛、3,600 頭山羊、11.8 萬隻雞、1,900 萬隻鴿子、3,700 隻天鵝、2,100 隻孔雀、1,700 隻鶴、1,000 磅豬油以及不可勝數的甜品。受邀參加婚禮與宴會的對象，包含了高階教士，如康布萊與于特列赫特的主教們，以及各地王

公貴族與基爾特會員、也有外國貿易商如漢撒同盟城市的成員代表等。
這種鋪張的婚禮，是公爵刻意安排的外交政策，目的在於讓全歐洲的人
民對勃艮第王朝留下深刻的華麗印象。勃艮第公爵們常以藝術品、文藝
活動與宴會，來炫耀他們繁榮富裕的城市文化。

勃艮第王朝，起初，主要是靠法蘭德斯之工商業繁榮致富，所以，
勃艮第文化影響所及之處，最主要為尼德蘭南方。受勃艮第文化影響的
南尼德蘭市民，在後來尼德蘭革命時期，因為宗教文化及商業因素，也
挾帶了他們富甲一方的財富與學識，大舉遷往北方，對造就日後荷蘭聯
省共和國的繁榮與文化，具有莫大的貢獻。

勃艮第的公爵們，對知識生活和藝術抱有高度興趣，尤其是善良菲
力。除了公爵們喜歡對藝術和文化活動大力支持以外，當時的教士和貴
族也委任藝術家為其創作，其中又以音樂創作備受矚目，音樂作品或為
教堂所用，或譜寫成世俗歌曲，提供公爵們賞樂，音樂創作漸成風氣，
形成西方音樂史上重要的「勃艮第樂派」(Burgundian Music)。

杜飛 (Guillaume Dufay) 對教堂的禮儀音樂和世俗歌曲的發展均有
重要貢獻，其作品流傳至今的有 89 首經文曲、42 首彌撒曲、以及 69 首
世俗歌曲。他使用多聲部的複調 (polyphony) 音樂，創造了典型的勃艮第
作曲風格，開創中世紀後期以降的優美樂風，也成為隆重節慶的演奏音
樂。在杜飛的召集下，勃艮第的康布萊教堂，成為歐洲複調音樂的中心。
宮廷教堂的樂師班舒 (Gilles Binchois)，不只為勃艮第首府的第戎教堂作
曲，也譜了多首三聲部的世俗音樂，以裝飾音的使用而聞名。另外，奧
克漢姆 (Jan van Ockeghem) 在音樂史上也具有重要地位，他創作出豐厚
的四聲部複調音樂，莊嚴中不失音樂情感，其作曲風格隨著他在歐洲四
處旅行，因而被推廣到歐洲各地，奧克漢姆的音樂結構開啟了文藝復興
的作曲風格。現存的作品有 14 首彌撒曲、10 首經文歌、和 21 首世俗歌
曲，今日依然為人演奏。在他逝世之後，荷蘭的人文主義大師伊拉斯莫

圖7:「杜飛與班舒」 杜飛身旁有一架小風琴，顯示他擅長創作宗教禮儀曲。班舒手中持一豎琴，代表他以創作世俗歌曲聞名。豎琴在當時是世俗樂器，而風琴則是教堂樂器。

斯 (Desiderius Erasmus, 1469～1536) 特地獻上哀悼文弔唁，以示對他的尊重和欣賞。海瑙出生的德普雷 (Josquin des Prés) 則在教宗的聖堂任職，他除了強調複音的細緻技巧，其作品表現出高度的器樂性，是為新式彌撒曲的創造者。

　　在繪畫藝術方面，享譽美術史上的法蘭德斯原始畫派 (School of Flemish Primitives) 出現不少大師，他們多與勃艮第公爵的贊助有關。像是凡艾克 (van Eyck) 兄弟、范德韋登 (Rogier van der Weyden) 都是善良菲力和勇者查理所延攬的宮廷畫家，他們為公爵們完成了不少肖像畫。凡艾克兄弟最具代表性的畫作為「羔羊崇拜」(*The Adoration of the Lamb*)，這幅畫是為了根特市的聖巴封 (St. Bavon) 教堂所作的祭壇畫，畫在由板面折疊而成的屏風式畫板上，他們創新了具「現代」意義的立體畫作，用油作顏料，可以畫出更精緻的描繪。這對後來荷蘭繪畫產生重要影響。在繪畫形式上，聖母的形象轉為較世俗化，形體也更具透明感。赤身的亞當和裸體的夏娃，他們的面容流露出自然生動的情緒，看似心不在焉的表情，不由得引起人們的驚嘆；亞當的雙腳竟像是要走出

圖 8:「羔羊崇拜」

畫面般的生動。天主的羔羊，出現在中央的那面祭壇上，神父則正在誦
讀：「免除世間罪惡的天主羔羊，請憐憫我們世人。」在勃艮第的藝術贊
助者中，亦不乏王公貴族及富有的市民，因此，具有神聖意涵的宗教畫，
時而也會帶著一些世俗的意義。如在「羅林的聖母景象」畫作中，背景
展現了自然景色和城市風光，具有寫實的風格，大臣羅林的面孔，則表
現出他倔強的個性。

范德韋登擅長肖像畫，每幅畫作，均能展現個人獨特的氣質，觀看
者與畫中人物，似乎產生出一種神秘的相互牽絆。上述這些畫家的傑作
及地位，幾乎沒有後繼者可以超越。

其他著名畫家如哈倫的博次 (Dirk Bouts)、范德格斯 (Hugo van der
Gose)、梅爾令 (Hans Memling) 也都有出色的畫作，其中梅爾令的神秘風

格更是享譽歐洲。總結而言，法蘭德斯原始畫派，由於在技法和繪畫風格上都有其突破和創新之處，傑作比比皆是，在世界藝術史上的地位具有其重大貢獻及影響。

這個時期的雕刻藝術也如繪畫藝術般那麼令人驚嘆。如來自荷蘭省的斯呂特 (Claus Sluter)，被勃艮第宮廷網羅在第戎為公爵從事雕刻創作，他曾為大膽菲力設計陵墓雕刻，40 個送葬者的雕像，每一個表情都各自不同，栩栩如生地表現出哀悼之悲傷與靜穆的心情。公爵大膽菲力及其夫人的雕像，顯得極其尊貴精緻。另有基督受難像，則展現了其高貴的犧牲。他的作品現存於第戎博物館。除了石雕，木雕藝術也表現傑出，大量外銷歐洲各地區，成為一種「工業化」的規模。再者，由於尼德蘭地區的紡織業興盛，也發展出織錦藝術，掛毯式的織錦畫，可以表達出王室的歷史事蹟和各種戰蹟，因此深受世界各地的王公貴族喜愛，紛紛前來委託訂製，使得織錦畫成為珍貴的收藏品。如義大利的梅第奇 (Medici) 家族，就大量採用了尼德蘭地區生產的掛毯織錦畫來裝飾其宮殿。

在建築方面，勃艮第派強調精工細琢的風格，具有特色的市政廳和鐘樓等建築，如同絢麗的藝術品般。荷蘭文化史家赫津哈認為，勃艮第時代的建築藝術，其精緻複雜的程度幾乎如同鑽石雕鑲一般細緻。

不只善良菲力個人重視文化，其他勃艮第時代尼德蘭地區的教士和官吏，也熱衷於蒐集圖書手稿，因此，在勃艮第還設有精緻宏偉的圖書館。他們鼓勵各種詩詞創作、成立修辭學會、雄辯演說團體相繼產生，加上吟詩和戲劇競賽等等活動，都在尼德蘭各地頻繁舉行。詩人、作家的人才輩出，書寫體多樣華麗。勃艮第的公爵們主要使用法文，但是，像善良菲力，他也一度努力學習荷蘭文，並親自參加地方的修辭學院，成為會員之一。其他修辭學院的成員們，大多精通修辭學，對於文學發展具有推動力。在他們當中，莫利內 (Jean Molinet) 就是一位詩人兼歷史

學家，他是宮廷史官，也是《修辭藝術》一書的作者。另外一位著名史家為夏斯特蘭，他善用美妙的詞句記錄下勃艮第的歷史，特別是有關貴族和騎士的事蹟。至於市民和一般人民的歷史雖然較少被記錄，不過，對於當代社會生活的諸般面貌，像是市集、遊行等，也有著墨。

　　由於詩文、戲劇的興盛，也衍生出密集且普遍的藝文競賽活動，進而發展為持續性的文化節慶。露天喜劇表演及各式遊行和宴會，營造出一種歡樂的文化氣氛，提高了舞文弄墨者的雅興。在日常生活中，勃艮第公爵也喜歡舉行各種慶典宴會，於是宮廷文化和民間的節慶文化相互交錯，一般市民之文化也多多少少受到宮廷文化品味的影響。就 15 世紀歐洲文化史的脈絡來看，在勃艮第時期，尼德蘭地區的文化發展成果，不論宗教、文學、藝術、及思想上都出現了很多傑出的新作品。如此絢麗的文化，在歐洲歷史上也並不多見。富裕的環境以及公爵們對文藝的推動是其主因，在尼德蘭地區的各個城市，特別是在南尼德蘭地區，至今仍可看到勃艮第文化當年燦爛的痕跡。相較於南尼德蘭，北尼德蘭之荷蘭省、澤蘭省等地區，對於勃艮第的宮廷文化及生活方式，沒有特別大的興趣，未受到太多的薰染。再者，不少城市中市民的興趣取向，多放在實際之航海及商貿活動方面。

質樸內斂：勃艮第文化的一體兩面

　　除了華麗與繁榮，勃艮第文化也有其另外一面。由於勃艮第尼德蘭地區乃由塞爾特、日耳曼與羅馬文化所組成，因此，也型塑了勃艮第文化多元的文化向度。勃艮第文化具有華麗典雅的一面，也有質樸簡窳的一面；有宏偉雄壯的氣魄，也有謙虛內斂的面向；有富裕奢華之一面，也有因經濟拮据極想致富的面向。其中謙虛內斂質樸的表現，由基督教神秘主義及新靈修運動為代表。北尼德蘭的許多城鎮，在當時，尚不能和南方大城的富裕繁榮相提並論，然而，北尼德蘭對貿易經商的興趣遠

大於對宮廷文化的模仿。在這個財富有限之北方地區，一種虔誠質樸的精神，就在勃艮第時代逐漸萌芽。這種精神就是後來帶給尼德蘭地區，乃至歐洲其他國家的宗教生活具有重大影響力的「現代虔誠運動」(The Devotio Moderna Movement)。下一節將解釋這種新靈修生活。

第五節　清新的宗教生活

在繁華的生活下，勃艮第時期的宗教文化及靈修生活有了新趨勢。新的宗教生活方式乃出於新興的宗教團體，他們不滿當時某些教士們的「墮落」生活，例如，一些神職人員們為了汲取聲望和教會財富開始售賣贖罪券，或過多地干預世俗政事，某些教士甚至納妾生子，過著奢侈揮霍的生活。再者，當時的高級神職人員、富庶的修道院與富裕的城市貴族，這些具有權勢與財力的階層之間也常發生利益上的衝突。所以，「現代虔誠運動」之出現具有其時代意義。現代虔誠運動產生了兩種有著相互關聯的組織；一是「共生兄弟會」(The Brethren of Common Life)，其成員不發終身聖願，但他們奉獻個人財產，住在共同的房舍院子裡，共同過著有紀律之團體生活，按時祈禱從事勞動。另一種是在溫德斯罕(Windesheimer) 的奧古斯丁式的修道院。修士與共生兄弟會的成員們，不與社會隔離，卻希望可以簡單純淨地過其宗教生活，他們的確受到中世紀神秘主義的影響，強調內心的體悟，不提倡經院哲學。但與濃烈的神秘主義仍然相異，他們不刻意追求孤獨生活中隱密的狂喜經驗，屬於坎比斯 (Thomas à Kempis) 式的神秘主義。史家赫津哈將之稱為「冷靜神秘主義」(nuchtere mysticisme)。赫津哈認為，尼德蘭的基督教徒們，在中世紀的晚期已經捨棄了濃烈的神秘主義，他們制止了危險狂熱之偏激的神秘，轉為對上主謙恭柔順、平實，並崇尚日常生活中的道德、宗教虔誠、勤樸及慈善。但是，仍對彌撒的「奧蹟」充滿溫和靜謐之熱情，

對神聖的指引感到含蓄細緻的恩寵。

赫津哈在《中世紀之秋》(*Herfsttij der Middeleeuwen: studie over levens-en gedachtenvormen der veertiende en vijftiende eeuw in Frankrijk en de Nederlanden*) 中提到「在溫德斯罕的修道院，見到的是在日常生活與工作中顯示的宗教情懷與微妙細緻的神秘。它並非雷霆式的濃烈神秘，它是一種小小的火花，持續的在靜謐、不張狂的小圈子內產生的一種私密與融洽的靈修。坎比斯最優美且有力的作品是《效法基督》(*Imitatio Christi*)，作者一心探求萬物靜謐的本質」。赫津哈形容《效法基督》是散文詩，其韻律是「在黃昏海洋，下著溫和如絲的細雨，是某個秋天微風的嘆息。」

這位修士作家坎比斯終其一生居於茲沃勒 (Zwolle) 附近的修道院撰寫宗教書籍，並且還手抄經文，撰寫神學家赫魯特 (Geert Groote) 的傳記。赫魯特是「共生兄弟會」的倡導者，出生於荷蘭于特列赫特附近的德文特。年輕時，曾受到呂斯布洛克之神秘主義影響。呂斯布洛克為奧古斯都會的修士，他提倡人類應與上帝以神秘形式結合，以達到全善的境界。赫魯特曾於巴黎大學學習醫學、法律並研讀神學，在回到尼德蘭後，使用荷蘭語佈道，吸引了很多信眾，並得到了于特列赫特主教區的大力支持。由於他曾公開批評當時神職人員的腐敗生活，於是遭到許多非議與批判。赫魯特曾對此批判寫出《公共抗辯》(*Publica Protestatio*) 一書，他除了在荷蘭創立「共生兄弟會」，也從事青年教育與鼓勵手抄經文。現代虔誠運動即由坎比斯所宣揚的赫魯特思想為中心，以回歸教會初期的質樸虔誠為宗旨，深度體驗基督信仰，要求真理，而不尚虛偽誇飾的詞藻或繁文縟節的儀式，鼓勵虔誠的情感，跟隨基督的腳印，不特別強調智性神學，不過度的貪求知識，成員在持續性的團體生活中默觀，過著虔敬的生活。

「現代虔誠運動」在 15 世紀之後，流行於歐洲各地，尤其對尼德蘭

地區之宗教生活影響甚鉅。共生兄弟會對教育的推動也頗具意義和規模。其學校課程除了宗教課，也注重希臘文的教育，以便培養學生研究古典作品、傳承抄手稿的能力。印刷術出現後，「共生兄弟會」設立了自己專用的印刷廠，出版中小學課本，包括宗教、語文、和古典作品。在 16 世紀前，他們已經編印了 9 千多本書籍，很多尼德蘭地區的人文學者都曾受教於共生兄弟會的學校，也受到「現代虔誠運動」思想上的影響，其中最著名的就是來自鹿特丹的人文學者伊拉斯莫斯。

第四章
哈布斯堡尼德蘭：統一與分裂

第一節　勃艮第哈布斯堡尼德蘭

　　勃艮第公爵，勇者查理於 1477 年，戰死於南錫之役，因為勇者查理沒有留下男嗣，他的女兒瑪麗 (Mary of Burgundy) 在根特聯省議會之決定中，得到了包含尼德蘭地區在內的勃艮第領地的全部繼承權。但是；為了保有尼德蘭地區的傳統權益，聯省議會要求瑪麗頒布《大特權》(*The Great Privilege*) 憲章。憲章中明訂，瑪麗的婚姻要得到聯省會議的許可才算成立。非經議會允許，瑪麗也不得隨意宣戰、徵稅。換言之，《大特權》主要的條文內容，是為了保障尼德蘭地區的地方自治、司法財政的權力、使用語言的自由及貿易自主的保障等等。各大地區如，法蘭德斯、不拉班、荷蘭省、澤蘭、菲士蘭、拿慕兒等地，都在《大特權》的保障範圍之內。

　　由於勃艮第和法蘭西在政治利益上，早已相互敵對較勁，法國的路易十一，曾希望法國皇子與勃艮第的瑪麗成婚，但瑪麗已於勇者查理在世時，就答應嫁給奧地利哈布斯堡的馬西米連 (Maximilian I of Austria-Habsburg)。這意味著，哈布斯堡王朝捷足先登於法國，得到瑪麗繼承之所有領土和財產。聯省議會一直憂懼法國對勃艮第的企圖，因此很快地通過瑪麗與奧地利哈布斯堡的聯姻，但這個婚姻必須在馬西米連也承認《大特權》的前提下完成。雙方並達成婚前協議；日後如一方死亡，只有他們的子女才能獲得繼承尼德蘭地區的權利。當然哈布斯堡王朝也欲

利用與勃艮第之聯姻得到擴張的機會。

　　馬西米連的父親是神聖羅馬帝國皇帝腓特烈三世 (Frederick III)，這兩個家族的聯姻，將勢力壯大的哈布斯堡家族，就此引入了尼德蘭地區。1482 年，瑪麗意外墜馬死亡，聯省議會立即通過，瑪麗當時尚未成年的兒子美男菲力 (Philip the Fair)，為勃艮第尼德蘭的繼承者，並拒絕承認馬西米連提出的攝政要求，馬西米連遂陷入尷尬的處境當中。直至 1484 年，經由金羊毛騎士團的調停，並在在維護美男菲力地位的立場下，才承認了馬西米連的攝政。當時尼德蘭很多地區並不贊同這個調停結果，馬西米連一直想扭轉這種情況，但每當他有所動作，反對他的大城市便會發生大規模的示威暴動，尤其在法蘭德斯地區，一直不願意承認來自日耳曼方面的權力介入。1487 年時，馬西米連甚至被抗議的市民擄押到布魯日作為人質，哈布斯堡家族非得動用軍隊的力量才將他釋回。經過這個事件後，馬西米連有意削減布魯日的力量，刻意鼓勵布魯日的外國貿易商轉移到安特衛普發展，布魯日原本所有的經貿中心地位，因而受到巨大的影響。這是尼德蘭地區的經貿中心，從法蘭德斯地區轉移到不拉班地區的原因之一。馬西米連和尼德蘭地區的緊張關係，直至美男菲力親政時才緩和。

　　美男菲力是一位城府很深且行事謹慎之人，他為自己的施政前途方便著想，不再重申確保其母親——瑪麗所留下來的《大特權》，但願意聽取聯省議會的施政建議。在外交上，採取既不親法也不親英的中間立場。後來，美男菲力和西班牙公主瓊安 (Joan of Aragon) 結婚，在瓊安父親費迪南 (Ferdinand) 與母親伊莎貝拉 (Isabella) 過世之後，美男菲力遂從其妻瓊安那裡得到西班牙王位的繼承權，稱為菲力一世。從此，尼德蘭地區遂被納入西班牙哈布斯堡的勢力範圍。

　　美男菲力相較於其父親馬西米連，與聯省議會的關係較為融洽。經常親自與議會交涉，並逐漸脫離其父親的控制，於 1505 年，成功取代其

父親在哈布斯堡王朝的地位。

第二節　查理五世

　　美男菲力與西班牙瓊安的兒子——查理，在 1500 年出生於法蘭德斯的根特市，所以，他的原名就為根特的查理 (Charles the Ghent)。由於其父親——美男菲力早逝，查理於 6 歲之時，就成為勃艮第尼德蘭的主人。1516 年，又在西班牙繼承了其外祖父費迪南的王位，並以西班牙國王的名號改稱查理一世。1519 年，與法蘭西國王，法蘭西斯一世 (Francis I) 發生激烈競爭後，使用計謀成為神聖羅馬帝國的皇帝，次年在阿亨加冕，史稱查理五世 (Charles V)。日後他成了西方歷史上赫赫有名的查理五世大帝 (Charles V The Great)。

　　查理五世的幼年時光，在南尼德蘭麥赫倫度過，神學家阿德里安 (Adrian Boeyens) 為他的私人家庭導師。不久之後，年輕的查理，已經有能力幫助他的老師阿德里安晉升為樞機主教。於 1522 年 1 月，阿德里安樞機又被擢選為教宗，稱為阿德里安六世 (Adrian VI)，他是第一位出身尼德蘭地區的教宗。查理在年幼期間，勃艮第尼德蘭由其姑母——奧地利的瑪格列特 (Margaret of Austria)，從 1507 年到 1515 年為他擔任攝政。瑪格列特第二次攝政時期則為 1518 年至 1530 年。1530 年之後，由查理五世之姊——瑪麗代其管理尼德蘭事務。這乃因查理五世必須與法國長期鬥爭，分身乏術之故。

圖 9：查理五世——即查理大帝之肖像　查理對低地國的情感很深。

　　查理五世的遼闊疆土，還包括了拿坡

里 (Naples)、西西里 (Sicily)、薩丁尼亞 (Sardinia) 和西屬美洲 (Spanish America)。爾後，查理五世更完成了勃艮第公爵們未完成的心願，即將尼德蘭地區整個收納於他勃艮第哈布斯堡的版圖。1515 年，他買下了菲士蘭的領主權。1521 年，他征服了圖爾內主教轄區，在早期，圖爾內一直是被法蘭克王國極為重視之地區。它屬於法國在法蘭德斯境內的屬地。1528 年，在他的老師——教宗阿德里安六世的協助下，降服了于特列赫特的主教——巴伐利亞之亨利。於是，查理五世便成為于特列赫特主教轄區的世俗領主。1538 年，又獲得格羅寧根與康布萊，但赫德蘭的公爵愛格蒙的查理 (Charles of Egmond)，不願意承認哈布斯堡王朝的權力，曾與之發生多次衝突。最終在 1543 年，雙方簽訂了《凡洛條約》(Treaty of Venlo)，此後赫德蘭終歸查理五世的版圖。由於和法蘭西簽訂了《康布萊和平條約》(Peace Treaty of Cambrai)，所以其境內大致也維持了和平、繁榮、安定。

這位根特市出身的大帝，雖然在政治上實行一統政策，然而，對於尼德蘭境內的自治傳統，大抵來說，尚能加以尊重，畢竟尼德蘭地區，每年都提供他大半的收入，更支付他龐大的各種經費支出。在他政治生涯的背後，尼德蘭地區的強大經濟力量，始終是他最大的支柱。正如查理五世自己的想法：尼德蘭確實是歐洲之十字路口和商貿中心。而這個商貿中心，也必須具有廣大的消費市場和安定之政治來帶領。於茲，尼德蘭地區，經由查理五世統治的廣大疆土，參與世界性的經貿發展。

1548 年，查理五世頒布了〈國事詔書〉(Pragmatic Sanction)，尼德蘭地區形成了一個大勃艮第圈 (Burgundian Kreis)，正式被命名為「尼德蘭十七聯省」。十七聯省由荷蘭、澤蘭、不拉班、于特列赫特、菲士蘭、海瑙、上艾瑟 (Overijssel)、法蘭德斯、瓦隆法蘭德斯、阿圖瓦、盧森堡、麥赫倫、拿慕兒、格羅寧根、赫德蘭、林堡以及圖爾內組成。〈國事詔書〉強調了神聖羅馬帝國的皇帝為尼德蘭地區的封建宗主，至此，查理

五世更親自巡視十七聯省，以表示自身為神聖的合法君王。

查理五世的國家權力

經由「尼德蘭十七聯省」之整合，查理五世統一了不同行省之間的行政與法律，他選定布魯塞爾 (Brussels) 為主要的統治中心。在法律機構方面，訂立普遍法，這成為了日後「尼德蘭十七聯省」《民法》的基礎。尼德蘭地區，法律的標準化與集中化，奠定了最高司法審判法庭之設立，也提供了不服一般法庭判決者上訴的機會。隨著每年判決案件的增加，最高法庭，成為一個重要之促進中央集權國家的機構。

查理五世十分重視中央政府的權力，但是，在另一方面，他也因為擔心會得罪提供其經費的十七聯省，所以，必須保留聯省早先就存在的各省議會與地方三級會議。當查理徵收新稅時，首先必須經過省議會的批准才能實現。查理五世在一些貴族中委派人選，作為他在各省的代理人，稱之為「執政官」(Stadholder)。西班牙人總是在尼德蘭擔任官職，時而會引起尼德蘭人的不安。不過，尼德蘭的商人們，卻也看見了，在查理五世治下的──伊比利 (Iberia) 半島之廣大市場與龐大商機。

查理五世在根特市出生，幼年在麥赫倫度過，在他成年後，由於其統治的領土廣大，除了必須居住在西班牙宮廷，他經常親訪尼德蘭，他也不得不經常到處奔波巡視，堪稱歐洲歷史上旅行次數最多的君主。但他最喜歡的地方，始終是他成長之地：尼德蘭。1555 年，他將王位傳給其子菲力二世後，便定居於尼德蘭，直到他逝世的前一年──1558 年，方回西班牙，在修道院中終其一生。今日的比利時，於每年 7 月的第一個星期日，於首都布魯塞爾舉行大型的歐明罕節慶遊行 (Ommegang Procession)，由人民在遊行隊伍中扮演查理五世大帝及其宮廷成員，重溫當年的盛大場景。

大致來說，尼德蘭境內的自治傳統，查理五世都能加以尊重，唯獨

宗教自由是查理五世不想面對又必須解決之問題。自 1517 年起，馬丁路德 (Martin Luther) 就已經成為查理五世事業拓展的絆腳石。查理五世害怕新教將造成社會結構的改變，致使他始終抱持宗教必須要統一的想法。日後引進的異端裁判所以及宗教鎮壓，成為尼德蘭地區與哈布斯堡王朝走上分裂之途的主要原因之一。

第三節　經濟發展

　　在歐洲的經濟發展史上，16 世紀，乃屬於一個人口持續增長與城市化快速發展的時期。當時歐洲已從黑死病的瘟疫與夢魘中逐漸復原，人口數量增加了 70%。與 15 世紀相較，在人口與城市的雙重發展下，16 世紀人口數在 10 萬人以上的城市增加不少。例如，安特衛普與阿姆斯特丹等城市，突然之間變得熙攘熱鬧。這種榮景下，企圖心強烈的歐洲人，發現新大陸之後，也開始在世界各地尋找新據點來擴展各種利益。他們挾帶了新技術與激進之商業行為，並時常伴隨著暴力的統治手段，在海外發展自身的權力與經濟利益。

　　當時，歐洲在經濟上也有巨大的變革，主要基於人口成長快速，糧食價格之突然暴漲。16 世紀中葉，糧食穀物翻漲了 3 倍至 7 倍之多。這種物價飛漲的情況，在歐洲經濟史上稱之為 16 世紀的「價格革命」(Price Revolution) 或稱「物價革命」。再加上西班牙殖民地的白銀流入歐洲經濟市場，農業及經濟上的結構改變，也造成了生產力的發展。上漲的物價，刺激並助長了經濟生產，這種情況是漸漸導致日後歐洲資本主義式的全球經濟模式形成的原因之一。

　　西班牙所建立的海外殖民地，也帶動了尼德蘭地區海外市場的發展。雖然海盜的出沒多少阻礙了西班牙與尼德蘭地區之間的貨物運輸與流通，然而 16 世紀的尼德蘭地區，經濟繁榮的景況在當時仍屬首屈一指。

因為歐洲人發現了新航路,於是歐洲的貿易路線從地中海轉移到大西洋,有助於安特衛普成為世界最重要的港都,同時也成為國際市場的貨物集散地。來自葡萄牙、日耳曼、英國等地的貿易商都喜歡聚集在此。在安特衛普,不只見到不拉班地區的各種商品如掛毯、家具、鐘錶、樂器、工藝品、紡織品、刺繡、成衣,同時更可以看到來自英國的羊毛,日耳曼地區的金屬和礦產。

在歐洲人開始風靡貴重香料之際,早在 1501 年,葡萄牙的船隻就載滿了肉桂等香料,靠泊於安特衛普港,並在此地從事香料貿易,他們從海外殖民地帶回來的香料,最早就是於安特衛普市場販賣。安特衛普遂成為全歐洲最富魅力的香料集散地。葡萄牙人也從事金子、象牙和鑽石交易,將貨物從安特衛普分批販售至北歐以及法國等地。通常由荷蘭省和澤蘭省的船隊,從波羅的海地區所引進的木材、穀物,也給尼德蘭地區帶來商機。連帶其他造船業、武器製造業、印刷業等的發展都頗具規模。

安特衛普的市場,不僅提供來自世界各地的高級貨物,且提供貸款等商業服務。商人在新成立之交易所 (Bourse) 進行金融交易事務,安特衛普的商業活絡繁榮,幾乎整個尼德蘭地區的城市都多少因此而利益均沾。安特衛普靠著香料、白銀,以及借貸等服務,加入了歐洲各大城市的金融網絡,吸引了全歐洲商人的目光與商業行動。於是,安特衛普很快就成為整個歐洲的金融中心。隨著工商業組織的專業化,衍生出如同前資本主義式的經濟型態。

由於工商業的發展,尼德蘭地區城市化的腳步也日益加速,約有總人口數之 50% 的人居住在城鎮,就當時的情況來說,其城市化、商業化及人民平均所得是全歐最高的地區之一。

在借貸方面,因查理五世的歐陸擴張與海外殖民政策,都需要龐大的資金來運展,尼德蘭地區的商業與金融人士,因著優厚的借款利息,紛紛貸款給查理五世。雖然,當時天主教會禁止商人貸款獲得鉅利,但

商人以各種迂迴的方式，常能突破不准放高利貸的禁令，就連查理五世也以其王朝收入作為擔保，進行債券交易。安特衛普的金融交易所，也提供債券交易。債券等同貨幣，因此其他相關的銀行金融服務也興盛起來。北尼德蘭藉著安特衛普與伊比利半島的貿易，視安特衛普為一個經貿發展之先鋒，使荷蘭有機會在日後將經貿活動，由波羅的海擴張延伸至地中海，並藉著荷蘭人對商業的興趣與貿易的眼光，以及精明、創新且又勤奮的性格，加上歷史的因緣際會，逐漸走向未來的「黃金時代」。

阿姆斯特丹與波羅的海的穀物交易頻繁，他們的商船行駛至波羅的海沿岸的港口，購買小麥、木材與黃麻，之後再運至法國沿海地區與伊比利半島各港口，藉由行駛位於波羅的海與北海之間的桑德 (Sund) 海峽，滿載著香料與葡萄酒返回荷蘭省。荷蘭省的雙桅船隻，除了提供自身的貿易載貨需求，更帶動了轉運行業及運輸業的勃興。他們的船隻，也擔任了查理五世圍攻阿爾及利亞 (Algeria) 與突尼西亞 (Tunisia) 時運送軍人、武器與補給物資的重要運輸工具。在 16 世紀，尼德蘭地區的商人巨賈，於世界貿易體系中，逐漸扮演了舉足輕重的角色。

在農業經濟方面，尼德蘭人發展出新的想法。他們栽植作物，採用不休耕的模式，輪流種植燕麥與亞麻。尼德蘭人在沒有出現動力蒸汽以前的數百年，早在 13 世紀，就利用風車改良排水系統，改變土壤性質，以提高農作物的收成。風車所排出之水，進入堤壩周遭所開鑿的運河中。運河將水匯集後，便能流入北海。風車除了具有排水功能，也具備研磨穀物、壓擠種子榨油以及傳遞訊息的功能。僅在北尼德蘭境內，當時就有 9 千多座風車提供動力。

第四節　16 世紀的智識、文化與藝術活動

16 世紀，歐洲的智識、文化以及藝術界反映了整個社會正走向新紀

元。歐洲對希臘羅馬古典文化的熱情興起，特別是憑藉地中海地區貿易，躍升為歐洲最為繁榮富庶的地區之一的義大利，對古典文化更是熱衷。城市如威尼斯 (Venice)、佛羅倫斯 (Florence)、熱那亞 (Genoa) 等地的銀行家、船商主、貴族與大主教們都在政治與文化上具有相當大的影響力。在富裕的城市中，這些具有影響力的階層，經常使用他們的財富與地位，獲得各式各樣由海外各地匯集而來的奢侈品。於是，他們在生活上逐漸傾向世俗化與物質化。城市中的人群，不再僅止於關心「彼岸」與來世，轉而重視「當下」與今世。這些富人階層，更結交知識界與文藝界的雅士，以烘托自身的高雅品味。在 16 世紀，當時與這些義大利城市相媲美的地區是尼德蘭地區的城鎮。

　　人文主義 (Humanism)，於 15 世紀由義大利傳入尼德蘭地區，雖然，人文主義一詞源自拉丁文 Humanus，概指以人為中心的思想。但是在歐洲，從 14 世紀中葉以來，這種以理智與文化成就為主流的思想，對於中世紀的經院哲學已加以批判。興起於義大利的人文主義，重現對於古希臘和羅馬文化的經典研究，在文藝復興時期達到高峰。在西北歐之尼德蘭地區，人文主義學者更將基督宗教的虔敬與古典學術互相結合，帶有回歸《聖經》和信仰本質的目標，因而產生了基督教人文主義。古典文化在此地受到歡迎，但與義大利不同的是，尼德蘭地區的人們，對於羅馬文化並不抱持那份懷舊之情。義大利之所以對古典羅馬文化懷有憧憬，乃因在許多城市中，都留存著很多羅馬時代遺跡，如古羅馬廣場、公共浴室、競技場以及經常發掘出土的古羅馬遺跡。

　　在尼德蘭地區，文藝復興與人文主義也在 16 世紀進入高峰。早在 14 世紀末，尼德蘭地區古老的教會與修道院，已經不是唯一可獲得知識與靈修的場所。如同義大利，尼德蘭富有的銀行業者與投機者，也對古希臘羅馬的文化遺產產生興趣。在前章曾提及的「現代虔誠運動」讓尼德蘭人們了解到人和上帝之間是可以直接溝通。他們所辦的學校，更培

育出不少著名的基督教人文主義者。這些人文主義者的內心充滿對上帝的虔敬，卻又兼具人文主義式的教會批判與寬容精神。

人文主義的彰顯，特別是在伊拉斯莫斯身上展現其特質。他在1469年，出生於勃艮第尼德蘭時代的鹿特丹，是一名神父的非婚生子。早年曾在高達、德文特、以及登鮑士 (Den Bosch) 等地方生活，並在「共生兄弟會」所興辦的學校接受教育。之後，他又赴巴黎大學深造，並成為一名天主教教士。伊拉斯莫斯在修道院時期，就對基督教神學與哲學的研究非常專注。他接受了古典教育，在法國進修時，對於宗教改革前的社會氣氛非常敏感。伊拉斯莫斯的神學思想曾構成經院哲學的威脅，不過，當時對文藝復興讚賞的教宗，尤里烏斯二世 (Julius II)，卻對他所提出的有關教會之和平改革十分堅信。

伊拉斯莫斯對於天主教會裡的一些僵化體制，和某些保守的作風，向來有所批判。在一趟英國之行後，他與托瑪斯・摩兒 (Thomas Moore) 和克列特 (J. Colet) 等人文學者結交，成為終生摯友。伊拉斯莫斯所嚮往的是一種較為理性、人文式的、去教條化的基督宗教。在馬丁路德派和其他宗教改革人士遭到打擊和爭議時，他主張以和平寬容的方式來解決爭端，儘管他並不十分同意路德之言行。伊拉斯莫斯認為，路德的思想過於極端，且有著易怒的性格，他不喜歡馬丁路德否定意志自由，也認為馬丁路德缺少人文主義的文雅品質。

宗教寬容的思想，在伊拉斯莫斯的著作中隨處可見。在他的精神世界中，神學與哲學、寬容與熱情、和平與謙遜、藝術與文學都能達成理想的協調狀態。雖然有時伊拉斯莫斯所關心的「宗教改革」與「反宗教改革」之間的衝突，讓他心中著實掙扎與矛盾。但不論如何，他已決定用和平的方式關心教會的復興。伊拉斯莫斯的著作內容豐富、涉及領域廣泛，範圍遍及教育學、宗教、倫理道德、古典文學的編輯以及各種譯著。文風時而文雅質樸，時而雄辯滔滔、兼具冷嘲熱諷，有時詼諧有趣

但機智幽默。伊拉斯莫斯的個性嚴謹但寬容，愉悅也憂鬱，膽大但又細緻，純潔又複雜。

《愚人讚禮》(*The Praise of Folly*) 為其最著名的代表作品，在書中，他以幽默諷世、戲而不謔的筆法，來表達他的思想，文筆優美，不帶教條意味的說道，被視為人文主義作品中的經典巨作。他的思想不只影響到後人對於《聖經》的研究，就認識古典文化的觀點來看，也貢獻良多。他曾在魯汶大學設立三語學院 (Collegium Trilingue)，提倡以拉丁文、希臘文、和希伯來文來解讀《聖經》。而他的宗教寬容思想，被荷蘭歷史學家赫津哈認為是 17 世紀荷蘭共和國「宗教寬容」理念之原型。伊拉斯莫斯在當時的社會、文化與宗教氣氛中，對於相互敵對的各宗派，極力提倡建立和諧關係。他希望藉由基督教人文主義的智慧進行寬容的改革，研究伊拉斯莫斯的學者認為，這是他的睿智。

在人文主義影響下之史學，以史家巴藍德斯 (A. Barlandus) 所著之《尼德蘭的公爵們》為典型之作。《尼德蘭的公爵們》敘述的重點多放在城邦的發展和政治史，重視歷史發展中的人。換言之，史家寫的是人的歷史，而不是神的歷史，歷史不再只為教會服務。德梅爾 (de Meyere) 的作品《法蘭德斯史》，則充分運用了檔案文獻，來敘述法蘭德斯地區的歷史演變，由於他和伊拉斯莫斯之間的交遊甚頻，其著作亦深受伊氏的人文思想所影響。後世史家給予德梅爾的評價亦高，特別是對於他寫史的客觀性稱讚不已。

在文學作品方面，也同樣感染到人文主義及宗教改革的氣氛。作家德卡斯特林 (de Castelein) 是詩人兼文學評論家，他的代表作是《修辭學的藝術》，這是第一本以荷蘭文寫成的文學理論著作。卡斯特林也深受人文思想薰陶，特別推崇古典作品，尤其是希臘的悲喜劇和史詩，在他的評論集中，分析了大量的古典經典名作。詩人賽根塔斯 (J. Secundus) 擅長以拉丁文寫抒情詩，其詩體及風格，對另一個名揚 16 世紀法蘭西的文

社「七星社」有著深刻的影響。七星社的詩人，崇尚拉丁、希臘語詞，並認為詩文不能夠淪於俗凡，一定要寫出有創造性的個人抒情風格。在這樣的標準下，這些成員皆將賽根塔斯奉為明師。

16世紀中期以後，爆發了尼德蘭人反抗西班牙的革命，北尼德蘭最終脫離西班牙，成為荷蘭聯省共和國；而南方在當時則仍屬西班牙的範圍。於是很多信奉喀爾文教的新教徒，帶著他們的資產和文化傳承，移民至北方。這樣的結果，造就了北尼德蘭的文化和經濟實力。然而，在文學界，宗教對峙的現象並不明顯，或許文學家閱讀廣泛，較容易懷抱人文思想中的寬容精神，例如散文家庫恩海 (P. Coornhert)，他以荷蘭文寫成的散文集《道德是通往美好之路》，便道出一種基督教人文主義下的寬容哲學。同時庫恩海也將許多希臘羅馬的經典著作翻譯成荷蘭文，深深影響了荷蘭文學界。其他一些文人的作品，也展現了豐富的詩性語言，重視美感而無說教意味。另外一位詩人兼史學家范胡特 (J. van Hout)，曾任萊登市政府的秘書一職，他放棄了修辭派式的制式文體，重視個人的獨特性表現，對於開創荷蘭本土文學有著重要地位。

科學知識

科學知識方面，在16世紀，尼德蘭地區有著一群專業科學家和醫學家，他們在世界科學領域當中，扮演著先鋒的角色。魯汶大學在當時是學術界的牛耳，而北尼德蘭於1575年，也成立了屬於喀爾文新教的萊登大學，這兩間大學都以醫學、科學、和神哲學聞名當時，也培養了不少科學界的人才。

出生於布魯塞爾的貝薩流斯 (A. Vesalius) 醫生，他出版了《人體的結構》一書，圖文並茂的解析了解剖學的理論和方法，對於現代醫學的解剖學貢獻甚鉅，人稱為「解剖學之父」。東德斯 (R. Dodoens) 則是醫生兼植物學家，他先後出版的《植物誌》和《草藥誌》，都為植物學奠立了

研究基礎，其著作被翻譯成英、法等各種文字，頗受學術肯定。

荷蘭數學家史帝文 (Simon Stevin) 將十進位小數點普及化，他所發明的「水閘防禦法」，是在軍事上以海水淹漫作為防禦的戰術，他也研發製作了一些航船上的武器，在尼德蘭對抗西班牙的戰爭時提供了最佳效果。他的著作《流體靜力學》和《自由落體論》事實上比伽里略 (Galileo Galilei) 的自由落體論早出現了 17 年。

音　樂

在 16 世紀，尼德蘭地區的音樂，仍延續勃艮第尼德蘭時代的複調教會音樂為主，在歐洲複調音樂的領域當中居於領導地位。也正因為如此，尼德蘭地區遂成為歐洲樂譜出版的中心。著名音樂家如貢貝爾 (N. Combert)，他曾任查理五世的教堂樂師，華麗而和諧的曲風，使他成為當時頂尖的教會音樂大師。不過，拉素 (Orlandus Lassus) 才是 16 世紀最著名的音樂家，在其 2 千多首作品中，不論是義大利風格的牧歌、法蘭西式的香頌 (Chanson)，都表現出輕柔優雅的一面；他譜的宗教樂曲則莊重肅穆，經文歌充分表現出奧秘氣氛。音樂史家亨利朗 (P. Henry Lang) 認為，在音樂史上，拉素在創作經文歌上所展現的才華，無人能出其右。他是這麼評論拉素：「拉素的音樂成就是如此具有美感，在音樂家中，只有在莫札特的音樂中曾經再現過。」

與拉素同期的作曲家德蒙特 (P. de Monte) 創作豐富，作品超過 3 千首，不論是經文歌和牧歌，皆展現出十分優雅的風格。他和拉素將尼德蘭的複調音樂發展推往高峰。由於當時音樂風氣的昌盛，安特衛普也成為製造大鍵琴和風琴的著名城市，是為歐洲最重要的鍵盤樂器製造中心。

建　築

在建築方面，因為文藝復興的影響，出現了新的建築形式。一些新

型的世俗建築，如安特衛普的市政廳，海牙和伊登 (Emden) 的行政大樓，都採取了充滿義大利風格的文藝復興樣式。當時最有名的建築師為弗洛里 (C. Floris)、德福林特 (De Vriendt)、及德弗里斯 (De Vries)。

藝術繪畫

在 16 世紀，尼德蘭藝術畫作有兩種基本形式：其一為接受義大利風格影響而產生的畫派，如潘替尼 (Joachim Patnir) 和莫西士 (Quentin Metsys)，其中，莫西士又結合了哥德式和文藝復興的風格，發展出安特衛普畫派，將法蘭德斯原有的畫風，成功地和義大利風格融合在一起。他善畫人物和《聖經》事蹟，背景用古建築的廢墟來陪襯衣著考究的《聖經》人物。另一種繪畫形式，則由本地發展出來，代表畫家為鮑許 (Hieronymus Bosch) 和老布魯格爾 (Pieter Bruegel the Elder)。鮑許的畫作可能是世界上最難解釋的作品之一，他本身也是如同謎一般的畫家，後來的研究者對他的生平所知不多。鮑許出生於斯海爾托亨鮑許 ('s-Hertogenbosch)，鮑許之名即由其出生地而來。此地位於今天荷蘭接近比利時邊境之地，當時，斯海爾托亨鮑許是一個宗教生活與商業都十分活躍的城市。在其周邊，也有「共生兄弟會」與比貞女性靈修團體。鮑許的畫作主題，時常嘲諷人性的軟弱，以及人類的死亡與愚昧。在中世紀晚期，各種文類與畫作經常表達人類的罪惡與愚蠢，這種主題，在鮑許的繪畫中經常可見，畫作「最後的審判」即描繪了人類的罪惡與墮落。人們在美麗與迷人的外表下，往往是裹著糖衣的毒藥。在美麗的形體與感官的享樂背後，隱藏了毀滅性的死亡。其作品色彩鮮豔、明亮、複雜，主題帶有啟示性的意涵，也可以說他神秘、怪誕。他常畫一些奇異荒誕的動物，和有著奇異造型的植物，讓人感到時而滑稽，又有些驚悚。畫作的靈感也許來自民間傳說、宗教題材、神話故事、或晚期的哥德藝術形式，但又頗具象徵意義，像是那些以神怪故事為題材，畫出近乎漫畫

式的作品，來嘲諷人類的愚行。聖安東尼是鮑許畫中最常出現的主題，這位聖徒長年居住於曠野或沙漠，接受魔鬼撒旦的各種誘惑與考驗。

　　在「聖安東尼之誘惑」這幅畫中，鮑許畫了與妓女嬉戲的修行者，和騎著老鼠的巫婆。他也常藉由畫作來表現世間的人生百態，表現出人類的窮困、貪婪、恐懼等情緒，像是肥胖的教士在募款，庸醫正在兜售他自稱的靈藥等等。由於鮑許的作品主題特殊，因而得到廣泛流傳，尤其是其中一些帶有特別寓意的作品，被大量的複製，蔚為風潮。畫壇上對他的評語是：「對人性有著深沉的洞察力」、「在作品中表達抽象概念的第一人」、「獨創性之夢幻創造者」等。鮑許的畫作雖然常以基督教為主題，但他的作品提供了尼德蘭畫派豐富的想像空間。

　　在畫壇上，人們經常把老布魯格爾歸類於法蘭德斯畫派的大師之列。布魯格爾是世界繪畫史上最重要的畫家之一，他雖然出生於南尼德蘭，

圖 10：「聖安東尼之誘惑」

但他生活的年代正處於尼德蘭革命時期。他也創作了尼德蘭人反抗西班牙統治的主題，與其相關的畫作，如「伯利恆的戶口調查」，即以宗教畫的風格，象徵西班牙人在尼德蘭的暴政。1568 年的畫作「跛腳乞丐們」中，可以看出當時被稱為「乞丐」抵抗西班牙的尼德蘭人所穿戴的服飾。

　　他的兩個兒子彼得 (Pieter Bruegel) 和揚 (Jan Bruegel) 也是尼德蘭地區的著名畫家。老布魯格爾的作品主題非常多樣，舉凡人民生活、節日慶典、民俗風情、各種諺語的內容，以及政治宗教事件等，都是他拿來入畫的題材。也正因此，他的繪畫，可作為研究 16 世紀尼德蘭地區之社會、政治、宗教方面的重要參考史料。其中最特別的，就是他的諺語畫作。由於諺語在尼德蘭地區相當流行，自中世紀中葉以來，不論在文學、政治、或講道中都經常使用，所以布魯格爾將其入畫，不僅傳達了很多隱喻的寓言式智慧，也反映了大眾人民的生活趣味，以及當地文化中詼諧式的警惕和反省。要了解布魯格爾的畫作，需要具備一些當時的文學基礎，才能看出其象徵意涵。例如：他的諺語畫之一「大魚吃小魚」代表了弱肉強食，「餵豬吃玫瑰」則意謂對牛彈琴，白費心思。比較布魯格爾和鮑許的作品，其不同處在於前者雖然也曾創作一些奇特的怪異畫作，但不像後者的作品那般令人驚嚇、震撼。

　　布魯格爾之所以在繪畫上有如此傑出的表現，正因為他是一位文化人，讀過很多古典作品和伊拉斯莫斯這類人文主義者的著作，所以在他的作品中，就算看似一般的農林景象、村民生活，但其中常帶典故及幽默諷刺的意涵。布魯格爾也有一些類似鮑許般風格怪異和滑稽的作品，作為諷世的象徵。但基本上，他所採取的角度，總是冷眼旁觀這個虛浮的俗世百態。

第五節　尼德蘭地區之宗教改革

16 世紀的歐洲，發生了影響世界之宗教改革運動。當時，人文主義致使人們從較單一的神學觀點，走向對人類各學科的興趣，以及對思想更開放的心態。文藝復興，將古典文化與基督教思想融合。但是，導致宗教改革的直接原因，乃與天主教神職人員出售贖罪券有關。馬丁路德在 1517 年將〈九十五條論綱〉(95 Thesen)，張貼在維騰堡 (Wittenberg)教堂的大門上。他提出基督教應當建立在信仰、恩寵與《聖經》本身的基礎上。馬丁路德原本並無計畫走上致使教會分裂之路，但想改革當時的教會，不過，宗教改革運動在歐洲因摻糅了其他現實的因素，最終使得基督教會走向分裂。

歐洲在整個 16 世紀以及 17 世紀中葉以前，基督徒之間因為宗教信仰的問題，造成在政治、經濟、社會與文化上的劇烈動盪，各地爆發了許多大大小小的宗教戰爭。宗教戰爭對尼德蘭地區的影響十分巨大，也是尼德蘭地區後來分裂的重要原因之一。在宗教問題劇烈衝突的同時，尼德蘭地區人民，為了結束宗教紛爭，天主教與新教徒之間，因現實上的理由，最後也必須相互妥協，並達成有限度的宗教寬容。

新教主義 (Protestantism) 相信教徒與上帝的關係是直接的，不需要經過神職人員或天主教聖人作為溝通的中介。天主教的教義，有 7 個聖禮，即聖洗、堅振、告解、婚配、聖體、聖職和敷油。而新教徒通常只保留 7 聖禮當中聖洗（洗禮）和聖體（聖餐禮）兩個部分。新教徒的不同宗派，又對聖餐的性質有著不同的解釋。

新教原指「抗議」(Protest)，意為挑戰並反對天主教教義與天主教教會。新教興起於 16 世紀，並受到人文主義思潮的影響。他們認為必須改革天主教的神學和宗教儀式，於是也稱「宗教改革」(Reformation)。宗

教改革運動的內涵，有其政治、社會與文化的面向，於茲，宗教改革同時造成了歐洲之一種宗教活力與社會動盪。新教在當時的主要派別，有路德派、喀爾文派、虔誠派等教派。馬丁路德原屬天主教奧古斯丁修會，並擔任大學講師。1517 年，他將〈九十五條論綱〉張貼在維騰堡教堂的大門上，內容上除了談及天主教教義，並涉及了當時天主教告解聖事及教會販賣贖罪券的問題與弊端，以推行其宗教改革。路德希望當時的教宗李奧十世 (Leo X)，修正教會販賣贖罪券，由於其中種種複雜的原因，教宗於 1521 年，將路德驅逐教會。但路德的支持者日益眾多，隨之展開了新教改革運動。路德派批評天主教神職人員的威權，強調信仰而非外在儀式、苦修或行善。但路德認為，耶穌與他 12 個門徒的最後晚餐中，葡萄酒和麵包在聖餐禮儀中，同時具有葡萄酒和麵包的原來物質屬性，但也有耶穌基督之血與肉的屬性。

喀爾文曾經在巴黎求學，因宣傳其教義理念被短暫囚禁。1535 年喀爾文流亡至瑞士日內瓦，在那裡發表了他最重要的著作《基督教原理》，後來他成為日內瓦最重要的宗教領袖，並在那裡落實其宗教改革理念。喀爾文教派在法國稱作胡格諾 (Huguenots)，荷蘭聯省共和國則稱喀爾文教會為荷蘭改革教會 (Dutch Reformed Church)。喀爾文派較從理性與法律的角度，來探討神學，於是其禮拜儀式，不推崇較情緒化和繁複的藝術與美學，但崇尚自制與規範，勤儉是其生活倫理。於是該教派起初吸引了一些企圖心強烈的商人、企業家以及城市中的手工藝匠和市民。喀爾文的神學觀點具有政治與權力意涵，喀爾文教派反對國家凌駕於教會。在荷蘭聯省共和國，喀爾文派成為一種半官方的宗教，帶來了極為重大的宗教挑戰與社會動盪，喀爾文主義和神聖羅馬帝國的宗教緊張關係，後來更引發了從 1618 年至 1648 年的三十年宗教戰爭。

在尼德蘭地區，有關馬丁路德宗教改革的著作，約在 1518 至 1519 年間流傳開來。1517 年，日耳曼地區的這位修士兼大學講師路德，打破

了大一統的基督教教會 (Universal Church)。他公開反對教宗的權力與主教的教義解釋規範，這使他成為宗教改革運動的領袖。1520 年左右，除了路德派，其他如再洗禮派 (Anabapists)、喀爾文派 (Calvinists) 以及茲里文派 (Zwinglianism) 等教派都傳入了尼德蘭地區。這些教派的追隨者都增加快速，其中路德派的追隨者，多數居於與日耳曼有商業往來的城鎮，如安特衛普、根特、海牙以及于特列赫特主教轄區。1521 年，查理五世正式禁止尼德蘭人閱讀路德的著作。燒毀其相關書籍，魯汶大學神學院的教授們更嚴屬批判路德的主張，可是因當時路德的作品已被翻譯為荷蘭文，因此，荷蘭人的改宗人數日益增加。1523 年，波斯 (H. Voes) 和范艾森 (van Essen) 因信仰路德教派，被查理五世送至布魯塞爾施行火刑而死，此為尼德蘭地區的首批新教殉難者。兩年之後，荷蘭法庭判決沃爾登 (Woerden) 的牧師貝克爾 (J. Bakker) 以異端之名處死於海牙，貝克爾也因此成為荷蘭新教徒中的殉道烈士。查理五世憂懼整個社會動盪，因而將異端裁判所引進尼德蘭。查理五世也開始授權地方官員整肅新教運動。

在 1520～1530 年間，安特衛普成為歐洲印刷發行馬丁路德著作的中心。該地不僅印行荷蘭文的版本著作，也發行拉丁文、法文、丹麥文、英文，甚至西班牙文與義大利文的版本，此時的安特衛普，遂成為一個印刷宗教書籍的商業中心。

再洗禮派是 16 世紀早期最激烈的宗教運動教派，該教派不承認路德派在孩童時期所受的基督教洗禮，他們主張成年以後才再次接受洗禮。再洗禮派從《聖經》中攝取有關千禧王國的說法，希望實現社會公平，再洗禮教派甚至有人主張財產公有，激烈反對貴族、地主以及教會的土地佔有制，故此派很快就受到尼德蘭底層人士的青睞。再洗禮派教徒明澤 (T. Münzer)，甚至主張布道時，如事必須，可以使用暴力推翻原有的社會秩序。明澤屬於教派中提倡革命政治的一員，曾領導一批農民抗爭

地主，他宣稱這是受到馬丁路德的感召，後來，明澤也遭到處死。另一位再洗禮派的領導者霍夫曼 (M. Hoffmann)，在荷蘭和菲士蘭地區佈道時，宣講基督末世論 (Christian eschatology)。此外，哈倫市的一個麵包師傅馬修 (J. Mathys)，率領再洗禮派教徒，攻進日耳曼的明斯特城 (Münster)，並控制其市議會，導致明斯特主教必須以武力圍城。後來，馬修在一場突襲之戰中死亡。

一位萊登人士約翰 (J. of Leyden)，率領了一批再洗禮派的城市貧民，宣布成立一個稱之為「新耶路撒冷」的新政權，他自行稱王，並實行公有財產制與多夫多妻制，他本身就有 16 名妻子。這位「新耶路撒冷」的「國王」，帶領大批荷蘭省的再洗禮教派繼續至日耳曼宣揚他的教義理念，但他們隨後即在該地遭到逮捕。1534 年，荷蘭法庭察覺到阿姆斯特丹有許多船隻預備潛至明斯特支援再洗禮派，其中 4 人被捕並遭處死。於是，地方執法官開始裁定具危險行為之異端者，可處以死刑。荷蘭地區的再洗禮派之騷動開始蔓延，許多教徒都被逮捕、放逐，或被處死。

在明斯特血腥事件之後，北尼德蘭地區的再洗禮派遂由門諾西蒙 (Menno Simons) 之主張所取代，並創立了門諾派 (Mennonites)。門諾原為菲士蘭主教區的本堂神父，因贊同再洗禮派的理念，辭去神父職務。他採取較為和平的方式以及不抵抗的方式傳道，也堅持基督徒不應隨便評斷他人，或參與過分激烈的政治活動。雖然，起初門諾派的人數不多，但在尼德蘭地區，影響了較多的知識分子。門諾派拒絕教條主義與教會的保守制度，因此，他們也相信成年的再洗禮是一種信仰成熟的表現。

新教團體的數量，在尼德蘭地區仍然不斷擴張，其中又以喀爾文教派帶給此地的影響最為深遠。喀爾文認為，自從上帝創造世界以後，人類就分為兩種群體。一是被神揀選的選民，另外一種則為被詛咒的人。但上帝的預定旨意，即「預定論」(Predestination)，是沒有辦法被人類測知的。不論人如何努力行善，均無法改變上帝預定的旨意。人類只能依

靠上帝的啟示，才能了解《聖經》，並進而管理社會與教會。其善行並不是得救與否的原因，而是結果。換言之，善行是將來得救的記號，是上帝恩寵的表示，喀爾文主義的政治領袖，有義務制止其他信徒的政治與宗教歧見。喀爾文教徒須要勤力勞動，常出席教會活動，並幫助管理鄰居之事。所以，在喀爾文主義下，法庭、監獄、貧民收容所、慈善機構等，也都成為喀爾文主義制度組成的一部分。他們認為，人類首要的罪惡就在於浪費揮霍金錢，並會因此而失去財富。其教義帶有很高的自律性，教徒不得沉溺聲色娛樂。音樂、舞蹈、美食華服均列入禁忌。喀爾文主義的意義，不只是像韋伯 (Max Weber) 所解釋的那般，以資本主義和新教倫理之間的「親近性」發展為議題，也更可能是，喀爾文主義在促進社會快速的世俗化上有所影響。他們的教義，促使自然科學、法學、批判式思想、醫學和數學等在世俗化脈絡中得到更多的發展。

　　喀爾文教派是在 1540 年左右，以法蘭西和日內瓦作為起點開始發展，隨後進入圖爾內和安特衛普，首先是在今比利時境內散播開來。這或許也由於喀爾文出生於南尼德蘭與法國邊境的小鎮有關，故他曾於傳教時，對尼德蘭地區的人自稱為「比利時人」。再者，尼德蘭南方的大城，特別是以紡織業為主的城市，當時也吸引了不少法國的喀爾文教派前來。另外一個傳入尼德蘭地區的管道，可能是經由荷蘭地區與英國的貿易途徑而來。

　　相較於再洗禮派受到社會底層人士的支持，喀爾文教派一開始，是由城市裡的中產階級與貴族所支持。在尼德蘭地區的喀爾文教派，也是在具有地區自治傳統的城市中發展。喀爾文教派雖然首先是在南尼德蘭獲得發展。但後來卻在北尼德蘭成為了最大宗的教派，這是因為它的教義明確且具組織性與世俗性，故很快取代了路德派與門諾派，成為尼德蘭地區最大宗的宗教。

第五章
荷蘭叛變：尼德蘭革命

研究荷蘭叛變 (Dutch Revolt) 的題旨，在史學史上有各種不同的討論面向。一些具有民族主義思想的荷蘭史家，常將荷蘭對西班牙的反抗，解釋成荷蘭人的「愛國精神」。比如說，他們強調威廉‧奧倫治及執政官墨利斯，對荷蘭的情感。另有一些具有新教意識的史家，則往往將焦點置於荷蘭叛變中，喀爾文主義扮演的重要角色。而一些左派史家的解釋，則更關注城鎮裡，中產階級捍衛其權益及經濟自主層面的問題。但是，總括來說，政治、宗教、經濟因素都是思考荷蘭叛變的主要研究論述。

尼德蘭地區對哈布斯堡帝國的反抗，最終導致北尼德蘭脫離西班牙而獨立，也造成南北尼德蘭的分裂，具有其複雜的因素。荷蘭叛變涉及到歐洲地區的歷史、社會、經濟、宗教與文化各層面。荷蘭反叛的根源，需要置放於歐洲歷史的整體脈絡來分析。因為這是整個遼闊的西班牙帝國，與當時西方最繁榮重要的經貿地區間的對抗。也可以說是兩種不同文化間的衝突。換言之，這是一種具有「收復失地」(Reconquista) 心態的西班牙人，與具有較開放之商業貿易精神，及易接受新文化的尼德蘭人之間的衝突。

尼德蘭地區的地理位置，正位於西北歐的心臟地帶，尼德蘭常被喻為歐洲的十字路口。至少在荷蘭叛變時期，因該地高度的城市化與工商業發展，使得尼德蘭地區，必須向世界各地開放其門戶。尼德蘭地區，除了與西班牙帝國有密切的關係，也向英國、法國以及日耳曼等地區廣敞貿易大門。立基於此，當時的新思潮和宗教改革運動也註定會在尼德蘭地區發生。政治、社會、經濟、宗教與文化之間的錯綜關係，是引發

尼德蘭革命之原因。當然,一些關鍵性的人物與事件的發生,也直接促進了尼德蘭革命的爆發。

第一節　菲力二世與尼德蘭

圖11:菲力二世肖像

1555 年,查理五世在布魯塞爾召開尼德蘭聯省議會,正式宣布了他的退位。查理五世幅員遼闊的帝國,分別由其兄弟費迪南一世以及查理五世與葡萄牙的伊莎貝拉 (Isabella of Portugal) 所生之子菲力二世所繼承。費迪南獲得神聖羅馬帝國的封號與奧地利哈布斯堡領土。菲力二世不僅成為西班牙國王以及西班牙海外屬地的主人,也擁有義大利米蘭與拿坡里的統治權,並被正式冊立為尼德蘭十七聯省的統治者。

對菲力二世的敵人來說,他經常被描寫成一個冷酷、躁鬱偏激,又具陰謀野心且行事果斷之人。但從另一方面來看,菲力二世也是一個親自勤奮審批公文,將治國視為神聖義務的國王;他更是一位宗教信仰虔誠且又固執的基督徒;此外,他也是一位藝術贊助者與愛好者。菲力二世曾大力贊助畫家堤香 (Tiziano Vecellio),也支持當時一些音樂家為教會創作聖樂並為宮廷演奏譜曲。他運用了從美洲輸入的黃金與白銀,營造了自己雄偉美麗的皇宮艾斯克利亞 (Escurial)。皇宮位於馬德里郊野的山中,艾斯克利亞皇宮實為一個建築群,包含了皇宮、修道院以及大教堂,是一個「三位一體」(Trinity) 性質的建築群。皇宮旁側並設有大學、神學院以及皇家基地。皇宮所屬的圖書館,具有豐富的藏書,畫廊中收

藏了堤香、拉斐爾 (Raffaello Sanzo) 等名家作品。菲力二世自己的臥室
卻相當樸素，但整個艾斯克利亞建築群，則象徵了菲力二世的權勢，他
對宗教的虔誠以及他對藝術的愛好。雖然，菲力二世具有極強的企圖心，
但他認為自己不曾真正主動發動過戰爭。菲力二世也曾為了自己的政治
與宗教目的，與歐洲他國皇室成員多次聯姻。菲力二世曾與他的表妹，
即葡萄牙公主瑪麗亞 (Princess Maria of Portugal) 成婚，並生下兒子唐卡
羅 (Don Carlos)。在瑪麗亞死後，菲力二世為了使英國不干預西班牙在尼
德蘭地區的勢力發展，娶了英國的都鐸瑪麗 (Mary Tudor)。之後，他又
為了拉攏法國，與法國的亨利二世與凱薩林梅第奇 (Catherine de
Médicis) 的女兒，瓦洛的伊莉莎白 (Elizabeth of Valois) 結婚。伊莉莎白
死後，菲力二世又因外交利益，與奧地利的安娜 (Anna of Austria) 成婚。

　　菲力二世自幼即接受西班牙式的傳統宮廷教育。他不擅長尼德蘭地
區使用之法語，更不通曉荷蘭語。菲力二世不像他出生於尼德蘭根特市
的父親，查理五世對尼德蘭地區具有較深厚的情感，他在位期間，經常
親赴尼德蘭地區探訪，關注這個他自小成長的地方。查理五世習慣勃艮
第尼德蘭的生活方式，畢竟他到 22 歲時，才真正從尼德蘭地區返回西班
牙。這位不熟悉西班牙語的西班牙國王，對於尼德蘭，這塊陪他度過生
命中青年期的土地，始終十分眷戀。儘管，查理五世也不樂見歐洲各地
新教徒漸增的現象，也對其採取過鎮壓政策，但在 1555 年，他終究還是
簽訂了《奧格斯堡和約》(Peace of Augsburg)，來解決宗教上的紛爭，不
得不認可各地區人民可隨著其親王的信仰，決定自己所屬的宗教信仰。
這個和約暫時緩和了當時因宗教所引起的衝突。

　　菲力二世的行事作風不像其父親，尼德蘭貴族認為他高傲保守不易
溝通，人民對他也只有負面印象。他對尼德蘭地區的認識不深，忽視了
尼德蘭貴族們的需求及其要求協商的意願，也漠視了該地區人民，宗教
信仰生活自由的請求與貿易自主權利。1559 年，為解決西班牙和法蘭西

之間，相互爭奪在義大利戰爭中的利益問題，而簽署了《卡多‧康布雷條約》(*Treaty of Cateau-Cambresis*) 後，他從此就沒有再回到尼德蘭。但菲力二世卻將尼德蘭，視為一塊可以徵收大量財稅及實行天主教文化的領地。他重用西班牙人出任尼德蘭總督或顧問，一切事務均以馬德里為控制中樞。而查理五世當年定都之地，布魯塞爾漸被菲力二世忽視。不論在經濟、政治與宗教方面，尼德蘭處處都感到備受牽制與壓抑，這也刺激了該地區長久以來潛在的複雜問題。最後，終於爆發了歷史上所謂的荷蘭叛變，即八十年戰爭。

在 16 世紀時，天主教在西班牙與歐洲其他地區相較，更具權威與地位，西班牙人確信天主教的地位高於一切。宗教改革運動在西班牙似乎成為不可能，為了剷除異端，西班牙的異端裁判所，具有結合政治與宗教的功能。菲力二世希望他所統治的尼德蘭地區必須宗教統一，經過教宗碧岳五世 (Pius V) 的同意，在已有新教思想的尼德蘭地區，增設了 11 個天主教主教轄區，並嚴格實行異端審判。所謂異端 (Heresy)，乃指領洗之後的基督信徒，拒絕或否認上帝所啟示的真理，也排斥教會所明定的信仰真理，甚至包含強烈懷疑應該要相信的真理。主教們領導宗教儀式，參與大公會議，所以，主教們成為擁有分辨是非的權威和詮釋《聖經》的權力。換言之，主教們的言論被視為「正統」(orthodox)，而意見與其相左者，則被視為異端。與「亙古不移」之真理相異的意見，則被視為「非正統」(heterodox)。教會對於異端分子的處置，除了開除教籍之外，在世俗生活上的懲罰是將其驅逐出境，以免「異端」的想法污染了他人。除此之外，懲罰也包括沒收其私人財產，而其中最嚴酷的刑罰就是火刑。異端裁判所 (Inquisition) 源自於拉丁文的 inquirer，原意為審訊之意。教宗葛里果九世 (Gregory IX)，在 1231 年，正式成立異端裁判所；1252 年，另一位教宗，英諾森四世 (Innocent IV) 依照古羅馬法，准許異端裁判所使用逼供手段，迫使受審者認罪。

　　菲力二世的宗教政策之所以如此，除了因他自己是一位信仰虔誠且又固執的天主教徒，也源於菲力二世對於新教文化的惶恐不安。於茲，菲力二世的外交政策，常被其天主教信仰與宗教倫理所影響。他的外交顧問經常為天主教神學家與教士。

　　由菲力二世所指派，參與尼德蘭聯省議會的貴族代表們，與該地之富商間的關係並不和睦，常因溝通不良，發生衝突。其父親查理五世和他自己因戰事留下的龐大債務償還問題與徵稅方式，也常在尼德蘭聯省議會中發生糾紛。再加上菲力二世當時身陷歐洲戰爭的漩渦之中，使他失去對尼德蘭地區的經營耐心。菲力二世的中央集權統治，由十七聯省會議的諮詢院作為政府機構的領導，並派遣他信任的樞機主教葛蘭維爾 (Antoine Perrenot Granvelle) 作為總督，進而將尼德蘭所有的教區都歸於葛蘭維爾總管。之前，這個職務是屬於阿弗利罕 (Affigem) 大修道院長的統轄範圍，菲力二世對葛蘭維爾的任命，等於是取代了修道院長的權力，這個變化也引起了尼德蘭地區高階教士們的不滿。

　　菲力二世的中央專制統治與不願協商的頑固性格，得罪了尼德蘭地區的貴族，引起早有著傳統自治習慣的市民不悅。菲力二世強硬的天主教立場，更加深了雙方的宗教衝突。菲力二世習慣使用老舊的方式解決問題，這種高高在上的態度，更打擊了新教教徒與貴族的自尊。種種原因，降低了菲力二世和尼德蘭之間和平解決問題的可能性。菲力二世居住於距離尼德蘭遙遠的馬德里，遙遠的距離造成彼此間的溝通更為不便，菲力二世必須要照顧西班牙帝國的問題，他也要解決在地中海與奧圖曼帝國 (Ottoman Empire) 之間的競爭問題，和英國在大西洋的競備也使他分身乏術，於是菲力二世在面對尼德蘭地區的反抗時，派遣阿爾巴公爵 (Fernando Alvarez de Toledo, Duke of Alva) 鎮壓，這種對待尼德蘭的方式，在他的敵人口中，菲力二世只能算是一個暴君。

　　1598 年 9 月，菲力二世這位致力於西班牙帝國富強的國王，因敗血

症逝世於他的艾斯克利亞皇宮。在他死後，西班牙與尼德蘭之間的戰爭仍然持續，直至 1609 年雙方暫時簽訂《十二年休戰協定》(*Twelve Years' Truce*) 為止。

第二節　威廉・奧倫治與尼德蘭

威廉・奧倫治，也稱沉默者威廉 (William I of Orange Count of Nassau-Dillenburg, Willem I de Zwijger, William the Silent)，他被視為荷蘭聯省共和國的創建者。1555 年 10 月在布魯塞爾，疲倦年邁的查理五世拄著拐杖，身體斜倚在當時他最鍾愛的，即將成為金羊毛騎士之威廉・奧倫治的肩上，他們一起出現在勃艮第十七省的聯省議會中。查理五世在上帝面前，訴說著自己的一生，誠懇地解釋自己並沒有野心。但基於一種責任，自己卻做了很多事情，但知曉自身的限度。現在因為健康因素，自己即將把重任託付給已成年的兒子菲力二世。

根據一位當時參與會議者的紀錄，雖然年僅 55 歲，但身疲力盡的查理五世卻流下了他蒼老的眼淚，大部分的參與者，包括當時看來英氣十足之威廉・奧倫治與安靜恭順的菲力二世，也都感染了莊嚴但又傷感的氣氛。當時，威廉・奧倫治，年方 22 歲，性格沉靜穩重，儀表堂堂，並通曉荷蘭文、西班牙文與德文等語言。查理五世，應該是刻意安排了威廉・奧倫治，在這場莊嚴的遜位儀式中扮演重要角色，象徵威廉・奧倫治將對菲力二世的忠誠相輔。

威廉・奧倫治在 1533 年，出生於日耳曼的狄倫堡 (Dillenburg)，他是信仰路德派之奧倫治拿騷伯爵 (Count of Orange-Nassau) 的兒子。拿騷伯爵又稱「富有的老威廉」，他們的家族財富萬貫，也包含了日耳曼及尼德蘭的部分領地。奧倫治的頭銜，則來自他們在法國的侯國領地。威廉・奧倫治也稱奧倫治親王威廉一世。在他的家族成員中，早已有多人為哈

布斯堡王朝服務。後來，威廉・奧倫治因為繼
承了不拉班地區的一大片土地，遂移居布魯塞
爾，並在那裡，受到查理五世的賞識。他於青
少年時期接受了勃艮第式的宮廷教育，成為一
名天主教徒。由於威廉・奧倫治的表現出眾，
他與生俱來的高雅貴族氣質，再加上他個人的
卓越才能，故查理五世將他提升為十七聯省議
會諮詢院的主要議員。於茲，威廉・奧倫治的
地位更顯重要。

圖 12：沉默者威廉的肖
像　由凱 (A. Key) 所繪，
現藏於阿姆斯特丹國家
博物館。

　　1559 年，菲力二世離開尼德蘭，威廉・奧
倫治已經是荷蘭省、澤蘭省以及于特列赫特的
執政官，換言之，威廉・奧倫治已成為當時尼德蘭地區最有勢力的貴族。
這也顯示了威廉・奧倫治與菲力二世之間關係的良好。如同菲力二世的
敵人，對菲力二世評價一般，威廉・奧倫治的敵對者，也認為他城府深
沉，更為了自身的政治理想與既得的貴族利益，可以隨時改變其宗教信
仰。沉默者威廉這個稱號，就來自他平時沉默寡言，謹言慎行的個人色
彩，但亦可表示其處變不驚的性格，又或者說是一種高深莫測、不動聲
色的特質。

　　威廉・奧倫治從原先的路德派信徒，因受到查理五世的鼓勵改宗為
天主教徒，後來，又於 1572 年，基於希望得到喀爾文教派的支持，再改
宗為喀爾文派信徒。他的宗教觀點抱持著，人可具有自己對信仰的選擇
自由。事實上，在尼德蘭地區，貴族們在宗教改革運動以後，所關心的
主要問題，並非討論誰是天主教徒或誰是新教徒。更希望解決的問題是
在面對教派分立時，當權者所採取的態度如何。當菲力二世毅然決然堅
持維護天主教為唯一的合法信仰時，很多貴族們認為，這樣的宗教措施
並不適合尼德蘭地區。他們對新教抱持著同情的態度，對宗教信仰則持

較自由的觀點。

威廉·奧倫治的幾次婚姻也頗受爭議,首先他和愛格蒙家族的安妮結婚,在安妮死後,又與當時有錢有勢的薩克森選帝侯之女,安娜結婚,完全漠視了當時薩克森家族和查理五世的世仇關係,並對總督樞機主教葛蘭維爾的勸阻不予理會。在安娜生病時,又說服當時的牧師們支持他與法國波旁皇室的夏綠蒂 (Charlotte) 結婚。在夏綠蒂死後,為了得到法國新教徒的支持,又與法國新教領袖克里尼將軍 (G. de Coligny) 之女路易絲 (Louise) 結婚。雖然,威廉·奧倫治的天主教身分,於 1566 年,劃下了句點。但他的宗教觀點則是倡導人民應可具有自己的意識與良知,並反對親王對人民的宗教信仰控制。威廉·奧倫治的此種宗教寬容取向,是受到基督教人文主義者伊拉斯莫斯所啟發。

因威廉·奧倫治身為省議會的一員以及具有荷蘭省、澤蘭省執政官的頭銜,這使他的發言在議會中更具正當性。在議會中,他開始要求菲力二世的宗教政策,特別是對異端的審判不要過度強硬,這與威廉·奧倫治,稍早常在議會中支持哈布斯堡中央政府的權益之作法不同。他對於菲力二世的反感,是起因於菲力二世的宗教政策和輕忽地方貴族的權力。威廉·奧倫治,在新教徒們狂熱的聖像破壞事件之後,曾返回老家狄倫堡暫避這個暴動,並醞釀接下來的行動。1568 年,他成為荷蘭反叛西班牙的領導者角色。威廉·奧倫治在聯省議會發表了以下演說:

> 對於所有愛好自由的人民來說,你們是美德的範例,你們將是打擊對聯省不義,實行恐怖統治的暴君之人。你們將留給子孫後代最好的示範,為了保護自由的思想和權利,你們將提供給後代基於正義和合法基礎上,不可改變的自由與價值。只服從合法與正義的親王,如此,你依照良心,參與付出道義上的責任。你們代表全體人民,全體人民的自由和福祉委託於你們。
>
> (文獻出自 Smith, J. W., and Smith, P. (eds.), *The Netherlands, 57B.C.–*

1971.─A Chronology and Fact Book.）

　　威廉・奧倫治已決定與菲力二世完全決裂。荷蘭叛變事件進入白熱化之際，在 1580 年夏，菲力二世，也公開宣稱並定罪威廉・奧倫治是為一個「叛亂者」。就此，威廉・奧倫治的反應是，立刻執筆編寫〈辯護〉一文，在文中提出，菲力二世背棄了當時他自訂的法令，更宣稱菲力二世的作為是一個暴君的行為。

　　威廉・奧倫治曾經提到他參與「荷蘭叛變」的原因。他說：「當我被告知阿爾巴公爵欲圖謀迫害在尼德蘭和法國等地區的新教徒時，我悲憫這些受迫害的新教徒。他們正計畫引進比西班牙宗教裁判所更加冷酷殘忍的異端裁判所，當我看到這種機構摧殘貴族與人民時，我卻僅能看著他們一步步走上火刑柱，所以我決定將西班牙的惡徒撣出尼德蘭」。

　　以威廉・奧倫治為首的軍事行動越演越烈，並且看來即將走向成功之途時，菲力二世及其參謀，使用重金懸賞刺殺威廉・奧倫治。1584年，一位對菲力二世忠心耿耿的天主教狂熱分子熱拉爾 (Balthasar Gerards)，謀殺了正在臺爾夫特 (Delft) 巡視的威廉・奧倫治，終結了他 51 歲的生命。威廉・奧倫治的死亡，使他成為一名「殉國的烈士」，而在他臨終之言「祈求上帝憐憫這個國家及我的靈魂」，這句話，頓時傳遍了整個尼德蘭地區，也成為新教徒強而有力的精神支柱，威廉・奧倫治正是他們心中所景仰的英雄。而刺殺他的熱拉爾，則被荷蘭人殘忍凌虐致死。

　　一般認為，當時的喀爾文派神學家，范馬尼斯 (Filips van Marnix) 對威廉・奧倫治之死有感而發，譜寫了讚頌威廉的詞〈威廉莫斯〉(*Het Wilhelimus*)，這也是日後荷蘭國歌的由來。歌詞共有 15 節，在 15 節當中，每一節的第一個字母組成了 Willem van Nassov。當時 V 和 U 可互相通用，歌詞是以奧倫治家族的威廉・拿騷為第一人稱的形式寫成，歌詞內容如同他本人在敘述反西班牙戰爭的事蹟。因全曲共有 15 節，需

15 分鐘才能演奏完畢，故一般場合只演唱其中的第一節和第六節。「威廉頌」長久以來被視為世界最古老的國歌之一。

第三節　宗教與荷蘭叛變

荷蘭叛變很重要的原因之一，是為了爭取宗教自由。在荷蘭反抗西班牙時期，許多城市如安特衛普等，甚至包括尼德蘭法語區的城市如圖爾內，是對新教運動態度最開放的地區。尼德蘭地區匯集了各種不同的新教派別，安特衛普是為新教信仰的中心。在前章，已經提及尼德蘭地區的新教派別如路德派、喀爾文派以及再洗禮派等之分布與發展情況。1581 年間，尼德蘭地區在宗教領域上約分為三大陣營。北方的格羅寧根和南方使用法語的瓦隆地區打算與菲力二世和解。法蘭德斯、不拉班、荷蘭、澤蘭以及菲士蘭各省，均表明菲力二世不再是他們的統治者。在中部地區如赫德蘭、于特列赫特與上艾瑟各省，則並不公開表態對菲力二世宗教政策的對立。南方與東方的省分，如阿圖瓦、海瑙、拿慕兒和盧森堡省分，則為最少參與荷蘭叛變的地區，或許這與該地區人口密度較稀疏，農業比商業更發達，繳稅也相對較少有關。

在總人口數三分之一的新教人口中，大部分為喀爾文教派，他們是新教派別當中最有影響力的一群，該派信徒起初大多數為中產階級。約有三分之一的城市人口是為天主教徒。另有三分之一的人口為「宗教支持者」，所謂「宗教支持者」是一群沒有表態自身的宗教信仰立場的人。

喀爾文教派的勢力快速發展，其中主要原因是其教會具有嚴密的組織。雖然從整個基督教人口數來看，喀爾文教派並非是佔最多比例的一群，但該教派確實是反對菲力二世的宗教鎮壓者之主力，再加上其他新教徒對天主教會的不良印象，1566 年 8 月 10 日，許多激進的新教徒，在聆聽完一個露天講道後，情緒高漲，開始於法國與比利時交界的城鎮

史汀福爾德 (Seenvoorde)，闖入聖羅倫斯修道院進行各種激烈粗暴的破壞行動，他們搗毀了聖徒雕像、祭壇和壁畫。這種狂熱憤怒的情形，由南尼德蘭一路往北蔓延，很快即延燒至大城安特衛普。安特衛普全市的42 間天主教堂無一倖免，全遭破壞。其中也包含了主教座堂，堂內的彩色玻璃和十字架、基督苦像均遭毀損，管風琴及各式各樣大量的宗教藝術品，乃至於彌撒用的聖具等也無一保全。新教徒的這種情緒化暴力，是希望除去象徵教宗絕對神聖權力的反動，因此教堂內奢華的布置、聖人雕像與天主教祭壇，都成為他們破壞的對象。長期被壓迫的新教徒，心中憤怒已經到達頂點，沉醉於激情中的群眾接著來到街頭，繼續踐踏大小聖堂 30 餘所，修道院的圖書被燒毀，修士和修女遭到驅逐，甚至被毆傷。據估計，至少有 4 百多個大小聖堂遭到嚴重的破壞。這種「復仇」行動迅速延燒到整個尼德蘭地區，包括北方的阿姆斯特丹、萊登、中部的于特列赫特等地，導致社會上嚴重的動盪不安，史稱這個事件為「新教徒的憤怒」(Protestant Fury)。震驚的菲力二世，決定派兵鎮壓叛亂。1567 年，阿爾巴公爵率領 1 萬軍隊，從地中海進駐尼德蘭，實行嚴厲的鎮壓。

　　與一般新教組織相較，在北尼德蘭的喀爾文派是一個較團結、講求紀律和秩序規範的教會團體，因此，喀爾文派新教徒的「聖像破壞運動」(Beeldenstorm) 相當令人震驚訝異。

　　當時，在嚴肅的喀爾文教派外，其實也有主張宗教寬容的自由派團體。在喀爾文派眼中的宗教自由派，大致分為三大類。第一，不願公開表態自身信仰的團體，他們對宗教信仰較不關心，也不願出席教會活動。第二，以言論及行動反對喀爾文派的團體。第三種類型則為參加雅格伯教會 (Jacobs kerk) 的信眾，這是由牧師德夫赫斯 (Hubert Duifhuis) 所領導，雅格伯教會是被認為宗教自由派中組織較為完備的信仰組織。這些宗教自由派的思想，源於中世紀末期的神秘主義思想，德夫赫斯即屬「聖

靈」(Holy Spirit) 的神秘主義派。他們重視聖靈啟示，認為經由啟示，才可達到與上帝合一的境界，並進一步得到救贖。宗教自由派的精神源起，有一部分是受到宗教改革初期時，馬丁路德派所主張的「基督教自由」觀念。他們不喜喀爾文派過分嚴格的紀律所顯示的特性，如公開高調地表達個人信仰、嚴格的紀律與道德規範以及傾向政治的神權和階級組織。最終，由於喀爾文主義的教義規範、重視儀式與禮節的實際務實行為，及其嚴密的組織與有效的規律，得到尼德蘭革命領導階級的認同，後來也成為荷蘭共和國的領導教會。

第四節　戰爭與分裂

「八十年戰爭」之開始

　　有關荷蘭叛變的軍事行動到底始於何年的問題，在歷史研究上至少有兩種說法。一為 1566 年，從聖像破壞運動算起。另一種說法則是自 1568 年，愛格蒙 (Lamoral Egmond) 伯爵與霍恩 (Horne) 伯爵被公開處死為是。但一般來說，從 1568 年至 1648 年簽訂《西伐利亞條約》為止，稱為荷蘭與西班牙之間的「八十年戰爭」。事實上，荷蘭叛變運動及其戰爭的爆發，不可能在一夕之間發生，它是逐步發展，最終演變成尼德蘭地區一些省分對西班牙的抗爭，並進而形成了脫離西班牙的意識。

　　菲力二世是一位性格嚴肅的天主教國王，他希望能承襲父親查理五世的作風，成為一位有威望的君主，但他對尼德蘭地區的統治，必須在羅馬天主教的光環下進行。如前所述，由於菲力二世對尼德蘭的了解不夠透澈，他在 1559 年離開尼德蘭時，仿照他的父親查理五世當年安排奧地利的瑪格列特攝政模式。菲力二世將尼德蘭的攝政權安排給馬格烈特·帕瑪 (Margaret of Parma)，帕瑪是菲力二世的異母妹妹，她是查理五

世與尼德蘭女子的非婚生女兒，自小在南尼德蘭地區長大。馬格烈特‧帕瑪在尼德蘭的治理時期，政局與社會尚稱穩定，她與當地貴族們的關係也算良好。威廉‧奧倫治與另兩位金羊毛騎士愛格蒙伯爵與霍恩伯爵，均為她的入幕之賓。但馬格烈特‧帕瑪的權力卻被菲力二世所任命的葛蘭維爾樞機主教所牽制，這不只造成帕瑪的不悅，也引起尼德蘭貴族們的不滿。雖然，這些尼德蘭貴族都曾對查理五世之哈布斯堡王朝效勞，間接幫助了哈布斯堡王朝中央集權化的政策。

　　菲力二世重用葛蘭維爾，並下令馬格烈特‧帕瑪行使重大決策時，只能參考樞機主教的意見。在葛蘭維爾的監控下，貴族們的既得階級利益及地方自主權受到忽視。他們認為葛蘭維爾的監控，恰似於菲力二世專制的化身。

　　由於西班牙方面的財政危機與巨額債務，迫使馬格烈特‧帕瑪須向聯省議會要求給予財政援助，但議會代表們卻拖延她的財務請求，並以此為條件作為威脅，以達成貴族們向菲力二世提出必須撤走葛蘭維爾的藉口與機會。1564 年，尼德蘭貴族們的願望實現，樞機主教被免職，並返回其故鄉法蘭西孔泰的農村。馬格烈特‧帕瑪在尼德蘭較為溫和的政策，帶給貴族們與喀爾文教派勢力日益增長的機會。貴族在「荷蘭叛變」的過程中，有其關鍵性的角色。當時一些貴族，都是金羊毛騎士團的成員。除了高階層的貴族外，中底層的貴族們，也參與了改革計畫。這些貴族於 1565 年，組成一個同盟，希望督促菲力二世撤離異端裁判所並實行減稅政策。不過，當時西班牙境內的經濟狀況並不穩定，財政赤字嚴重，農業歉收，部分地區甚至出現饑荒的狀況。於是之故，菲力二世決定加重尼德蘭地區的稅收，而宗教的迫害更使得新教徒既害怕又痛恨。

「乞丐們」

　　1566 年的 4 月，當地約 4 百多人的貴族們，不堪束縛之苦，決定向

西班牙駐尼德蘭的總督馬格烈特・帕瑪請願，要求廢除異端裁判所並減少稅額。包含威廉・奧倫治親王的兄弟路易拿騷，終於由 2 百多名的貴族組成了騎士隊，他們騎著馬匹，莊嚴地進入布魯塞爾，向馬格烈特・帕瑪遞交具有 4 百多名貴族連署的請願書。他們要求撤除宗教迫害，並即刻召開聯省議會，商討所有具體經濟財稅問題。帕瑪被此壯觀的晉見所震懾，擔心如不答應，立刻會引發社會暴動，就試圖聆聽與了解貴族們的請願。然而，她的西班牙隨扈卻從旁煽動：「不要怕，他們這群人不過是乞丐而已。」從此，西班牙人便稱這群尼德蘭「叛亂者」為「乞丐們」，尼德蘭的革命者也順勢自嘲地接收了這個稱號，並以托缽僧侶所配戴的旅行口袋，作為自身的象徵。換言之，貴族們事實上是將原來具有輕視意味的名詞，轉化為一種榮譽的名稱，並以「乞丐」之名，在貴族的宅邸中，舉行了一場奢華宴會。

慶祝宴會之舉行，是因當時帕瑪以菲力二世之名，暫時允諾將異端裁判所解除。「乞丐」這個名稱，在宴會中，轉化為另外一種引以為傲之象徵。他們套上教會修士的無袖罩袍，背著乞丐們乞討用的麻布袋和質樸粗糙的大木碗，打扮成乞丐模樣，並隨後和與會者飲酒慶祝，向「乞丐」這個名稱致上最高敬意，且高喊「乞丐萬歲」。根據史家范尼普(Van Nierop) 的詮釋，這是一種類似嘉年華會的形式，因為顛倒與反轉正是嘉年華會的形式與精神所在。這種形式，後來演變為「乞丐們」和西班牙抗爭的鬥士。「乞丐」的名稱，與他們的穿戴的標記，迅速傳播至各地，甚至有時連婦女們也配戴小木碗作為裝飾。貴族們捨棄了象徵貴族的珠寶和尊貴身分的華麗金、銀、紅、紫等色彩，卻選擇穿上修士與乞丐經常穿戴的灰棕色衣飾，這種行為有相當強烈的顛覆意涵。相對於華麗尊貴的金羊毛騎士團，「乞丐們」則扮演「乞丐騎士團」，具有相當強烈的嘲諷意味。

愛格蒙伯爵還曾親自至馬德里請求撤除異端審判，最終不但沒有成

功，菲力二世還堅決繼續執行異端裁判所的職能。帕瑪更曾建議菲力二世，不要忽視尼德蘭貴族們的「請願」，並企圖說服他能採取較溫和的態度來對待新教徒。菲力二世也曾一度允許撤銷異端裁判所，並承諾找機會親訪尼德蘭，大赦他口中的「異教徒」貴族領袖。然而對於尼德蘭貴族的請願，卻被西班牙方面譏笑為「乞丐們」。對於如此令人失望的回答，尼德蘭貴族們在心中，已經準備了走向抵抗之路。

阿爾巴公爵之鎮壓

事實上，如前節所述，震撼尼德蘭地區的「破壞聖像運動」，可說是一種宗教性與社會性的騷動。尼德蘭貴族們的反抗西班牙行動，可歸屬於政治性活動，例如請求菲力二世同意撤回樞機主教葛蘭維爾。而破壞宗教藝術，搗毀教堂聖像的暴動，是一種民眾的暴力行為。在某種程度上，當時的政治行動與宗教騷動看來似乎也是兩種相對的狀況，因以貴族的角度來看，他們完全反對這種民眾對教堂的搶劫暴虐行為。其實，這種民眾暴動，部分原因也歸於在 1566 年左右，尼德蘭地區的穀物漲價，城市底層階級的不滿情緒也隨之升溫，因此，群眾闖入教堂與修道院洩憤的狀況也跟著增加。

菲力二世派遣阿爾巴公爵至尼德蘭地區鎮壓。阿爾巴公爵率領西班牙在地中海動員的大批兵力，其中包含從義大利撤出的 8 千名士兵與 6 千名西班牙士兵，大舉進軍尼德蘭，這些士兵分別駐紮於根特、列日以及布魯塞爾。阿爾巴抵達布魯塞爾後坐鎮當地。帕瑪對菲力二世的這種軍事決定憂心忡忡，所以就自行請辭尼德蘭攝政總督一職。菲力二世隨即任命阿爾巴接管馬格烈特·帕瑪的權力。阿爾巴是一名剽悍武將，素以強悍嚴厲見稱。他的新政策為：必須嚴懲「反叛者」的領袖，懲罰異端，完全掌控行政體制，並為他的軍隊尋找一個穩定的財源。在懲罰「反叛者」的具體行動中，於 1567 年的 9 月，下令逮捕了愛格蒙伯爵與霍恩

伯爵。

阿爾巴也成立了一個「紛爭調解委員會」，9 名委員中，雖然尼德蘭人有 7 個名額，西班牙人只佔了 2 個，但投票權的行使卻僅限於西班牙人。他又密設搜捕組織，偵察新教徒，鼓勵密告，大量的新教徒遭到逮捕，在嚴格審判下被處極刑。這種恐怖政策使得尼德蘭人改稱「紛爭調解委員會」為「血腥委員會」，阿爾巴公爵則多了一個外號「殘忍的暴君」。據估計，約有近 2 千人在委員會的調查懲處下遭到死刑，1 萬 2 千人的財產被沒收。被阿爾巴逮捕的愛格蒙伯爵與霍恩伯爵，隔年也被公開處死於布魯塞爾的大廣場。貝多芬的〈愛格蒙序曲〉(Egmont Overture)，即以這個歷史事件為主題譜寫。

反攻與「西班牙人的憤怒」

為開闢財源，阿爾巴新增設 3 種稅制，一為對所擁有的財產徵收 1% 的財產稅，二為 5% 的土地稅，三為什一稅。由於阿爾巴的種種嚴苛政策，以威廉·奧倫治為首的反叛者，終於在 1569 年展開主動攻擊。他們首先在海上發難，因此稱為「海上乞丐」，在沿岸一帶展開小規模的游擊戰，多次奪取西班牙的船隻。到了 1572 年，沿海小鎮登布里 (Den Briel) 被「海上乞丐們」意外奪下，反抗軍士氣大增，荷蘭省和澤蘭省，遂即成為「反叛者」的基地。他們充分利用了地理環境上的優勢，以水溝作為抵禦西班牙軍隊的天然屏障。不過，除了軍事抗爭之外，威廉·奧倫治並不希望其追隨群眾及「乞丐們」用暴烈的手段破壞各大城市裡的天主教堂。在政治層面上，他力爭以地方的等級議會取代中央統治。

1572 年至 1573 年間，一些城鎮逐漸加入反抗西班牙的陣營，如哈倫 (Haarlem)、聚特芬、麥赫倫、萊登等，這些城鎮居民都因戰事生活顛沛流離，他們飢餓、生病、戰死或遭到屠殺。1574 年 5 月，西班牙軍隊發動對萊登的圍城之役，市民在與西班牙長達 5 個月的對抗之下，死傷

慘重。「反叛軍」不得已採取了淹城計畫，他們破壞堤壩，以阻擋西班牙軍隊，此舉造成雙方死傷嚴重。在威廉・奧倫治的領導下，10月3日終於「解放」萊登城。翌年，威廉・奧倫治等人在萊登創立了新教大學，以作紀念。

　　後來，因菲力二世將阿爾巴調去征服葡萄牙，阿爾巴從此便離開了尼德蘭，他的高壓政策也因此得到暫緩。新接任的總督為德・雷貴申 (de Requesens)，他取消了阿爾巴的恐怖政策和什一稅，希望以懷柔手段讓尼德蘭各省重新忠於西班牙。但是，菲力二世的對外擴張政策，使得他的國庫日漸短缺，居然連駐紮在尼德蘭的軍隊薪餉都發不下來，軍隊憤而兵變。在 1576 年，西班牙駐尼德蘭總督雷貴申意外死於一場戰役當中，之後，軍隊便陷入了混亂無序的狀態。這些領不到薪餉的西班牙軍隊，將一腔怨氣都發洩在對尼德蘭地區的燒殺劫掠上，在安特衛普就有

圖13：無名氏所繪之「西班牙人的憤怒」，表現了 1576 年 10 月底，西班牙軍隊在安特衛普的血腥屠殺。

7千5百多名居民被殺，城市也遭到空前的劫難。這個事件被稱為「西班牙人的憤怒」(Spanish Fury)。

協議、聯盟與《斷絕法案》

失序混亂的現象，衝擊到尼德蘭和西班牙的高層階級，這也促進了他們意識到彼此之間需要談判協議的想法。於是在 1576 年底，西班牙方面與尼德蘭達成《根特協議》(*Pacification of Ghent*)，雙方暫時達成解除激烈戰鬥的行為，內容包括：承諾對新教徒採取較為寬容的政策，中央政府必須取得等級議會的同意方可行事，也承認荷蘭省和澤蘭省這兩省為新教省分。新任總督，奧地利的唐璜 (Don Juan de Austria) 為菲力二世的異母兄弟，在他的任內採行了一些比較溫和的手段，上述重要的《根特協議》就是在他的任內達成，並一直維持到唐璜病死於拿慕兒。由於《根特協議》仍將新教區的公開合法侷限於荷蘭省與澤蘭省兩省，於是，尼德蘭許多地區的新教徒，並不對威廉‧奧倫治具有充分的信任，這迫使威廉‧奧倫治為得到更多支持，改變了他的策略。他遂以不拉班作為未來取得勝利的基地。不料，在布魯塞爾較為激進的喀爾文教派，卻不太願意與威廉‧奧倫治合作，這也是因為城市中喀爾文教派的自主意識較強。

另外，在唐璜入駐尼德蘭之際，尼德蘭聯省要求他必須恢復各城之特許狀及解除尼德蘭境內西班牙駐軍的條件，不然將不會支持唐璜為尼德蘭地區的統治者。在這種情況下，唐璜簽署了〈恆久詔書〉(*Perpetual Edict*)，聲明保證各城省的特權。西班牙的軍隊也在 1577 年 5 月，撤離尼德蘭，唐璜進入布魯塞爾後，立刻欲恢復西班牙在尼德蘭的權力及威望。唐璜最希望得到威廉‧奧倫治的支持，但卻遭到拒絕。於茲，兩個月之後，唐璜再度召集西班牙軍隊進入境內待命，此舉意味著唐璜撕毀了〈恆久詔書〉。這個毀約舉動，則提供了奧倫治成為荷蘭叛變實際領袖

的機會。

　　1578 年，來自西班牙的繼任總督法納茲 (Alexander Farnese)，靠著
他的外交手腕和軍事才能，將尼德蘭南方，從威廉・奧倫治手中奪回。
法納茲為菲力二世的外甥，也是前任總督帕瑪之子。在他任內，並沒有
發生恐怖屠殺的行為，相反地，他提出以約法的方式，於 1579 年，首先
與尼德蘭的瓦隆 (Walloon) 法語區展開和談。只要尼德蘭人願意重新歸
化於西班牙之下，便給予人民安全和地方上特權的保證。在一些貴族的
拉攏與天主教徒對新教徒狂熱行為之疑懼下，南方諸省包含海瑙、阿圖
瓦、杜埃 (Douai) 終於在 1579 年，組成了「阿拉斯聯盟」(Union of
Arras)，宣布效忠於西班牙國王，「阿拉斯聯盟」是後來尼德蘭地區走向
南北分裂的具體源頭。位於北尼德蘭的省分則組成了「于特列赫特聯盟」
(Union of Utrecht)，繼續反抗西班牙，其成員並約定互相牽制，不得與西
班牙軍單獨媾和。「于特列赫特聯盟」的成員省分，在政治、經濟、軍事
上均達成緊密合作，推動宗教信仰自由和地方自治。對於北方諸省的決
定，菲力二世則是正式宣布威廉・奧倫治為叛國通緝罪犯。在 1581 年，
透過《斷絕法案》(*Act of Abjuration*) 的頒布，尼德蘭的北方七省：荷蘭、
澤蘭、于特列赫特、赫德蘭、艾瑟爾、菲士蘭、格羅寧根，宣布正式脫
離西班牙政權。信奉新教的南尼德蘭人，則展開了大規模遷移到北方的
行動。這些由南方移民所帶來的財富和技術，使北方聯省受惠良多，南
北分裂的情勢也漸呈定局，原本同為一體的十七聯省，現在依其不同的
宗教信仰及各方之利益，分裂為北方以喀爾文派為主的荷蘭七聯省共和
國，以及南方歸屬西班牙政權之下的天主教尼德蘭。

墨利斯的戰爭與外國勢力及《十二年休戰協定》

　　沉默者威廉・奧倫治去世後，由其姪威廉・路易拿騷和其子墨利斯
(Maurits van Nassau) 分掌執政官之職。雖然，在 1588 年，北尼德蘭各省

已宣布獨立，成立荷蘭聯省共和國，擺脫了西班牙的統治，但雙方的戰爭並沒有因此停止。共和國方面，其反攻勢力在 1590 年代多有進展，甚至越過了馬士河和須爾德河，大有企圖「解放」仍在西班牙手中的南尼德蘭之勢。墨利斯手握軍事大權，並自任為總司令，但他行事謹慎，並沒有貿然進軍，採漸進方式積極訓練軍隊，墨利斯所訓練出來的軍隊，可說是具體反映了一種喀爾文主義式的嚴格紀律精神。軍人被訓練成一支統一行動的部隊，在部隊中，人像是一個可以被隨時替換的螺絲。人的七情六慾，在軍隊中都被壓制。

墨利斯建立多個供應補給站，以便及時提供軍方物資。為保護北方諸省之反抗西班牙的軍隊，墨利斯在西班牙佔領區與北方城鎮的邊界增加多個要塞。他首先沿著東方海岸城市進攻，於 1591 年佔領聚特芬，次年攻打史汀維克 (Steenwijk)。又於 1594 年，拿下格羅寧根城與德文特。1597 年佔領了赫德蘭東部。在北方七省以外靠近南方的林堡與不拉班在日後也由北方聯省合併，但基於七聯省之政治機構和運作方式已確立，各省分又各自有其省級上的自主，不願自身利益被分享，於茲，新歸入之林堡與不拉班等地區只能被劃入七聯省的共屬之地，並由聯省議會直接管理，是為「公地」(Generaliteislanden)。

在荷蘭叛變之過程中，早在 1578 年時，外國勢力也曾介入荷蘭與西班牙之間的戰爭。如法國國王之弟安茹公爵被尼德蘭地區一些貴族拉攏，被聯省議會冠以「自由的護衛者」入主尼德蘭。此乃因在許多省分還不完全信任威廉‧奧倫治之時，聯省議會安排安茹公爵為尼德蘭的新宗主，希望可藉此贏得法國的支持。隨後，安茹公爵也允諾了這個請託。1581年 8 月，他率兵 1 萬 8 千人進攻法蘭德斯取下康布萊。安茹公爵因具備法國皇室血統，又曾經在法國宗教戰爭中顯示出其領導能力，也可利用他的名聲找到外援；再加上安茹身為一個天主教徒，威廉‧奧倫治也希望能借助他的聲望，制止喀爾文教徒仇視天主教，進而達到尼德蘭境內

的宗教自由與和諧。

　　伊莉莎白女王提供 3 萬英鎊給安茹公爵。然而，安茹公爵還是遭到荷蘭省與澤蘭省兩省的拒絕，他們更偏向威廉‧奧倫治作為其領導者。但後來安茹公爵終究察覺其總督之職只是一個虛位，他也沒有辦法阻止喀爾文教徒的仇視行為，再加上荷蘭省與澤蘭省兩省的城市菁英不承認安茹的地位，故安茹遂於 1583 年，離開尼德蘭。

　　1584 年，安茹公爵過世，威廉‧奧倫治也於同年，於臺爾夫特被刺殺。荷蘭聯省邀請英國伊莉莎白女王成為聯省之宗主，但她顧慮到如果英國公開干涉尼德蘭事務，而得罪菲力二世，將會導致英國與西班牙為敵，不過，她最終還是同意派兵 7 千人，並指任萊斯特 (Earl of Leicester) 為總指揮前往尼德蘭支援墨利斯。

　　墨利斯也盼望得到英國的協助，英國之所以看重尼德蘭情勢，乃因安特衛普在當時是英國紡織品在歐洲大陸的重要市場，伊莉莎白也不願見到法國干涉尼德蘭或西班牙全面掌控尼德蘭地區。她最希望見到的事是，尼德蘭地區的政局能回到查理五世時代之情況，盼望尼德蘭只是西班牙統治下的自治區。在 1584 年以前，伊莉莎白對荷蘭聯省的具體支持十分有限，但後來，荷蘭聯省得到英方 7 千名軍人加入荷方軍隊。英國也貸款給墨利斯，以供軍事開銷。

　　在西班牙方面，菲力二世統治的後半期，卻和伊莉莎白女王頻繁衝突。菲力二世曾娶英國天主教徒都鐸的瑪麗一世為妻。瑪麗去世後，繼任的伊莉莎白女王卻是新教徒的保護者，並欲恢復聖公會 (Church of England, Anglican Church) 為英國國教。菲力二世則曾幫助愛爾蘭的「反叛者」和蘇格蘭女王瑪麗‧斯圖亞特 (Mary Stuart)，後來瑪麗卻被伊莉莎白處死。再加上英國答應幫助荷蘭喀爾文教派反對西班牙，因此英國與西班牙交惡連連。菲力二世決定派遣訓練多時的無敵艦隊 (Armada) 與英國作戰，並希望以此阻止英國海權的發展。無敵艦隊由 130 艘船艦組

成，原本應由聖克魯茲侯爵 (Marquis of Santa Cruz) 出任總指揮，但因侯爵猝死，遂改由不善海軍作戰的西都尼亞伯爵 (Duke of Medina Sidonia)，臨時接替指揮。1588 年 5 月 30 日，無敵艦隊從里斯本 (Lisbon) 浩蕩出發，卻於英吉立海峽遭到英國艦隊反擊，並在暫時撤退之際，遭受強烈暴風雨襲擊，西班牙軍隊被吹向敦克爾克 (Dunkerque) 海岸。強烈的暴風雨持續肆虐，以致西班牙軍隊兵潰艦散，半數船艦沉沒於海底，西班牙元氣大傷。

1600 年，墨利斯在法蘭德斯靠海的城鎮新港 (Nieuwpoort) 附近大勝西班牙軍，但是，卻發現南尼德蘭的人民，對於他的軍事勝利並不表支持，也不因此感到高興。這個令人錯愕的結果，使得荷蘭共和國企圖「恢復」南方失土的熱情頓時減低許多。至此，北方一些人，不僅對那些願意生活在西班牙統治下的南尼德蘭人，有所輕視，也產生一種敵視態度。對於墨利斯和他的人民來說，其實是他們需要去努力克服心中那種「失去」南方的情緒。

西班牙國內當時則因國庫拮据，對於軍費無法支付，使得西班牙政府希望找到一個解決的辦法，再加上當時西班牙在西印度的發展受到了荷蘭的威脅，因此，產生了休戰的想法。在荷蘭方面，也希望藉由暫時的休戰，以復甦經濟。但荷蘭也顧慮到長久的停戰對於自身不見得有益，主要是因為在與西班牙的戰爭中，直布羅陀海峽 (Strait of Gibraltar) 是封閉的，而使尼德蘭諸省有機會在北海與地中海之間藉著航運獲取營利。如果停戰解除封鎖，荷蘭的利益將會消失。西班牙方面，則協議以停戰為前提，希望促使荷蘭退出在西印度的擴張。當時，荷蘭也正計畫在南美洲開發新的商業據點，於是雙方的休戰和議最初在 1607 年以口頭的方式相互承諾，即荷蘭答應退出西印度，西班牙將解除對荷蘭的封鎖，也承認宗教自主。但在 1607 年，荷蘭卻在西班牙沿海攻擊西班牙戰艦，也無視於西班牙的休戰條件，繼續在西印度的發展。最後，談判於翌年再

次展開，西班牙再次要求荷蘭退出印度。遂與同樣因戰事疲憊的荷蘭協議自 1609 年休戰，雙方訂立《十二年休戰協定》，這等於是荷蘭叛變之成功，並建立北尼德蘭聯省共和國。

　　共和國成功的主要原因，除了因尼德蘭地區藉著長久的戰爭所爭取而來，特別是在 1572 年之前，抵抗西班牙的進攻；但主要勝因還是富庶的尼德蘭南方，逐漸擴張到北方，西班牙帝國在當時又忙於與法國的爭權以及和英國的對抗，以及其龐大帝國複雜結構，致使西班牙不能集中力量去對付反叛的荷蘭。再者，荷蘭後來發展成的強大力量，不論是其強大的經濟力量，或是政治體系上特殊的共和寡頭政治，都促成了共和國的誕生。在國際上，英法對荷蘭反叛西班牙之際的幫助，也有其作用。荷蘭共和國的誕生，最初並不是出於愛國情感或國家意識，貴族們及市民只是想恢復菲力二世之前的自由與特權，以及宗教自由。人們對於土地及文化的一種認同感反而是次要原因。對於荷蘭作為一國家的認同，或許是在後來歷史的進程中才逐漸形成。

第六章
荷蘭共和國時期的政治與經濟

　　一般研究荷蘭史的史學家認為，尼德蘭北方七省在 1579 年，聯合組成「于特列赫特聯盟」時，荷蘭共和國就已存在，換言之，是「于特列赫特聯盟」奠定了荷蘭共和國的形成。也有一些史家則認為，在 1581 年，荷蘭宣布《斷絕法案》，誓言北方七聯省不再繼續效忠於西班牙國王菲力二世，荷蘭共和國就算成立了。還有另一種說法：1587 年的年底，曾奉英國女王伊莉莎白之託，帶兵支援荷蘭省，打擊英國與荷蘭的共同敵人西班牙，由聯省議會委任為荷蘭總督的萊斯特 (Earl of Leicester) 回到英國的 1588 年開始，共和國才算正式成立。萊斯特離開荷蘭，主要的原因是，他在荷蘭總督任內，嚴厲禁止尼德蘭地區與西班牙的貿易來往，導致了提供共和國大量資金的荷蘭省商人以及法議長，奧登巴納維特 (Johan van Oldenbarnevelt) 強烈反對所致。此後，聯省議會決定自 1588 年起，不再邀約國外的貴族或君主來擔任荷蘭宗主，最終，宣布荷蘭為一個獨立的共和國。一般而言，荷蘭史家多認同 1588 年是荷蘭共和國正式成立之說。但也有一些其他歐洲學者們認為，1648 年，歐洲各國簽訂了《西發利亞條約》，包括西班牙在內的歐洲各國，才正式承認荷蘭共和國的獨立地位。

　　荷蘭共和國的出現，在歐洲是一個「前現代」政治體制上的例外，換言之，荷蘭共和國是近代西方政治發展史中的一個特例。當時，歐洲的政治型態多半為君主集權制，但在 16 世紀末，尼德蘭七聯省卻聲稱自己是共和國。事實上，荷蘭所謂的共和國，並沒有政治學上的共和理論作為基礎，也並非現代意義上的共和體制。起初，尼德蘭革命的意義，

對革命領導階層的貴族們來說,僅是希望回復到菲力二世統治之前的「美好時代」。他們希望維持尼德蘭之各省分、各城鎮的商業經濟自由與地方自治、其攝政特權和宗教信仰不再被干擾。

第一節　共和國的政治結構與政治發展

　　荷蘭聯省共和國的政治體制屬於寡頭政治,聯省不設國王,也沒有絕對專制的獨裁領袖。這種荷蘭式的共和主義,我們可以將之視為當時對專制王權的拒絕。荷蘭共和國是由各個自治的省分所組成,在于特列赫特聯盟中,各省就相互約定,每一個省分在共和國中將是一個單一的自治體,但七省又同時歸屬於共和國,即所謂荷蘭聯省共和國。具體來說,共和國的政治體制,基本上可從 3 個層面來看:城市、省以及國家。

　　城市的市政府,由城市議會 (vroedschap) 所領導,城市議會的成員是由富有且具智慧的布爾喬亞 (bourgeoisie) 市民所組成,稱作「智者」(vroedman)。起初,這個團體還較為開放,有錢勢與能力的市民可加入該團體。但是,到了 17 世紀末,特別是 18 世紀,城市議會卻逐漸成為一個寡頭攝政階級 (regenten, regents),其權勢要至 1795 年,巴達維亞共和國時期才終結。省的層面,是以省議會為最高權力機構,該機構由城市市民代表、教士以及貴族所組成。每個省分都擁有自己的議會,每一個省也都設有執政官與法議長 (Advocaat van den Lande, Pensionary)。執政官擁有特赦權。法議長是法律顧問,在國家層面,共和國以設於海牙的聯省議會代表了最高行政權力機構,由 7 個省分的代表們參與。

　　在聯省議會召開的會議中,其成員均有諮詢的權利。這意味著各省分的代表成員們,必須事先和他們自己的省議會徵詢達成共識,方能在聯省議會行使代表權,這種政治運作模式,往往耗費多時才能使聯省議會的決策順利達成。當共和國發生需要聯省共同協議的重大事務,如商

討主權、停戰、宣戰等重大外交政策及財政預算、有關「公地」等問題時，就得召開聯省議會。「公地」意指北法蘭德斯、北不拉班省以及林堡省，這些地方是在「八十年戰爭」結束，於《西發利亞條約》中針對尼德蘭而簽訂之《明斯特條約》(*Treaty of Münster*) 訂立後，才加入荷蘭共和國的省分。因此，並不包含在七聯省之內。這些地區，在聯省議會中，並無自己之代表，其人口又多半仍為天主教徒，於是，直屬聯省議會管理，故稱作「公地」。在 1713 年之後，新加入的上赫德蘭地區，後來也屬於「公地」的一部分。

聯省議會雖然針對宣戰、休戰、外交政策等項目上具有決策權，但沒有徵稅權。徵稅必須要經過七省全體一致的同意方可通過。議會中代表們的表決權，不論其省分大小，都只擁有一票，各省同時也都有否決權。所有決議的達成，必須全體代表成員，全數一致通過方可行使。因

圖 14: 范德倫 (D. van Delen) 作品中所呈現之荷蘭共和國聯省議會在海牙召開大會的情況。

此，聯省議會開會的目的，往往也是為了各省間的協調，而真正的權力則在於各省自治的省議會。各省的省議會成員，由其城鎮當中最有權力的人物所組成，也是明顯的寡頭政治，共和國則形同七省各自為政的「聯邦」國家。

　　共和國 7 個省分當中，荷蘭省和澤蘭省的權力最大，貢獻也最多，其中又以荷蘭省最具領導地位與影響力。荷蘭省獨自提供了共和國近60% 的財經費用，該地人口也佔共和國的 40%，荷蘭省的各方實力，使其成為其他省分的領導者。在理論和形式上，雖然各個省分都具有平等地位，在聯省議會中，也都只有一個投票權，但荷蘭省不希望自身地位被其他各省分的投票權影響決策，所以設置了否決權的辦法。否決權的使用，代表了荷蘭省可以否決其不願意支持的政策與經費，而荷蘭省也常能說服其他省分重視其領導地位。荷蘭省的經濟成長迅速，並邁向世界性的經濟，這也促使荷蘭省在外交政策上與其他省分相異，荷蘭省向來重視高度自主和貿易發展。在聯省議會中，除非荷蘭省同意其決策，否則其他省分提出的政策不會被聯省議會接受。即使是權力威望高高在上的，由奧倫治親王家族成員所擔任之執政官，也必需倚靠荷蘭省的支持。於是，共和國的領導權，也常在奧倫治拿騷家族和荷蘭省之間較勁。

　　共和國雖為寡頭政體，但其政治運作，相對於當時其他歐洲政體堪稱穩定，這正是因為荷蘭省的主導權可制衡奧倫治拿騷家族在共和國的權力。由於荷蘭省在共和國中的重要性，這也成為尼德蘭為何常以荷蘭相稱的原因。其他聯省的各省分，則視其經濟狀況和地理因素等，適度分擔國家財務。再者，由於荷蘭共和國，最繁榮、最重要的主要大城鎮也多位於荷蘭省境內，所以，擔任荷蘭省執政官的地位也顯得極為顯要。

　　如前所述，荷蘭各省分設有兩個最重要的政治領袖職位，即執政官與法議長，執政官在早期，原指勃艮第時期由勃艮第公爵所委任的各省份領導者，執政官握有當時地方上的統治權。哈布斯堡時期的查理五世，

也沿用這個制度，故執政官原本為「荷蘭叛變」前的省總督之職。在荷蘭共和國成立後，也繼續沿用其名。執政官的職務，在共和國時期，除具有與先前朝代相同的執政性質，其地位及職權，隨著共和國奧倫治拿騷家族地位增長漸增。

在荷蘭，執政官之產生來自貴族代表團 (ridderschap) 的成員，此為一個大貴族菁英團體。荷蘭共和國的大貴族，多起源於勃艮第或西班牙哈布斯堡王朝時代。在共和國時期，則鮮少有新貴族的誕生。於茲，並非所有貴族均為理所當然的貴族代表團成員。然而，貴族地位再怎麼顯貴，在聯省議會中，貴族代表們也只有一個投票權。

法議長原本為城市中，領薪的法律顧問。在「荷蘭叛變」的過程中，這個職位漸成為舉足輕重的法律政務官。在荷蘭省之法議長奧登巴納維特於 1619 年過世後，這個職位易名為大法議長 (Grand Pensionary)，並在後來的共和國中，漸漸演變成與執政官旗鼓相當，最有權力的官員。特別是在荷蘭省，大法議長一職，更具有很大的政治權力。執政官和大法議長兩種職務，都需要由具有政治才能和出身良好門第的人物方能擔任。由於荷蘭省的富裕和其具有的領導地位，其政治領袖也就順理成章的成為全國最有勢力的統治者，當時就屬荷蘭省的執政官奧倫治拿騷家族與法議長奧登巴納維特權力最大。共和國是由各個獨立的省分組合而成，各省之大貴族通常為獨立的大地主，故貴族們也缺少一個相互聯繫的中心。因此，大貴族奧倫治拿騷家族除了成為聯省共和國的一種聯合象徵，也是貴族們聯繫的中心。奧倫治拿騷家族，因其在反抗西班牙戰爭中的領導地位，致使他們的名聲具有一種崇高性。這個家族原本就是擁有龐大領地與財富之大貴族。

在共和國之首任執政官，沉默者威廉・奧倫治遇刺身亡之後，墨利斯・拿騷身為威廉・奧倫治的兒子，繼承了荷蘭省以及多個省份的執政官和軍隊總指揮，威廉・奧倫治的姪子威廉・路易拿騷 (Willem

Lodewijk of Nassau) 則擔任菲士蘭、格羅寧根二省的執政官。墨利斯並在隨後荷蘭共和國內的政治鬥爭中，擊敗了奧登巴納維特。除了從 1650～1672 年與 1702～1747 年間，荷蘭共和國兩次的無執政官時期外，奧倫治拿騷家族勢力龐大。1672 年以後，荷蘭省執政官的職位，逐漸成為奧倫治拿騷家族的特權，他們取得了類似皇室般的尊貴與世襲地位。威廉‧奧倫治的後代，威廉五世在任執政官時期，早已成為荷蘭七聯省的總執政官。現代荷蘭的王室即奧倫治拿騷家族的後裔，並被《荷蘭憲法》保證這種世襲地位。

1625 年，執政官墨利斯過世，由其弟韓力 (Frederick Henry) 繼任。韓力是沉默者威廉‧奧倫治的幼子。韓力之子——奧倫治拿騷‧威廉二世與英國國王查理一世的女兒瑪麗結婚，而威廉二世之女露易絲 (Louis) 則嫁給日耳曼布蘭登堡 (Brandenburg) 的選侯腓特烈 (Friedrich Wilhelm)。後來的奧倫治拿騷‧威廉三世還曾出任英國國王。由此也可看出，奧倫治拿騷家族執政官的地位與權勢。

墨利斯和奧登巴納維特之間，主要由於政治觀點與宗教事務、教義問題的看法不同，對政治外交上採取的措施也有所歧異，導致彼此間無法相互信任，進而更造成兩者各自的支持者間的權力鬥爭。荷蘭省法議長的職位雖然十分重要，但尚不足與執政官對抗。基本上，法議長僅代表荷蘭省，但不能夠代表其他省分行使職權。法議長也不能像奧倫治拿騷家族的執政官般由家族世襲。法議長更不能如同執政官般，具有擔任軍隊總司令的權力。故法議長與執政官之間產生歧見時，執政官因擁有軍權，往往可以強制對方臣服於他。在早期，墨利斯與奧登巴納維特間，具有共同支持荷蘭獨立的相同目標與理念，但後來，墨利斯反對奧登巴納維特與西班牙訂立休戰協定。墨利斯認為，《十二年休戰協定》，僅僅只是延誤早先對西班牙抗戰的成果而已。再加上當時共和國內的宗教分歧，例如，奧登巴納維特支持「諫議派」，而墨利斯則支持「反諫議派」。

在 1618 年，多德雷赫特 (Dordrecht) 的宗教會議中，「諫議派」備受譴責，墨利斯等人遂將「諫議派」排除在荷蘭改革教會的門外。墨利斯將奧登巴納維特處死之後，在 1623 年，曾經險遭「諫議派」支持者的暗殺。墨利斯的聲望在後來，也因處死奧登巴納維特而下降不少。

墨利斯與奧登巴納維特之間的紛爭很多，又例如，奧登巴納維特希望加強各省自治權，並適當擁有各省所屬之軍隊。而墨利斯身為執政官，已擁有陸海軍總指揮頭銜，但他還是被奧登巴納維特的觀點所威脅。再者，奧登巴納維特基於對宗教自由的理念，希望以和平的外交政策，取代與西班牙之間的長期戰爭，是為主和派。而墨利斯等人則主張以軍事為重，傾向主戰。最後，以墨利斯為首的軍事派一干人，誤以為奧登巴納維特想和信奉天主教的西班牙言和，甚至懷疑他有通敵之嫌，故在 1619 年處死了這位一手組織東印度公司，對於共和國具有重大意義的人物。

執政官韓力在位期間，因其卓越的外交能力，在歐洲各國爭取到不少支持，進而將西班牙的勢力逼退到馬斯垂克城以南的地點，奠定了後來南北尼德蘭的永久分界線。此時的大法議長由德維特 (Johan de Witt) 擔任，他是一位具有遠大眼光的法學家，其任內推崇共和主義，對外則主張和平，以促進商業發展。德維特後來也與執政官韓力發生衝突。在共和國的政治權力角逐中，執政官和大法議長之間，存在著各自不同的利益團體在其背後支持。通常，大法議長的支持者多為共和派，他們大半是城市中的富商與擔任公職的攝政寡頭，在政治上，訴求地方上的省自治權和商業自主。共和派也反對支付共和國過多的軍事費用，更不希望戰爭妨礙他們的貿易商業利益。此外，共和派在宗教信仰上也較具寬容心態。相對的，執政官的支持者，通常是一些貴族及農民，心態上較為保守，他們希望強而有力的中央集權政府以及統一的宗教信仰。這兩個政治集團，對荷蘭共和國的政治局勢具有重大影響。

在荷蘭共和國中，富裕的商人常有機會擁有政治地位和地方權力，他們成為社會中的特殊團體。為了維護他們的自身利益，傾向政治自主權，並不太願意支持中央集權。在各省的城鎮當中，有錢有權的階級，形成一種寡頭政治，這些人被稱為「攝政者」(Regents)。這通常是由社會顯要、富裕之地方商紳共同組成的政治團體，他們組織城鎮的議會，成為在共和國各省分城鎮中的領袖，嚴格地說，他們並非貴族出身，但這些攝政多來自鉅富之家。不過，因為他們的地位、權力以及生活方式不同於其他的荷蘭人民，故也逐漸成為一個具有特權的階層。他們模仿貴族，製造屬於自己家族的紋章與旗幟，並誇大血統，儼然建構成另一種形式的貴族階級。在 17 世紀末和 18 世紀時，攝政者透過自己內部互選的方式，形成了地方上封閉的寡頭政治。攝政者終至被視為社會上的一個特權「階級」。為了維護自身的利益，攝政家族通常互相通婚，排除圈外人，是一種相當封閉的階級。省官吏及聯省議會的代表也通常由攝政家族中誕生，或從自己圈內之人推選產生。

隨著中產階級的勢力增長，逐漸也開始有人具備進入攝政者團體的資格。在 17 世紀以後，攝政者逐漸脫離以經濟實力作為靠山，轉型成以職務津貼為主之領薪的專業官僚。攝政、商紳階級，在地方上的力量延伸至聯省議會，具有一定程度的政治影響力。

共和國的外交政策，向來重視國家安全和貿易發展。經濟利益往往成為對外關係上的首要考量。當時歐洲其他各國，重視商業貿易，但更強調軍事和領土擴張。在 17 世紀前半期，荷蘭共和國憑著經濟上的豐厚實力，在國際間與其他大國平起平坐。雖然，與西班牙的戰爭在 1621 年，因休戰協定結束而重新開打，但戰爭基本上與經濟發展並行，荷蘭並沒有因為戰爭而犧牲其商業貿易活動。特別是在 1625～1648 年間，其各方成就在國際上令人刮目相看，文化與藝術上的燦爛光芒，經濟成就帶來社會繁榮，宗教政策上也有著一定程度的「寬容」，故在 17 世紀的

世界史中，被稱為荷蘭的「黃金時代」。

第二節　綿延的戰爭與政治情勢

整個 17 世紀至 18 世紀初，荷蘭共和國仍然處於戰事連連的狀態。除了延續與西班牙的戰爭，並不斷地與英國及法國交戰。

1609 年的休戰協定，並不是在保證荷蘭與西班牙間的永久和平，即使在休戰期間，雙方仍處在敵對狀態。例如，荷蘭與西班牙之間在海外的爭奪戰，在雙方之間依然持續，特別是在東印度群島之競爭。此外，雙方也各自派兵參與日耳曼地區因宗教因素而導致的戰事，兩國之間對於休戰協定也均不太信任。西班牙人堅持荷蘭商人必須離開東印度群島，並盡快開放封鎖的須爾德河，以便使得仍在西班牙人手中的安特衛普維持航運的暢通。另外，西班牙也向荷蘭當局提出，實施境內天主教徒應有權公開舉行儀式的寬容政策。但是，荷蘭聯省共和國當局不願對其說詞讓步，繼續封鎖了須爾德河，刻意致使安特衛普的經濟地位衰退，以便藉機使北方聯省的經濟發展在競爭上更有機會。而天主教會的復甦，對荷蘭人而言，總覺不安。當然，很多新教徒也往往將天主教徒視為親西班牙的勢力。

1621 年，《十二年休戰協定》終止，雙方直接的戰事再度燃起。戰爭初期，雙方對戰事的態度似乎還並不嚴肅看待，主要的軍事角力是兩方對布拉達 (Brada) 要塞的爭奪戰。布拉達位於北不拉班省，是極具戰略地位的要塞。在布拉達要塞，須爾德河至馬士河河口間的地形可以一覽無遺。1625 年，西班牙在史賓諾拉將軍 (Ambrosio Spinola) 的率領下，奪下了布拉達。西班牙的布拉達告捷，當時曾轟動全歐洲。名畫家委拉斯奎茲 (Diego Velazquezh)，就以此戰役繪成「布拉達的降服」(*Surrender of Breda, Las Lanzas*) 這幅畫。1625 年之後，雙方的戰事正日

趨激烈之際，善戰的墨利斯卻死於這一年，這似乎預兆了哈布斯堡帝國的勝利。然而，墨利斯的異母兄弟韓力接替他成為新一任的執政官後，於 1629 年，攻下斯海爾托亨鮑許，並開始了其一連串的征服過程。斯海爾托亨鮑許為不拉班地區的最主要的城市之一，因此，攻下該城，這對共和國來說，意義非凡。1632 年，韓力行軍至馬士河，掌控林堡省的芬洛及鹿蒙德 (Roermond)。由於他在位期間，其卓越的外交能力，在歐洲各國爭取到不少支持，進而將西班牙的勢力逼退到馬斯垂克城以南的地點，奠定了後來南北尼德蘭的永久分界線。

當時，法國路易十三時代的樞機主教兼國務大臣黎希留 (Armand Jean du Plessis, Cardinal et Duc de Richelieu) 的國際外交政策之一是，避免在戰事上與哈布斯堡王朝正面直接衝突為主。但是，黎希留卻暗地幫助荷蘭和神聖羅馬帝國。於是，西班牙方面曾劫持囚禁了與黎希留合作的特里耳 (Trier) 樞機主教候選人，同時也可能是神聖羅馬帝國選帝侯的施特恩 (Philipp Christoph von Sötern) 長達 10 年之久作為報復。隨後，法國軍隊於 1635 年，攻打西班牙所屬的南尼德蘭，荷蘭共和國與法國聯合圍攻魯汶 (Leuven) 等地，但未果。1637 年，韓力收復了在 1625 年因戰敗失去的布拉達，以及在 1635 年失去的史漢肯斯漢 (Schenkenschans)。1639 年，又在海軍大將特倫普 (Maarten HarpertszoonTromp) 的率領下，荷蘭戰艦在頓那 (Dunes) 戰役中，摧毀西班牙的兩艘主力戰艦，這是荷蘭在沿海地區關鍵性的勝利。

自 1640 年以後，由於陸續發生加泰隆尼亞 (Catalonia)、拿坡里、西西里、葡萄牙等地對西班牙統治的反抗，西班牙分身乏術，對荷蘭的戰爭不再成為最關注的焦點。在荷蘭共和國方面，特別是阿姆斯特丹的政要們也不想因戰事造成商業貿易損失，於茲，終於在 1646 年，達成停戰協議，荷蘭聯省代表抵達明斯特，召開所謂的恢復神聖羅馬帝國和平協議，各地代表及西班牙國王等都曾在場參與。經過長達兩年之協商，於

1648 年簽訂《西發利亞條約》。至此，荷蘭與西班牙之八十年戰爭和歐洲之「三十年戰爭」(1618～1648) 正式劃下句點。西班牙也必須承認荷蘭共和國為一個主權獨立的國家。

　　韓力於 1647 年逝世，他的兒子威廉二世繼承了荷蘭七聯省中的五省執政官，並擔任軍隊總指揮。威廉二世在 1641 年時，即與英國斯圖亞特查理一世的女兒瑪麗結婚。1649 年，查理一世被處死，威廉二世企圖號召軍事力量，代表斯圖亞特干預英國政治。這個事件，成為了荷蘭共和國日後政治分裂的因素之一。威廉二世頗具軍事才能，他喜以戰爭實現共和國的強權理想。但除了澤蘭省與于特列赫特省兩省外，其他省分，特別是荷蘭省的自由派並不支持威廉二世在軍事上的龐大花費。荷蘭省的攝政者們，希望縮減軍隊的規模，卻在聯省議會中受阻。而威廉二世以執政官的身分，在聯省議會中仍具有影響力。他決議發動戰爭，希望與法國聯盟共同對抗西班牙，並趁機為其遭到處死的岳父復仇，又可幫助其妻瑪麗的兄弟查理二世恢復王位，以取代克倫威爾 (Oliver Cromwell) 建立的軍事政府。由於荷蘭省激烈反對戰爭，於是在 1650 年 9 月，威廉二世逮捕了荷蘭省阿姆斯特丹的 6 位攝政，將他們監禁於盧文斯坦堡 (Loevestein)，以宣示其在荷蘭省阿姆斯特丹的統治地位。威廉二世的強勢作風，曾使阿姆斯特丹聽命其令。然而，他卻也在同年 11 月去世，其子威廉三世在他死後 9 天才出生。荷蘭省決定不再設置執政官，並在海牙召開聯省議會，各省和各大城市派遣代表參加會議。該會議由當時荷蘭省的法議長凱茨 (Jacob Cats) 主持，會中決定荷蘭共和國的各省，將擁有自己的海軍軍隊，意即 7 個省分將擁有 7 支軍隊，而非 1 支共和國統一的中央軍隊、也決定不設執政官。從此，荷蘭省在往後的幾年當中，出現暫時沒有執政官的職位，故稱作「第一次無執政官時期」(1650～1672)。

　　克倫威爾提倡與同為實行新教主義的荷蘭共和國結盟，但荷蘭並不

支持此見。當時，英國對於荷蘭的國際貿易與航運的興盛與霸權既羨又妒，加上克倫威爾的提議被拒，故英國制定了《航海法案》(*The Navigation Acts*)。《航海法案》規定，凡是由歐洲國家運至英國的貨物，僅能由英國本地的船隻，或提供貨源國的船隻承載貨物至英國。制定這個法案的目的，很明顯的是在保護英國本國的貿易，排擠荷蘭船隊的運輸業，以便打擊荷蘭的海上貿易。荷蘭對於英國的《航海法案》相當不滿，於是 1652 年，第一次英荷戰爭爆發。

第一次的英荷戰爭，荷蘭戰敗，英國俘虜了許多荷蘭商人。1654 年，英國的代表克倫威爾與荷方簽訂《西敏寺條約》(*Treaty of Westminster*)。其條約內容的重點為：《航海法案》要繼續維持，荷蘭船隻在英國的海域必須降旗向英國致敬，在兩國之間要達成一個公開的秘密條款，即荷蘭議會不再支持奧倫治家族的人為他們的執政官，以防止奧倫治家族支持斯圖亞特王朝的復興。當時的荷蘭省大法議長是德維特，他於 1653 年繼承了凱茨的職位。德維特於 1650 年時，即開始擔任多德雷赫特的法議長，是一個有遠見與領導能力的共和派政治家。擔任荷蘭大法議長後，德維特贊成奧倫治家族不再擔任執政官。在荷蘭無執政官時期，德維特成為共和國的外交政策主謀。事實上，德維特扮演了荷蘭共和國實際政治領導的角色。他的理想是，盡量使荷蘭減少在國際上參與戰事，並推動歐洲和平，以保障商業利益。當時，支持奧倫治家族為執政官的奧倫治派，遂與德維特產生劇烈衝突。

「災難之年」

1672 年，是荷蘭共和國的「災難之年」(Rampjaar)。荷蘭內憂外患，法王路易十四有稱霸歐洲的野心，而富裕之西屬尼德蘭正是他垂涎的目標之一，法國路易十四的軍隊也向荷蘭聯省共和國宣戰。日耳曼明斯特和科隆親王主教區和英國也挑戰共和國。荷法戰爭之原委乃是 1659 年，

在法蘭西和西班牙間訂定之《庇里牛斯條約》(*Treaty of Pyrenees*) 中，西班牙的菲力四世同意將其女，瑪麗亞泰瑞莎 (Maria Theresa) 公主嫁給路易十四，但以付給路易十四 50 萬克朗 (crowns)，作為交換條件，要求瑪麗亞泰瑞莎和路易十四必須放棄他們對西班牙的王位繼承權。

菲力四世死後，由年方 4 歲的太子查理二世即位。此時，懷有野心的路易十四，卻以 50 萬克朗未付清為理由，向西班牙提出繼承西屬南尼德蘭的要求，但立刻遭到西班牙方面的拒絕，於是，點燃了法國、西班牙之間的一場王位繼承戰。法蘭西軍隊進軍南尼德蘭的時候，由路易十四御駕親征，在里耳、圖爾內、和布魯日的戰事都告捷。法軍在南尼德蘭的軍事行動，為荷蘭共和國帶來龐大威脅，因此，荷蘭聯合英國與瑞典，欲共同阻止法蘭西的勢力擴張。在 1688 年，路易十四在《阿亨條約》(*Treaty of Aachen*) 中，促成西班牙承認里耳、圖爾內歸入法蘭西的版圖，而法蘭西孔泰則讓給西班牙。不過，這場戰爭仍未告止。由於路易十四痛恨荷蘭共和國干擾他征服南尼德蘭的行動，加上對新教徒的厭惡，在宣稱「荷蘭為傲慢無禮之徒」後，他立刻在 1672～1678 年間發動了對荷蘭的戰爭。

路易十四首先在外交政策上，促使英國和瑞典退出與荷蘭的聯盟關係，然後，揮軍大舉入侵荷蘭，荷蘭遭到挫敗。接著，他又南下西屬尼德蘭，佔領了伊佩爾。荷蘭共和國不得不開啟堤壩，以決堤作為最後的絕招來水淹法軍，迫使法方暫時調走軍隊。然而法軍又重新攻下馬斯垂克，荷蘭人心惶惶。再加上當時，日耳曼地區的明斯特和科隆主教區及英國也向共和國挑戰，在公共輿論下，德維特勉強同意威廉三世擔任軍事統帥。如同 1619 年，執政官墨利斯和大法議長奧登巴納維特的衝突重演，德維特遭到 4 名奧倫治派人士的攻擊，身受重傷。攝政們認為，荷蘭急需要一個使人信服的軍事主將，以維持國內的秩序與安全。於是，攝政們遂轉向支持威廉三世，並宣稱其為海陸軍隊司令。而大法議長德

維特和他的兄弟，克乃利斯 (Cornelis de Witt) 則被冠以密謀刺殺威廉三世的罪名，遭暴動的群眾以殘忍的方式謀殺，並懸屍於眾。這些暴動的群眾，事實上是被奧倫治派所利用，因為殺死德維特兄弟的兇手，後來不但沒有被判罪，反而還得到威廉三世的獎賞。奧倫治拿騷的威廉三世就任執政官，再度恢復荷蘭執政官制度，繼續與法軍抗戰，並沿用外交手段，拉攏歐洲其他國家共組反法聯盟，英國、西班牙與丹麥等國相繼加入。這一連串的反制，使得法蘭西的軍事行動暫時停止，雙方於 1678 年，簽訂了《尼莫恆條約》(Treaty of Nijmegen)，法荷戰爭終止。

與英國和歐陸之關係

1688 年，英國國王詹姆士二世〔James II，即原約克公爵 (Duke of York)〕被迫流亡。荷蘭奧倫治拿騷家族的威廉三世，受邀成為英國國王。威廉三世的母親是英國斯圖亞特公主，他本身又於 1677 年娶了約克公爵之女瑪麗。詹姆士二世在仍為約克公爵身分時期，就表態不否認天主教彌撒中的聖體禮為聖事，因而失去海軍將領之職，後來稱王之後，又提拔天主教徒為官。事實上，他的宗教態度較具寬容精神。詹姆士二世在約克公爵時期，就十分關注海外殖民與貿易的發展，並推廣英國經濟的成長。他鼓勵國外有技術的經貿人才移入英國，但並不論及他們的宗教信仰。他認為荷蘭共和國的商業貿易成就，是基於宗教寬容與良心自由的結果。

執政官威廉三世，以一個荷蘭人的身分，繼承了英國國王王位，使得大部分英國人非常訝異，畢竟在當時，英國與荷蘭之間已經發生了 3 次戰爭。但威廉三世願意與法國作戰之舉，使英國放心不少。威廉三世將法國視為荷蘭與歐洲安全的大敵，希望結合歐洲力量，共同對抗法國。在經過荷蘭聯省議會的許可之下，舉著為英國「恢復法律公正與自由」的旗號，竟得到英國國會托利黨 (Tory) 和惠格黨 (Whig) 及部分英國軍隊

的支持，威廉三世這位喀爾文教徒，終於在 1688 年 11 月 1 日乘上載有
1 萬 2 千名軍隊的大艦，在 2 百艘護航船的護駕下越過多弗 (Dover) 海
峽，於 11 月 5 日抵達英國托爾貝港 (Torbay)，威廉三世宣布，將會建立
一個顧及自由合法之國會，威廉三世和瑪麗遂於 1689 年，成為英國國王
和王后。隨後，詹姆士二世必須離開自己的國家流亡法國，這個事件是
英國史上的「光榮革命」(Glorious Revolution)。

　　威廉三世登基英王之後，立刻請求英國參與對法戰爭。英國國會認
為威廉三世的要求主要乃為保障荷蘭利益，一時間無法決定，但最後因
擔心法國勢力過大，隨即與西班牙和布蘭登堡共同加入了反法行列。換
言之，英國終究還是參與了反法的奧格斯堡同盟 (The League of
Augsburg)。這是威廉三世為防止路易十四及其家族參與西班牙王位爭奪
戰之舉。當時，西班牙菲力四世的繼承者查理二世身體虛弱，法國欲趁
機以姻親之名取得西班牙王位。威廉三世認為法國的野心將造成全歐洲
的危險，法國不僅會破壞歐洲勢力的均衡，亦為愛好戰鬥的天主教國家，
他遂與法國展開了長達 15 年的戰爭。

　　發動戰爭對荷蘭來說，在基本上是弊大於利。威廉三世因具有英國
國王和荷蘭執政官的雙重身分，從此，荷蘭與英國的政局也註定牽扯在
一起。荷蘭不但在反法戰爭中耗費巨大的財力，也需借貸給英國。荷蘭
對英國的投資也跟著增加不少，許多荷蘭人帶著龐大資產舉家移入英國
居住，這對英國日後的經濟發展有很大的助益。

　　然而，荷蘭因與英國共同建立聯合艦隊，在與法國海軍的戰爭中，
又時敗時勝，人力與財力各方面都造成了很大的負擔，荷蘭海軍的勢力，
也逐漸呈現了疲憊狀態。直至 1697 年 9 月，包括荷蘭在內的反法聯盟，
終於與法國簽訂《雷斯維克條約》(Treaty of Rijswick)，各國與法國的戰
事才暫時緩和。

　　不過很快地，1702 年，路易十四為了西班牙王位繼承問題，再度引

發歐洲國際間的戰爭。事情原委乃因當時，西班牙國王查理二世身體不佳，既無子嗣，又無兄弟，在王位繼承者出現懸空狀況之下，西班牙皇室的旁戚，希望能夠爭取機會繼承合法王位。但路易十四的母親是西班牙菲力三世的長女安妮，他又和查理二世的姊姊瑪麗亞聯姻，因此路易認為自己的孫子安茹公爵，即西班牙菲力四世的曾孫，最有資格繼承王位。

此時，在歐洲另有一位圖謀西班牙王位的國王，即神聖羅馬帝國兼奧地利國王的李奧波多一世 (Leopold I)，他是查理二世之妹瑪格麗特的丈夫，藉此姻親關係，希望能安排自己的兒子查理，繼位為西班牙國王。儘管西班牙並不喜歡波旁王朝 (Maison de Bourbon)，但在種種考量下，於 1700 年，在查理二世過世前，還是宣布安茹公爵為他的繼承者，即後來的菲力五世，附帶條款則為：菲力五世不能把西班牙任何領土割劃給其他國家。奧地利方面對於這樣的結果表達強烈的不滿，積極策動反法計謀，並指出，查理二世彌留之際，神智不清，因此，安茹公爵的繼位乃屬不當之舉，更無法律上的正當性。其他歐洲國家，因為害怕法蘭西路易十四與西班牙合併後之勢力更大，將打破歐洲均勢。尤其是英國和荷蘭聯省共和國更加憂心，因此，相繼加入奧地利的反法行動，並在海牙成立一個大聯盟，隨後丹麥和普魯士也宣誓加入。南尼德蘭便在這種非自願的情況下，淪為歐洲戰場。

1705 年，反法同盟擁護奧地利的查理，在馬德里 (Madrid) 宣稱繼承西班牙王位，但與法之戰爭持續燃燒，直到 1713 年，才在于特列赫特訂立和約，這的確是一個歐陸均勢條約。在和約中，有關尼德蘭地區的爭議，是在翌年所訂的《瑞斯達和巴登條約》(*Treaty of Restatt and Baden*) 中才得到解決。在《于特列赫特和約》中，奧地利哈布斯堡沒有取得西班牙王位的繼承權，但在《瑞斯達和巴登條約》中卻得到了原西屬尼德蘭，於是南尼德蘭也就從西屬轉為奧屬尼德蘭。另一方面，荷蘭聯省共

和國則得到奧屬尼德蘭的駐守權，以便設下壘防，制止法蘭西的勢力入侵尼德蘭地區。法國則得到法蘭德斯濱海的城市敦克爾克，而南尼德蘭和法蘭西之間的邊界，也在此條約簽訂後，成為現代比利時與法國的恆久國界。

第三節　荷蘭世界貿易的興起

　　17 世紀的荷蘭，經濟發展輝煌，建立了全球性的貿易，並非偶然。荷蘭具有其自身的經濟發展淵源。早在 15 世紀，荷蘭人就已經開始從事海上的轉口貿易，當時，是以斯堪的那維亞以及波羅的海地區的轉口貿易為主。荷蘭人，沿用在北海捕魚所研發的造船技術，創製了新式的貨船。荷蘭造船技術在當時佔歐洲的領先地位。荷蘭商人將上述地區的貨物，如穀類、鯨魚油、魚子醬、皮革、銅、鐵等運送至荷蘭，然後再轉運至地中海地區和伊比利半島。以穀物為例，雖然，地中海地區原本主要是採用北非以及近東的穀物，但因當時，這些地區已成為伊斯蘭政權的天下，所以無法再以低廉的價格進口糧食，於茲，遂轉向荷蘭購買穀物。在西班牙與荷蘭戰爭期間，基於對西班牙人的報復，荷蘭人封鎖了須爾德河河口，以壓制當時在西班牙控制下之南尼德蘭的經濟成長，並以私掠法蘭德斯商船的手段，阻斷其進出口的貨源。所以，法蘭德斯的原料進出口，必須經由荷蘭轉運。法蘭德斯地區的經濟式微，直接助長了荷蘭共和國的經濟發展。

　　17 世紀的歐洲，也是一個鼓勵商業擴張的重商主義時代，近代資本主義式的經濟也因此得以興起。從原來的城鎮間的經濟型態，演變成國家層面上的經濟發展。荷蘭共和國，在 17 世紀的經濟發展順利，有多重原因：第一，它的地理位置優越，須爾德河、馬士河、和萊茵河都在其境內入海，形成面向大西洋的一些良港。第二，因為當時歐洲在政治和

宗教上的變遷，使得具備經濟條件和技術實力的人口，大量從南尼德蘭和其他地區移入，如法國在路易十四廢除〈南特詔書〉(Édit de Nantes) 後，為數眾多的受迫害的新教徒遷移到北尼德蘭去發展。遷入北尼德蘭的知識分子、手工藝匠、和貿易人才，都成為荷蘭共和國雄厚的人力資源。再者，1602 年創立的東印度公司，挑戰了葡萄牙在東方的貿易優勢，其後設置的西印度公司，也不讓法蘭西和英國的經濟勢力在美洲和西非等地專美於前。荷蘭等於是建立了一個世界性的貿易網。第三，造船業是荷蘭工業中最主要的一支力量。在尼德蘭地區，航運因其自然地理上的因素而發展蓬勃。在中世紀早期，沿海地區及運河上的船隻，是漢撒同盟城市之間最主要的商業運輸工具。新的造船技術與航行技巧，隨後開啟了橫越大西洋的航路。在共和國時期，大型的商船和軍艦由東印度公司在阿姆斯特丹造船廠製造。而沿著贊河 (Zaan) 的船塢，也製造了許多捕鯨船。在 19、20 世紀，荷蘭的造船廠則多設於鹿特丹。荷蘭成功的基礎，乃立基於其運輸業。荷蘭人的船運業除了在當地沿海地區運載貨物，並擴及大西洋沿岸、波羅的海、地中海，甚至遠達美洲、非洲以及亞洲地區。

為了發展遠洋貿易，荷蘭人發明了載運量較大的平底船，相對於具備重武器設備船艦，這種商船的航運速度較慢，但製造成本低廉，製造技術較易，且載貨量大。除了使用木材，荷蘭人也利用北歐的鐵和銅，以及東方的瀝青來製造平底船。在漁船的改良上也有新意。他們已使用雙桅漁船，漁夫可以將捕獲的鮮魚，立即以熟練的技術在甲板上進行清除內臟和醃製的工作。此種漁船一次的出海漁獲量，可達 65 公噸。荷蘭人早在 15 世紀初，就具備了鯡魚帆船 (herring buss)。鯡魚帆船航行時平穩性較高，載貨量也不少，更具備可將鮮魚立刻加工的寬甲板。贊斯特力克 (Zaanstreek) 的造船廠，擁有完整的造船設備。通常，造船速度有效率的造船廠，只需一個月左右即可建造一艘大船。造船廠有緊密相鄰

的配套設施，例如在造船廠附近有鋸木廠、儲存平底船所需杉木與松木的倉庫等。與其他國家的商船相較，平底船的裝備較簡單，沒有笨重的武器設備，故其建造成本降低了 40% 左右。由於船身較大且長，船底較平，故吃水量較淺，使得船隻的操作更為方便，因此船員的人數也可以減半。

另外，荷蘭人也發展了多邊貿易來取代先前的雙邊貿易。雙邊貿易的缺點，是在於，如果雙邊中的其中一方不能提供所需的商品時，在貿易往返間，將會發生空船駛回的情況。基於計算成本盈損因素，荷蘭改採多邊貿易，不但減少了空船的機會，更擴大了貿易市場，逐漸邁入荷蘭全球性貿易體系的時代。

荷蘭傳統的紡織業，從 1624～1664 年左右也達到高峰，例如，萊登即為當時生產精緻布匹的重鎮。這是因為 17 世紀的前半葉，荷蘭的輕紡織工業由南尼德蘭的移民所引進。萊登的紡織業規劃成分工制，並盡量減低勞動成本。比如他們僱用較不具紡織專業技術的女工與童工，從事一般制式紡織，以低工資減少勞工成本。萊登的商人更將紡織工人集中至一個統一的工廠，以便更有效地監督生產過程。荷蘭的紡織工業也帶動了紡織品的漂染業，如哈倫城即為當時歐洲最大的漂洗中心。

在金融業方面，荷蘭阿姆斯特丹的銀行在 1609 年成立，為西北歐的第一家銀行。銀行的設立，以商業服務為主。初期，荷蘭銀行與傳統的義大利銀行相似，主要功能為貨幣兌換，以幫助荷蘭商人兌現外幣，此乃因荷蘭當時的遠洋貿易促使貨幣兌換成為迫切的需求。總部設於阿姆斯特丹的東印度公司與西印度公司，更大量需要銀行提供存款與資金周轉等業務服務。荷蘭商人對資金的需求及運用，促使了信貸業的發展。阿姆斯特丹的銀行，可將商人的儲蓄，借貸給企業家與農業主，從事土地開墾、開發海埔新生地、經商，或開發城市。阿姆斯特丹的銀行因辦事效率高、信譽良好，且貸款利息較低，故聲響卓越。銀行也提供匯票

服務，阿姆斯特丹遂成為歐洲的財政金融中心。1609 年，荷蘭也設立了
阿姆斯特丹交易中心，交易所除了提供大宗貨品之交易與期貨買賣外，
主要是從事股票買賣，如東印度公司的股份交易。

　　阿姆斯特丹也有「航運保險」(Bottomrij, Bottomry) 制，這是一種貨
船抵押借款制度，貸款商人在其船隻安全返回時歸還貸款本息，但若遭
遇不測事故，其貸款不能償還，如此「航運保險」就自然具有一種保險
功能。

　　再者，荷蘭的共和政體與政治型態有助於商業發展。因荷蘭沒有嚴
格的中央集權政府，也沒有特別的經濟保護政策，所以，較少有國家支
配其經濟體系的情況出現。

　　德拉庫爾特 (Peiter de la Court) 就認為荷蘭的共和政體有利荷蘭利
益。德拉庫爾特堪稱現代自由經濟思想的開創者之一，他是一位萊登城
富裕的布匹商與服裝製造業者。其家族來自南尼德蘭的法蘭德斯地區，
是一個傳統的紡織業家族，因為新教背景因素，前往北尼德蘭發展，由
於紡織事業的成功，德拉庫爾特家族成為社會上有地位之經濟菁英。大
法議長，德維特與德拉庫爾特相熟，一些史家認為德維特與德拉庫爾特
共同執筆寫成《荷蘭的利益》(Het Interest van Holland)、《荷蘭與西菲士
蘭的執政》(De stadthouderlijcke regeeringe in Hollandt ende West-
Vrieslant) 等著作。

　　德拉庫爾特分析了荷蘭省之所以能達到經濟繁榮的局面，乃奠基於
商業的自由競爭以及共和政府。荷蘭的政治機構及政治目的，對於荷蘭
社會重視經濟發展提供了條件。德拉庫爾特堅信商業共和政體的優越性。
不同於孟德斯鳩認為共和政體是倚賴人民的德行建立，即以美德為基礎
的節制與儉樸。德拉庫爾特的共和主義，則認為商業的共和政體，依靠
的是自由競爭。換言之，孟德斯鳩的共和政體觀，視市民對公眾利益的
維護大於個人利益。而德拉庫爾特並不相信統治者和人民之間會存在一

個良好溝通管道，他希望兩者之間有所切割。君主政體不可能提升人民的福利，荷蘭的利益，是基於國家的特色和市場，再將經濟與政治做一個連結。孟德斯鳩認為，商業共和國的政體，倚賴的是平等，古典的共和政體，最終無法抵制因世界的浮華而帶來的腐敗，商業共和主義則最終會屈服於奢華。德拉庫爾特則相信，人們能夠有效地避免貧窮，就可以無拘束地奢華。

　　德拉庫爾特對荷蘭利益的解釋，成為當時歐洲各國解釋荷蘭經濟奇蹟的一種指南。他是一位提倡自由貿易競爭理論的實踐者，曾為尋找新航線，出資派遣船隻至北極圈。法國的大臣柯爾貝 (Jean-Baptiste Colbert)、思想家杜爾格 (Jacques Turgot) 都閱讀德拉庫爾特的著作。最後，荷蘭的商業，也因所謂的「宗教寬容」，較不受宗教事務的牽絆，所以，可以更自在地考慮其商業利益。

第四節　荷蘭聯合東印度公司與其海外貿易擴展

公司組織與在東印度群島之發展

　　最早抵達東印度群島 (East Indies) 的歐洲人是葡萄牙人，他們在 1511 年開始，因經濟與傳教的動機，展開對印尼群島的探索與控制。葡萄牙人藉著航海的知識與技術，企圖開闢印度洋地區的貿易，佔據了屬於摩鹿加 (Maluku, Moluccas) 群島的特拿島 (Terate)，以便壟斷東印度的香料。後來西班牙的耶穌會教士聖方濟・沙勿略 (Saint Francis of Xavier) 在 1546 年，於盛產荳蔻的安汶島 (Ambon) 設立了傳教基地。1580 年，西班牙兼併了葡萄牙，荷蘭因與西班牙作戰，進而有機會在香料群島與葡萄牙和西班牙的貿易進行競爭。

　　出生於哈倫市，懂得西班牙語和葡萄牙語的荷蘭人范・林索赫騰

(Jan Huyghen van Linschoten) 曾任葡萄牙駐印度果亞 (Goa) 主教之秘書一職。在工作期間，范‧林索赫騰利用職務之便，記錄了葡萄牙人由本國航行至東印度的航海路線資料，而這個航海路線資料，葡萄牙人一直將之視為最高機密。范‧林索赫騰更找機會至葡屬東印度地區旅行，以滿足他對異國的好奇心。經歷了 13 年與西班牙、葡萄牙和東印度接觸的經驗後，他在 1593 年回到荷蘭。後來，范‧林索赫騰撰寫了《葡萄牙航海東方旅行記事》(*Reys-gheschrift vande navigatien der Portugaloysers in Orienten*) 及《巡迴：東方和葡萄牙、印地斯及對土地和海岸的敘述》(*Itinerario: Voyage ofte schipvaert near Oost ofte Potugaels Indien inhoudende een corte beschryvinghe der selver landen ende zeecusten*) 一書，並於阿姆斯特丹出版商科列茲 (Cornelis Claesz) 的協助下《葡萄牙航海東方旅行記事》在 1595 年出版。書中除了描繪旅行中的見聞，也記錄了葡萄牙向東方航旅的技術與路線，提供了實用的地圖，以及對相關水域的特性和群島及港口的描繪。這些實用的資訊，促進了荷蘭人對香料群島的進一步企圖。在來自南尼德蘭之地圖製作家，普蘭西斯 (Petrus Plancius) 與商人穆謝龍 (Balthasar de Moucheron) 之提議下，一個探險遠征船隊，由海軍軍官韓斯凱克 (Jacob van Heemskerck) 和巴倫賜 (Willem Barents) 所率領的船隊，試由北東航路取道經北極探路，但船隊卻在新地島 (Nova Zembla) 海島擱淺，並發現今在挪威之斯匹茨卑爾根島 (Spitsbergen)，不過，探險隊員卻多數罹難。斯匹茨卑爾根島後來成為荷蘭捕鯨業的基地。

1595 年 4 月 2 日，由德‧浩特曼 (Cornelis de Houtman) 率領 4 艘船繞過好望角，前往東方。1595 年 4 月 2 日，荷蘭的第一支遠洋冒險船隊，從特塞 (Texel) 啟航向東方航行，總計商船 4 艘，其中 3 艘主要商船分別取名為「荷蘭地亞號」(de Hollandia)、「阿姆斯特丹號」(de Amsterdam) 以及「墨利斯號」(de Mauritius)，另外一條小船名為「杜弗

肯號」(de Duyfken)，也稱「小鴿號」。4 艘船共載有 249 名水手、64 門砲，他們於次年抵達爪哇的萬丹港 (Banten)，再向東繼續航行時，曾與葡萄牙人及爪哇人發生激烈衝突，損失慘重。1597 年返回荷蘭時，阿姆斯特丹號因為起火燃燒而沉沒。除了損失「阿姆斯特丹號」外，並犧牲了 162 名水手。雖然，此次航行收穫有限，但這卻是荷蘭史上首次真正向亞洲探險及擴張的創舉。接下來，荷蘭其他東向的擴張陸續進行，貿易船隻加強了武裝設備。1598 年就有 5 次出航，共計 22 艘商船駛向東南亞，從事香料貿易。

香料 (spice) 是指富有濃郁香氣和辛辣口味的植物。由於香料的生產，存在著地理環境與氣候的侷限性，僅有某些特定地區才有種植的條件。如在班達海與摩鹿加海之間的摩鹿加群島 (moluccan archipelago)，就為香料的主要產地，故被稱為「香料群島」。當時的歐洲人，對香料能促進人體健康具有迷思。又因香料多來自於「神秘的東方」，故更為香料增添了許多異國情調的吸引力。在歷史上，從事香料貿易的地區，曾有早期的威尼斯以及控制香料資源的阿拉伯人，之後葡萄牙人找到了直接航向香料原產地的航線，而荷蘭在 16 世紀末也走向香料貿易。當時受歡迎及高盈利的香料，有胡椒、荳蔻、肉桂、丁香等。這些香料均為當時歐洲市場中的奢侈品，貿易商往往從中獲得巨大利益。

荷蘭的經濟繁榮基礎，早期以體積、重量龐大且單位價格較低的貨物貿易 (Bulk Trade) 為主，例如穀物、木材、海鹽與漁貨等。來自波羅的海地區的黑麥、大麻等作物，成為了荷蘭共和國時期的基本貿易商品。這些笨重的大型貨物，與體積小且單位價格高的貨物貿易 (Rich Trade)，如香料與蠶絲相較，不僅缺少了「異國風情」的神秘想像，也不具接觸異文化的新鮮與刺激。

荷蘭人自 16 世紀末，陸續創立了不少與地中海地區進行貿易的小型貿易公司，在南尼德蘭的安特衛普，因受到荷蘭封鎖了須爾德河的影響，

其貿易地位隨之衰落，該城居民於是大批移居到荷蘭。這批移民，多具有相當的資產，也較具國際貿易的眼光與企圖心。例如貿易富商勒馬利 (Isaac le Maire)，他在 1585 年，由安特衛普移居阿姆斯特丹，勒馬利就從事過對東印度的貿易。他也是 1602 年成立的荷蘭聯合東印度公司的創始會員之一，並曾持有 8 萬 5 千基爾特的股份，乃屬於當時東印度公司的大股東之一。

為了避免一些小型貿易公司可能爭相加入遠洋貿易，進而彼此競爭，因此，當時荷蘭省法議長，奧登巴納維特在執政官墨利斯的支持下，說服了荷蘭省與澤蘭省的遠洋貿易公司負責人，將旗下的小型貿易公司，集合成一個大型聯合公司。於是，在 1602 年 3 月 20 日通過聯省議會的同意，成立了荷蘭聯合東印度公司。荷蘭聯合東印度公司──VOC (Vereniged Oosindische Compagnie, United East India Company)──之創立，起初，在於協調眾多荷蘭商人在東印度所進行的商業活動。

東印度公司為一個具有特許狀的公司 (chartered company)，當時在歐洲從事遠洋貿易的公司，常從政府機構取得許多特權，故稱特許公司。政府通常給予他們許多特權，荷蘭聯合東印度公司的特許狀具有聯省議會的保障。特許狀中，明載其對於東好望角 (Cape of Good Hope) 和西麥哲倫海峽 (Strait of Magellan) 地區的貿易壟斷權，並有設置法官、締結條約、宣戰、修築堡壘、建立貿易據點、鑄硬幣以及武裝艦隊設備等重大權力，除了共和國以外，當時只有東印度公司有權發行屬於自己公司的硬幣。幣面有公司的標誌 VOC，在荷蘭本地以外的地方使用。特許狀的效期為 21 年，但期滿後可繼續延長。除了設於阿姆斯特丹的總公司，另有 5 個分公司，稱為辦事處 (Kamers, Chambers)，分別設立在幾個重要的港都：鹿特丹、米德堡、臺爾夫特、霍恩 (Hoorn)、以及艾肯赫津 (Enkhuizen)，這些分公司所在的城市，均有自屬的船塢和貨倉。

聯合東印度公司的縮寫體 VOC，是東印度公司的典型標誌。VOCA

代表東印度公司的阿姆斯特丹總部，VOCR 則代表鹿特丹分公司。以此
類推，其他分公司，均以城市名稱首位字母加上 VOC 命名之。東印度
貿易公司的這種標誌，出現在當時許多相關物件上，除了印在船隊的旗
幟上、也包含在公司來往的信件公文中，甚至各種瓷器等相關物品上也
屢見不鮮。東印度公司的董事會由 76 人組成，但一般事務由實際掌有權
力的 17 人組成之理事會來管理，被稱為「十七個紳士」(Heren XVII)，
其中 8 人來自荷蘭省的阿姆斯特丹，4 人來自澤蘭省，由此可看出這兩
省在當時的勢力之盛。「十七個紳士」平常每年必須開會 3 次，討論有關
公司營運、貨物買賣、經濟預算以及記帳等事務。發生戰爭時，則必須
商討應對措施與航線問題。

　　東印度公司可算是世界最早出現的大型跨國公司，在該公司發展鼎
盛時期，包括在荷蘭與殖民地的工作人員約有 3 萬 5 千人左右。1610
年，由於東印度公司與海外各屬地距離遙遠，聯絡不易，故東印度公司
設置了總督一職，1612 年，由柯恩 (Jan Pieterszoon Coen) 出任。當時他
帶領兩艘大船前進摩鹿加群島，又於 1613 年抵達萬丹。柯恩藉著蠻橫的

圖 15：東印度公司總部門口的中庭　在當時常會展
出一些從殖民地進口的貨品，如咖啡、香料等。

圖 16：東印度公司的商船　旗幟上有 VOC
記號，為荷蘭東印度公司之縮寫，A 代表
阿姆斯特丹總公司。

武力，奪取葡萄牙在東印度的權力，開發並佔據盛產荳蔻的班達、盛產
丁香的摩鹿加以及胡椒產地爪哇。在其任內，殺戮了為數不少的當地原
住民及後來的競爭對手英國人。柯恩為東印度公司勢力最大的首長之一，
他從班達的蘇丹 (Sultan) 手中奪取了雅加達，並易名為巴達維亞，隨後
巴達維亞成為東印度公司的海外總部根據地。以巴達維亞為中心的龐大
貿易殖民事業，在 17 世紀中葉擴張至大部分的印尼群島、馬來西亞和錫
蘭。荷蘭東印度公司的船隊，從海外運回歐洲的貨品可說是從香料、咖
啡、茶、糖、米、鴉片、茶葉、瓷器、生絲到金銀、銅錫貴重金屬等包
羅萬象。

　　東印度公司是一個股份有限公司，該公司起初的資本額為 650 萬荷
蘭盾，僅阿姆斯特丹的股東就投資了 370 萬荷蘭盾，次之為澤蘭省，總
投資總數為 130 萬荷蘭盾，由此看出東印度公司主要由荷蘭省與澤蘭省

兩個省分所掌控。當公司所需的資金日益龐大時，就會開始走向募集資金的道路。投資人相信公司營運狀況良好，於是紛紛出資支持，多人投資購買東印度公司的股票，其中甚至包括各省執政官也投資持股。東印度公司管理集中，又靠共和國支持，終將葡萄牙人驅離，先後又與西班牙進行香料群島爭奪戰，也和英國爭奪長達 30 年的香料貿易壟斷權。

　　為了實現貿易壟斷及海外「荷蘭殖民帝國」的美夢，東印度公司擴張了對東印度群島的殖民活動。早期主要的目標訂在壟斷胡椒、荳蔻、丁香之類的香料上，並限制香料的種植量，避免造成產量過剩而壓低價格；甚至還規定特定香料只能在某些島上種植，以便管理。荷蘭人也常與香料群島的土著領袖簽訂香料契約，再靠著契約，壟斷控制當地的香料種植，以防止香料價格在市場價格的波動。在爪哇島上，則以強迫的手段來種植咖啡，以低價供給東印度公司營利，東印度公司為了自己的利益，不惜減少當地農民在其他穀物上的種植面積。東印度公司的營利目標，與政府的企圖心和國家實力的擴張一致。在整個 17、18 世紀，東印度公司創造了一個海外殖民帝國，該公司的勢力直至 1795 年，荷蘭巴達維亞共和國 (Bataafse Republiek, Batavian Republic) 接管荷蘭時才由國家接收。

臺灣作為貿易據點

　　東方之貨物，特別是中國的瓷器與絲織品對當時之歐洲人來說，是一種高尚奢華的物品。荷蘭東印度公司在東亞擴張之主要的目的，是為了與中國和日本進行貿易。荷蘭人在 17 世紀初就希望與中國通商，不過因中國實行海禁，以及葡萄牙人的勢力影響，並未能有所進展。因與中國建立直接貿易關係沒有成功，於是荷蘭人曾在福建省沿海一帶，四處掠奪走私。後來 1604 年，荷蘭人范·瓦爾維克 (Wijbrand van Wearwijk)，趁明代軍人在澎湖調換駐防之際，入侵澎湖，並透過漢人向

明朝要求通商，但遭拒絕並驅逐。1622 年，荷蘭人進攻葡萄牙人的據點澳門失敗之後，再次意圖佔領澎湖，並希望在澎湖修築堡壘作為據點，要求明代與之通商。後來，明朝採取軍事行動，荷蘭被迫撤離澎湖。最終經由從事中日貿易的商人提議，荷蘭東印度公司至此便打消了對澎湖的企圖，但於 1624 年轉而得到允許，可以到臺灣南部的大員，即今臺南安平，建立貿易據點。至此，到 1662 年為止，荷蘭經營臺灣 38 年之久。

荷蘭人佔領臺灣，並非因擴張領土，而是為了追求貿易利潤。其主要動機，只是將臺灣當作貿易轉運站，起初也並沒有恆久佔領臺灣的企圖，荷蘭人是希望建立一個可以和中國與日本進行貿易的據點。換言之，荷蘭對臺灣的早期經濟政策，是將臺灣當作一個轉口貿易據點，以大員為基地，採買中國的貨品。中國貨品也可經由臺灣轉運至日本出售。荷蘭從其他地區收購的貨物，也運至臺灣，再轉售至中國和日本。從中國經由臺灣轉售的貨物，主要為生絲、絲織品、茶葉以及瓷器等。由於明代實施的海禁，造成中日之間的貿易往來受阻。而日本對絲織品及瓷器的需求，是臺灣轉口貿易事業的基礎之一。

日本是中國瓷器貿易的市場之一。1635～1636 年間，荷蘭的商船從臺灣運銷了約 13 萬件中國青花瓷到日本。而歐洲人更喜愛中國生產的精美瓷器，因他們當時尚不具備仿效中國瓷器的技術，而中國人又將製作瓷器的技術和製作瓷器的成分視為商業機密。然而，歐洲各地君主和國王都希望能擁有自己的瓷器製造場，以增加自身的身分、地位與美學品味。於是，各國都相繼各自發展獨立的瓷器工場，如威尼斯、維也納以及臺爾夫特。瓷器也運用在室內裝潢方面，荷蘭人喜將帶有各式圖案的瓷磚或瓷器鑲嵌在牆上，或鑲在整棟建築的外牆上。17 世紀開始，荷蘭和法國地區都有大規模仿中國瓷器的工作坊，荷蘭的瓷器製造師也從日本傳統圖案汲取靈感，製作出除了模仿中國青花瓷以外的臺爾夫特藍白瓷 (Delft Blue)。臺爾夫特是一個工業發達的地區，在中國萬曆年間的 16

世紀末，葡萄牙曾向中國景德鎮購買青花瓷，17 世紀，荷蘭東印度公司透過管道，採買景德鎮的青花顏料，經由不斷的實驗，臺爾夫特陶瓷工場也發展出具有自己特色的藍白瓷，並供應歐洲市場。雖然，將中國的瓷器最先傳入歐洲的是葡萄牙人，但荷蘭東印度公司從 1602 年成立，至 17 世紀末葉，在近一個世紀之間，約運輸了 2 千萬件中國瓷器至歐洲，從青花瓷到粉彩都包含在內。而到 18 世紀末，由荷蘭東印度公司運銷至歐洲的中國瓷器，約有 6 千萬件左右。1983 年，在南中國海域打撈到一艘，在 17 世紀上半葉沉沒的荷蘭商船，船上所運載的貨物，均為中國明清之際的精美青花瓷，共達 2 萬 3 千件左右。

　　荷蘭人在臺期間，鼓勵中國沿海地區的漢人移入臺灣。雖然，在荷蘭人佔領臺灣之前，已有少數漢人在臺灣活動，但尚未形成大規模的移民。荷蘭東印度公司的船隻，載送許多漢人來臺，提供土地與生產工具，並負責驅逐海盜，保障漢人來臺開墾的安全，而漢人則協助荷蘭人在各方面一起管理開發臺灣。1630 年代以後，漢人也從事農業開墾活動，特別是開發蔗田，蔗糖成為臺灣一項重要的輸出商品。早在荷蘭治理臺灣之前，漢人就曾向原住民收購鹿皮，並販至日本獲利。後來荷蘭人見機，遂鼓勵漢人獵鹿，漢人所獵取的鹿皮，由東印度公司收購，並獲取利益。漢人不論從事農業或是獵鹿，均需向荷蘭人繳稅。荷蘭人在臺灣的殖民，原本是以獲得經濟利益為主，在早期並沒有企圖傳教或從事教育工作。早年隨荷蘭船隻來到臺灣的牧師，主要也只是為荷蘭籍的船員和行政人員服務，對原住民的傳教與教育工作則是在後來才逐漸開展。

與日本之來往

　　1549 年，耶穌會教士聖方濟・沙勿略在麻六甲 (Malacca) 搭乘了一艘中國海盜船，在海上經過風浪顛簸之旅，抵達九州鹿兒島 (Kagoshima)，開啟了天主教在日本的傳教工作，有不少日本人皈依為天

主教徒。但也因天主教義與日本傳統信仰的牴觸，豐臣秀吉等人，遂在之後反對天主教的傳教工作。在江戶時代，德川家康發布諭令，日本人必須放棄天主教信仰，並拆毀教堂。1623 年，至德川家光時期，幕府與天主教之間的衝突加劇，並導致了 1637 年所謂的「島原之戰」，兩年之後，幕府將葡萄牙人驅逐，並禁令葡國商船停泊長崎 (Nagasaki)，下令禁止日本對外貿易。

早在 1600 年，荷蘭一艘名為「愛」(de Liefde) 的船隻，由桂可納克爾 (Jacob Janszoon van Quaeckernack) 領航，行駛至九州，開啟了日本與荷蘭之間的來往。1612 年，荷蘭商船「紅獅箭矢」號 (Roode Leeuw met Pijlen)，載滿各式香料抵達日本交易。1634 年以後，幕府下令禁止日本人民從事海上活動，但該政策卻促使了荷方對日本的貿易。荷蘭在日本可以取得漆器、瓷器、絲綢和銅等。之後，日本政府驅逐外國勢力，但荷蘭卻未包括在內。長崎灣附近的出島 (Deshima)，是 1634 年由德川家光頒令修築的人工島，荷蘭人遂於 1636 年，在此建立了一個商業據點。原則上，荷蘭人不可任意從出島進入日本國內。但是，出島還是日本實行鎖國政策之後，唯一對外開放之據點。荷蘭輸入日本的貨物，主要是生絲，以及咖啡與啤酒等商品。日本輸出的則是白銀、銅與瓷器等。

由於德川幕府對外實行鎖國政策，時至 1850 年代，日本與西方文化的接觸，僅開放予荷蘭商人及科學家。所以，一些荷蘭科學家，如馮賽波德 (Philipp F. von Siebold) 和提幸 (Isaac Titsingh) 等，受到特別禮遇，他們曾受邀至江戶幕府之宮府。這些荷蘭人，後來都成為了研究日本的專家。馮賽波德居住於日本的時期，除了廣泛地研究了日本的人文社會，還對日本的植物和動物做了研究。之後，出版了《日本》、《日本的動物》及《日本的植物》等書。

第五節　西印度公司與其海外擴張

西印度公司──WIC (West Indische Compagnie, West India Company)──成立於 1621 年，西印度一詞的出現，其原由一般來說，是因 1492 年，哥倫布 (Christopher Columbus) 抵達加勒比海 (Caribbean Sea) 一帶之際，錯將加勒比海諸島當做印度，直至達伽瑪 (Vasco da Gama) 到達了今天的印度時，才確認了哥倫布的誤解。不過，歐洲人依然循著傳統，以哥倫布的地理認知，將加勒比海諸島習慣稱作西印度，也因此，將印度及其以東的亞洲地區稱作東印度。

西印度公司的組成性質類似東印度公司，也是一個具有特許狀的公司，由 19 人組成之理事會來管理。西印度公司設立的原始目的，是為應對在 1621 年，與西班牙的《十二年休戰協定》終止後的戰事再起而設置。其橫越大西洋主要是為了私掠西班牙船隻，打擊西班牙的海外貿易，削弱西班牙在美洲的根基。此外，西印度公司也對貿易走私十分感興趣，類似海盜的私掠行為，在 17 世紀的荷蘭，受到政府的允許。由於私掠船直屬海軍，因此，也受其軍部法律管制。私掠之所得，必須與政府分利。通常，法律規定不能隨意攻擊無辜的中立國船隻。換言之，只能在戰爭時期方可對敵國進行私掠行為。不過，當海盜的行為過度擴張時，私掠船也因貪圖利益，開始攻擊無辜。西印度公司也常為了自身的利益來掩護海盜與私掠行為，私掠為荷蘭在軍事與經濟上均帶來相當的利益。後來這些海上掠奪者，不但在西班牙所屬的美洲殖民地掠奪，並開始擴向印度洋與南中國海一帶進行騷擾。在加勒比海地區，因荷蘭與英國、西班牙之間的複雜政治因素，海盜更為猖獗，所以，各國之間須訂立法律條約，限制彼此的私掠行為。

荷蘭私掠者的形象，有時會被歌頌為一種類似荷蘭的海上英雄角色。

在通俗的歷史小冊子、民間流行之詩歌，以及一些繪畫中，經常出現他們的冒險英勇形象。例如德雷特 (Michiel de Ruyter) 上將就是一個具有傳奇性的海上英雄。德雷特原本為一艘私掠船的船長，由於他的不凡能力，在第一次英荷戰爭時，他在澤蘭省被任命為海上將領。第二次英荷戰爭時，在當時的大法議長德維特的委派下，德雷特率領荷蘭軍艦長驅英國泰晤士河，並於查沙姆 (Chatham) 附近擊敗多艘英國船艦，於是成為了荷蘭的民族英雄。德雷特死後，葬於阿姆斯特丹的新教堂內。

奧登巴納維特在 1619 年去世前對規劃西印度公司之事，並未大力支持，其原因即因西印度公司以貿易公司之名，實則常行海盜之實。這種行為，與奧登巴納維特希望與西班牙維持和平關係的理念嚴重衝突。但執政官墨利斯卻支持西印度公司。西印度公司希望從削弱西班牙的經濟來強化荷蘭對西班牙戰爭的財務來源。西印度公司多在美洲和西非進行貿易和殖民。

在美洲，西印度公司於 1624 年，建立了新尼德蘭 (New Netherland) 殖民地，此乃因 1623 年，西印度公司的北美殖民地總督，從印地安人手中，以極低廉的價格買下曼哈頓島 (Manhattan)。此舉對於西印度公司貿易的擴張具有一定意義。在第二次英荷戰爭結束後，被荷蘭人稱為新阿姆斯特丹 (New Amsterdam) 的紐約，割讓予英國。英國國王，將新尼德蘭贈予其兄弟約克 (York) 公爵，該地遂易名為新約克 (New York)，即紐約。發現紐約是個意外，1609 年，英人哈德森 (Henry Hudson) 時任職於荷蘭東印度公司，奉命找尋前往東印度群島的捷徑。但哈德森東行的航線受冰雪阻礙，故決定往西另尋航線，即西北航道 (Northwest Passage)，不料此舉卻使他在途中意外發現了紐約。西印度公司由北美獲得的利益常以皮毛為主，但荷蘭人也僅能從搶劫西班牙的寶藏船來獲取這種利益。如西印度公司的私掠船，在 1628 年，就擄獲一艘，裝滿白銀等寶藏的西班牙寶藏船。

從 1624～1654 年間，巴西的部分地區被荷蘭佔領。1638 年，葡萄牙又被迫將今天西非的迦納 (Ghana) 割讓給荷蘭西印度公司。1655 年，荷蘭共和國掌控「野性海岸」(Wild Coast)，包括今天蘇利南 (Surinam)、圭亞那 (Guyana)、伯比斯 (Berbice)，以及安地列斯群島 (Antilles)、聖馬汀 (St. Martin) 等地，荷蘭遂成為大西洋地區的強勢殖民勢力，並成為奴隸貿易大國。

西印度公司從 1621 年開始奴隸貿易。荷蘭人運送黑奴至美洲，以提供其在美洲根據地的勞動力來源。由於葡萄牙先在巴西開創了大型的種植園，並開始運用非洲奴隸作為種植園之主要勞動力。這種使用非洲黑奴的先例，之後遂被歐洲各殖民勢力所仿效。從 17 世紀上半葉至 19 世紀中期，約 2 百年的時間裡，歐洲人從非洲動員了約 1 千 2 百萬名奴隸，而荷蘭船隻就運輸了近 60 萬名的奴隸。1730 年，西印度公司壟斷了黑奴貿易，奴隸貿易也由創立於 1720 年的荷蘭米德堡商業公司積極參與。在 1770 年代，荷蘭的奴隸貿易達到頂峰，成為歐洲最大的運奴公司之一。奴隸們世代為奴，在荷蘭的大型殖民種植園，種植蔗糖、咖啡、可可、菸草以及棉花等經濟作物。當時不乏有奴隸集體逃亡的情形，特別是在蘇利南較多。最大的一次奴隸暴動，發生於 1795 年的安地列斯群島中的庫拉索 (Curacao) 島。直至 1814 年，荷蘭的奴隸貿易才被禁止。包括荷蘭人在內的歐洲強權，經常使用布匹、金屬、武器等貨品在西非換取奴隸，然後再將奴隸運送至西印度群島與美洲的種植園工作。

西印度公司重視短期營利，但是，由於荷蘭的鯡魚醃製業需要大量的鹽，故西印度地區的鹽田，尤其是委內瑞拉 (Venezuela) 沿海的巨大廉價鹽田，吸引著荷蘭。這也是導向西印度公司在南美發展的重要原因之一。荷蘭從英國得到了南美洲的蘇利南，而早在 1630 年代，荷蘭就佔領了加勒比海部分諸島，並將這些地區當作荷蘭的貿易補給站。荷屬安地列斯，包含 6 個加勒比海島嶼，阿魯巴 (Aruba)、博奈爾 (Bonaire)、庫拉

索屬於靠近南美洲北部海岸的群島，另外 3 個小島嶼為聖馬汀、聖尤斯特斯 (St. Eustatius) 及薩巴 (Saba)，較靠近波多黎各 (Puerto Rico)。阿魯巴是加勒比海海盜的出沒基地，博奈爾是一個由奴隸工作的種植園，庫拉索則是一個奴隸站。聖馬汀有廣大的鹽場，聖尤斯特斯為種植菸草的基地，薩巴島則生產棉花、甘蔗與咖啡。在 1648 年的《西發利亞條約》後，聖馬汀及薩巴等地被重新分配給荷蘭、西班牙與法國。聖尤斯特斯在第四次英荷戰爭中又被英國佔領。

西班牙人最早在巴西經營，後來於 1500 年，由葡萄牙獲得該地區。1580 年，西班牙兼併葡萄牙以後，荷蘭與西班牙作戰，荷蘭將原葡萄牙所屬之地，視為可以奪取的目標。1640 年，葡萄牙脫離西班牙獨立，曾試著將原來荷蘭手下的巴西殖民地奪回，但未果。西印度公司繼續經營巴西，在 1654 年，葡萄牙得到荷蘭在勒希非 (Recife) 的堡壘，並於 7 年之後，荷蘭以 8 百萬荷盾，將巴西的經營權全賣給了葡萄牙。

西印度公司的經營並未像東印度公司那樣顯赫，由於西印度公司成立的初衷，是為了打擊西班牙在美洲的利益資源，故在戰爭策略和商業利益之間，也會出現優先排序的考量與矛盾。1792 年，西印度公司負債累累，於茲，被聯省議會收回。

第六節　國內的土地開發與城鎮規劃

17 世紀，荷蘭世界性經濟商貿的發展，也激發了人民對共和國境內土地開發的投資。俗話說「荷蘭人與海爭地」，荷蘭北方許多沿海城市，都是由填海而成的海埔新生地開發而成。荷蘭人民，必須發展良好的排水系統，來對付滔滔大水的不時氾濫。17 世紀上半葉，就有 48 個湖泊被開發為海埔新生地，總面積達 2 萬 7 千公頃。其中最著名的為賓斯特海埔新生地 (Droogmakerij de Beemster, Beemster Polder)，該地原為一個

大湖，在中世紀開始，就以人力慢慢進行排水，進行小規模地開發。1607 年，阿姆斯特丹的商人，在行政人員的鼓勵支持下，決定大量投資，填湖築堤，並沿著堤防建立運河系統，這項工程於 1612 年完成。當時許多風車，提供了排水的能源動力。賓斯特海埔新生地，今天已經被聯合國世界遺產組織，設定為文化保護的對象。這項工程也包含了城鎮空間的改變與管理，使得北荷蘭省產生了空間性的顯著變化，這是荷蘭依靠經濟發展以及人的意志改變自然地貌的典型。而這種填湖築堤的典型，也進而成為荷蘭文化的一部分。這個原來在阿姆斯特丹北方，擁擠凌亂的中世紀式狹窄地區，被改造成一個新式的城市空間。林賀瓦特 (Jan Adriaenszoon Leeghwater) 負責整體設計，他稱賓斯特海埔新生地為「荷蘭北方的偉大花園」，富商們在這樣的海埔新生地附近建立起個人別墅。

　　荷蘭的運河圈，自 16 世紀後葉以後，是荷蘭都市發展中非常重要的一部分。由於荷蘭有三分之一以上的人口居住在城鎮，再加上人口增長快速，一些城鎮如阿姆斯特丹、萊登以及于特列赫特等地，開始大量流入新移民，造成了城市的擁擠，空間與房屋都呈現短缺狀態，而上述情況更加強了城市重新規劃的迫切性。特別是在擁擠的阿姆斯特丹，擴展城市成為市政府當局的當務之急。以阿姆斯特丹為例，原本早期運河畔的凌亂地區，充斥著破舊的房屋、菜圃以及豢養畜牲的欄舍，於茲，該市計畫開發運河圈。

　　在 1615 年，也開鑿了 3 條新運河。在王子運河 (Prinsengracht) 外緣，是屬於工業區，區內遍布印刷廠、玻璃製造工廠、陶瓷工廠，以及製繩工廠等。王子運河周圍，也居住了一些新興的中產階級與技術工人，後來該地易名為約旦區 (Jordan district)。原來的紳士運河 (Herengracht) 被拓寬，並在周邊另外挖掘另一條運河，稱為國王運河 (Keizersgracht)。阿姆斯特丹一些新開鑿的運河，似乎是為了富裕的商人而建，因為，這

圖 17：山形牆式的荷蘭建築造型　運河畔的山形牆建
築在荷蘭處處可見。

些運河的名稱還頗具富貴氣息。沿著運河設計的房屋，兼具實用與美學
的風格。山形牆 (gable) 的裝飾建築設計，有梯形、鐘形等形式。阿姆斯
特丹房屋特色為正面狹窄，但房屋格局深長，房屋後部都附帶大片綠地
當作花園使用，並禁止噪音的製造與異味流竄。阿姆斯特丹的城市設計，
是 17 世紀經商致富的市民所規劃。城市中沒有大型廣場、巍峨的宮殿以
及設計華麗的建築與美輪美奐的公園，但卻有其實用、美觀、整齊乾淨
的居住區。

第七節　荷蘭經濟的停滯

荷蘭國內的經濟、物資需求減退，國外的市場失去競爭力，是荷蘭
工商業停滯的主要原因之一。17 世紀中葉，在國際貿易方面，其他歐洲
各國的保護貿易政策成為潮流，對荷蘭這樣一個主要依賴進出口的產業
國造成了損害。如前所述，1672 年，是荷蘭史上的災難之年，連連戰
事，對荷蘭經濟的進展的確造成一些挫折。但相較於其他歐洲各國，其

實也沒有特別明顯的經濟衰退情形，只是，荷蘭的經濟在此時期，卻沒有快速的成長發展。荷蘭的經濟在 17 世紀末、18 世紀走向停滯衰退也並非突然發生。相對於荷蘭，英國、法國等地區，卻在 18 世紀有效地阻斷了以往荷蘭商業獨霸的局面，而荷蘭人的貿易態度，則逐漸走向保守。

　　荷蘭的國際貿易，明顯出現衰退現象是在 18 世紀晚期。當時的紡織業與造船業的工人工資提高不少，致使荷蘭人對自己國內的投資意願減低，而失業率也跟著攀升，於是很多工業不振，社會上也出現了貧富不均的情況。社會上的權力集中於少數的攝政家族，荷蘭許多地區，從高階到低階的行政職位，也都被這些攝政家族所掌控。攝政家族的成員，也彼此承諾不提拔圈外人，這種重親主義導致了賄賂現象。一些受過教育的知識分子與中產階級，對於這種情況感到相當不滿。重要的都市，保守的攝政者，沒有太多興趣參與國際商貿事務，他們把金錢放在銀行賺取利息，這種情形，也導致了聯省共和國逐漸失去了國際商業舞臺。

　　大約自 1672～1715 年間，是荷蘭經濟發展逐漸停滯的時期，也是荷蘭 17 世紀黃金時代的落幕。城市的商業發展，曾為啟動共和國經濟的起點與據點，但在 17 世紀末葉，只有阿姆斯特丹這個城市仍然在繁榮擴張。農業蕭條則發生得更早一些，在 17 世紀中期以後，歐洲市場的農產品價格普遍下降，歐洲各國開始保護自己國家的農產品，實行貿易保護政策，如英國在 1651 年針對荷蘭而訂立的《航海法案》就是例子。荷蘭進口商品關稅較低，特別是荷蘭省的商人，他們負擔共和國較多的資金，所以普遍不喜貿易限制及貿易保護措施。荷蘭省的商人，將自己的利益視為整個共和國的利益，認為高關稅會破壞經濟發展。但在國際上，貿易保護措施已成潮流，對荷蘭的出口業有所損害。英法等國對荷蘭商品實施高關稅制，並將其商品排除在歐洲及海外殖民地市場之外，這些情形，也削弱了荷蘭的經濟競爭力。

　　萊登的紡織業在 1670 年以後，開始沒落。17 世紀中葉，是萊登的

紡織業發展高峰時期，但在 18 世紀初期，其紡織品產量銳減了三分之
二。哈倫的漂染業和亞麻紡織業，在此時期也大幅蕭條。造船業以及陶
瓷業也呈現了衰退的狀況。陶瓷器的生產工場，在 17 世紀中期有 30 多
家，但至 18 世紀中期，只剩下 10 家。此外，在贊丹 (Zaandam) 的造船
廠與鋸木廠的發展也大幅滑落，產量至少頓減一半以上。其他如菸草加
工、菸斗製品以及煉糖業，也都處於萎縮狀態。不過，屬於奢侈品類的
地毯業及造紙業卻是一個例外，仍然發展良好。荷蘭這種不景氣，也牽
連到繪畫市場。1672 年以後，荷蘭市場的畫作滯銷，連畫作也乏人問
津。在 18 世紀中期，經濟的蕭條情況比較明顯，然而，這種情況對富人
而言影響則不大，可是中底階層人民的日常生活則受到了相當大的影響。
至於貧民，則更加的需要依靠社會救濟，但是貧窮救濟機構本身也面臨
了經費不足之問題，於茲，逼使教會慈善事業，如一些沒有被公開承認
具有合法性的天主教、路德派等教會慈善事業，也只能照顧到屬於自己
教派的貧窮信徒了。

再者，荷蘭由於從 1672～1713 年間連續的投入對英、法的戰爭，耗
資龐大，荷蘭累積了大筆的戰爭債務。這些債務必須以徵收銷售稅作為
補償，於茲，便削弱了大眾的消費力。1780 年以後，出現的一些改革運
動，部分原因也是因為荷蘭經濟下滑，繁榮不再的結果。

荷蘭在運輸業上，其龍頭地位不但已讓位給英國，斯堪的那維亞地
區的海運業，也超越了荷蘭，尤其是瑞典。在 17 世紀末，瑞典運載了由
桑德海峽至波羅的海 70% 以上的貨物。從波羅的海出口的大宗穀物，曾
經為荷蘭獨霸的運輸事業，但是逐漸被瑞典航運業取代了大部分。

第七章
荷蘭共和國的社會與宗教

第一節　投資和投機:「尷尬的富裕」

　　從 17 世紀荷蘭人的日常生活中,可見其人民所持有的生活價值觀。在以喀爾文教徒佔多數的荷蘭大城鎮中,因經濟商貿繁榮,而致富的基督徒們,是否已被其所擁有的財富而影響到原本素樸之生活方式?在虔誠、規律且嚴謹的新教倫理與世俗的商業行為之間,究竟產生出何等的張力?在學術界中,探討宗教與資本主義二者間的關係,並歸結出資本主義精神發展之淵源的相關專著中,以德國社會學家韋伯 (Max Weber) 所著之《新教倫理與資本主義》一書最為經典。

　　韋伯認為,喀爾文教義中的「預定論」(predestination) 和其勤勞工作的生活倫理間之張力,構成了近代資本主義的精神。天主教徒認為教徒的善行與虔誠信仰,或可以使人類有得到救贖的機會。但喀爾文的「預定論」,則認為人的得救與否,是上帝早就預定了的恩寵,究竟誰是上帝的選民,人們無法知悉。但可以確定的是,人之所以會行善,在於上帝選擇了他,上帝應許人有能力行善。喀爾文及路德派新教徒將《聖經》中上帝對人的「召喚」(calling),解釋為「在塵世之工作」,因此,新教徒們重視現世工作。喀爾文教徒們,在不知自己是否為上帝選民的情況下,至少要先做好應該是成為選民的外在行為,讓自己相信本身就是選民,並從中得到安心。換言之,人能否得救,進入永生,此事早已經註定,得到救贖與否,不是因為做善事的多寡,或者信仰有多虔誠,就可

以得到恩寵。相對的，人之所以實踐善行，是因為上帝揀選了他，人的善行是選民的標誌，是註定得救的結果，而不是原因。在不確定是否為選民的狀態下，喀爾文教徒必須努力工作、成就事業、行善，來證明自己是預定的得救者。

在傳統的宗教倫理中，追求過度的商業利益被視為對虔誠信仰的阻礙，但這樣的觀念，在新教倫理中已不存在。喀爾文教徒，勤奮努力工作所賺得的金錢，基於宗教生活倫理，不能隨意揮霍浪費，所以，剩餘的利潤容易累積成更多的儲蓄與資本，有了儲蓄卻不能任意花費，就較容易轉為再投資商業買賣的資本。所謂「撒旦只在懶人的身上」，勤勞工作的人、努力生產的人，才是接近上帝者。這種賺了錢不能隨意花費，累積資本後不斷投資於企業的精神，被韋伯視為是新教主義和資本主義之間的一種「親近性」(elective affinity)。

努力工作並不為享樂，而是為了榮耀上帝；有了錢不任意浪費，轉成投資的資金。有了錢也更可以去濟貧做善行，在 17 世紀，荷蘭市民普遍樂於濟弱扶貧，或許也和喀爾文主義有關。與歐洲其他地區相較，荷蘭共和國的慈善事業確實更為彰顯。但另一方面，也因為如此，不僅歐洲地區受到宗教迫害的人民大量移入荷蘭，更有很多希望得到慈善機構幫忙的流民聚集於此。

根據史家西蒙‧夏瑪在《富人的尷尬——黃金時期的荷蘭文化解釋》一書中的看法，許多荷蘭人在當時，已經有錢有到不好意思的地步。換言之，富裕的物質生活帶給這些喀爾文教徒的是一種心理上，必須同時面對精神和物質文化時，不知所措的「尷尬」。人性對物慾之貪婪和慈善捐款的合理化處理態度，或許可從荷蘭人當時熱衷於購買公益彩券一事中看出。例如於 1606 年，在哈倫市，為了建造一所收容貧苦老人而蓋的收養院所發行的公益彩券，造成了一股搶購熱潮。在荷蘭購買彩券之收入，都由其省議會和教會出面擔保，必須用於公益事業上。彩券提供的

獎品通常非常豐盛，往往包括了整套的銀製餐具、銀製燭臺、和各式金銀首飾，且附加現金，於茲，購買彩券者趨之若鶩。不論商賈、畫家、手工藝匠或者農夫的搶購行為遍見於社會各個階層。到底購買彩券是為了公益還是耀眼的獎品？反省自問，或許也是一種窘態下的尷尬。

當時的一位牧師西蒙德 (J. Simendes) 就曾批評荷蘭人的行為。他認為，荷蘭人只有在教堂的大門內，才保有一些對上帝的虔敬之心，不過只要一出教堂門口，就將神的聖言忘得一乾二淨。平時也不虔誠祈禱，卻將時間用來計算利息；連在主日都寧願思考自己的錢財，卻不反省自己的罪惡。一些基督教人文主義者，也寫詩著文來諷喻荷蘭人已改信「金錢教」。雖然教徒們還是堅信，以正當手段得來的財富是理所當然。不過，投資和投機之間的拿捏分寸何在，就只能靠自己的判斷，訂出個人的標準了。

1609 年，在阿姆斯特丹，歐洲第一個室內股票交易所正式誕生，它不再僅是露天市場式的吵雜交易場所。在這間美輪美奐的交易廳內，有著專業的股票經紀人，替投資者選股、做出理財規劃。其中大股東多半是富商，而小股東多半是小商人及一般的手工藝匠等，他們早就知道從股票價格波動上的多變性，來賺取短期的利潤。

17 世紀，荷蘭人最熱門的投資貨品之一是鬱金香。花卉的原產地來自中亞、土耳其，約在 1570 年時傳到荷蘭。因為鬱金香耐寒又較容易栽培，花色鮮豔美麗，隨著配種改良使得花色變幻無窮，很快就成為歐洲人最喜愛的花類，人們尤其是以擁有珍貴的品種為傲。花商們為了在花季可以有足夠的貨源，就得在鬱金香尚未盛開之前，預先向花農訂購。從下訂單到取貨之間的時間，要經過一段誰也不能確定、沒有保證的風險期，因為沒有人能夠明確預先測知花的採收量，以及開花之後的色彩和形狀。距離開花時間越長，價格越便宜，反之則上揚。因此，隨著花朵採收期的接近，獲利的機會就越大，往往訂單一轉手就可以賺到很好

圖18：品種配色的鬱金香叫價極高，有些投資者賺進大把鈔票，但也有投資失利的風險，失敗的時候，往往會傾家蕩產。

的利潤，甚至可以在 2、3 個月內飆漲到 12 倍。這種「一夜致富」的美夢，誘使許多荷蘭人投資在鬱金香尚未開花的球莖上，熱烈期待著手上的球莖能開出不尋常的花色與花香，想像著將會有大把的銀子因此而落入口袋。事實上，很多人根本沒看到花開的模樣，就將其轉手以賺取暴利了，這就像是今日的期貨買賣。喀爾文教徒的儲蓄投資美德，加上賭博般的投機慾望，兩種力量相互交錯，在花香與銅臭之間你來我往。

在戴許 (Mike Dash) 所著的《鬱金香熱》一書中有這樣的一段描寫：「1636 年，1 朵價值 3 千荷盾的鬱金香，可以交換到 8 隻肥豬、4 隻肥公牛、12 隻肥羊、24 噸小麥、48 噸裸麥、2 大桶葡萄酒、4 桶啤酒、2 噸奶油、1 千磅乳酪、1 個銀製杯子、1 包衣服、1 張附有床墊的床、外加 1 艘船」。

當時沉醉在鬱金香發財夢的人儘管很多，但是也有一些抱持著「眾人皆醉，我獨醒」的聲音。1637 年的報紙就刊載了多幅諷刺畫，調侃這群趕流行的投機者，其中最著名的是「愚人的花車」(Floraes Mallewage) 及「瘋人帽之花」(Floraes Geks-kap)。其實，荷蘭人自己也愛看這類諷刺畫，就像是旁觀自己與別人的瘋狂。然而，大多數人還是寧可繼續尷尬地在投資和投機之間，找尋恰當的合理性來平衡自身的心態。

17 世紀，居住在城市中的富裕荷蘭人，其住屋之外觀看來或許沒那麼金碧輝煌，但頗典雅。屋內的裝飾擺設卻極為富麗。以居住在紳士運河區的啤酒釀造巨賈，威廉范登修弗〔Willem van den Heuvel，他的義大

圖19：荷蘭人在17世紀的投資或投機行為引來一些衛道人士之諷刺　在這幅畫中，人們崇拜的「金錢女王」之座車由「危險」和「恐懼」駕著，她的護衛正在搶劫，身後的「愚人們」也正在她的披風下忙著尋找金錢。

利名字稱巴羅第 (Guillelmo Bartolotti)〕為例，在由名建築師凱瑟 (Hendrick de Keyser) 為他設計的豪宅裡，於寬敞氣派之大客廳中，牆壁上懸掛著一張巨幅的鑲邊東印度群島地圖作為裝飾。以地圖作為居家裝飾，在17世紀的荷蘭，是代表社會地位與知性品味的呈現。何況威廉范登修弗也是東印度公司的股東。在他的會客室和其他房間裡，也掛滿了大大小小的各式畫作，就連傭人房的牆上都布置了一些畫。在其家中的私人音樂演奏廳裡，擺了一架雅致的大鍵琴、並懸掛著明亮的大鏡子、用高級胡桃木製成的整套豪華傢俱，非常氣派。屋內的土耳其地毯和法蘭德斯生產之名貴掛毯，價值9百荷蘭盾。這樣的價格，在當時可以買到一棟中型房子。裁縫師胡文 (Hoeven) 的家中，在他的每個廳堂裡，都各裝飾著5幅畫作，並有來自臺爾夫特的瓷器花瓶和瓷磚作為擺設。胡文擁有個人專用的紡織機、兩張大床、以及橡木製成的桌子、椅子、和

衣櫃，還有兩個鏡子。要知道，鏡子是當時的流行奢侈品，但以胡文的收入來說，在城裡也只能說是一個小康家庭，而這樣的住家條件和其他歐洲地區相比，已經算得上是相當舒適了。

另外，於 17、18 世紀，在于特列赫特的弗赫特 (Vecht) 運河邊，也築起了豪華的住屋及別墅。這顯示了一些富裕人家，不再希望住在城市的喧囂中，但追求具有庭院、花園的豪宅。這批有錢有勢並在社會上有聲望的阿姆斯特丹人，喜愛享受大自然的田野樂趣，也會邀請一些文學、藝術界的人士，至他們的華宅共度文雅閒暇時光。花園住宅在設計風格上，結合了法國式的巴洛克古典風格以及荷蘭式的山形建築美學，一棟棟的華宅，沿著運河邊陸續建成，並相互比賽品味。

一般來說，荷蘭人對自己所處的社會相當滿意。詩人康士坦丁・惠更斯 (Constantijn Huygens) 曾有詩作描繪阿姆斯特丹的物質生活：「阿姆斯特丹有著世界上所有的東西，不只是法國和西班牙的酒，連所有在印度的東西，都可以在這裡找到並擁有它。古代的應許之地流著奶和蜜，那麼應許之地就是荷蘭。因為在阿姆斯特丹，正是流著源源不絕的奶和起士」。不過，荷蘭共和國的富裕，以及荷蘭人的自我肯定，卻常招致外國人的冷嘲熱諷，法國人就以譏誚的口吻回敬康士坦丁・惠更斯的詩作：「阿姆斯特丹的確是所謂的『應許之地』，只不過是位於沼澤上的應許之地，流的是奶和洪水，卻看不到半滴蜜。」英國人則認為「荷蘭人狡猾如鰻魚」、「荷蘭人不明是非，卻只懂得唯利是圖」。

第二節　飲食文化

一些外國人，常懷疑荷蘭人在飲食風格上，到底是否具有屬於自己的特殊佳餚。一般來說，荷蘭人民的飲食習慣相當樸素但有著豐富的營養。不過，其他歐洲人常對荷蘭人缺乏精緻的餐飲文化而感到驚訝。另

一方面，一些外國旅客卻描述 17 世紀的荷蘭人，即使在旅途和船上也經常酗酒過度又大快朵頤。外國人不明白這些荷蘭人的菜餚，為何總是一些大雜燴，如燉肉、燉菜、以及只喜歡吃燻魚醃魚、奶油和乳酪。

　　當時，荷蘭人給人的形象頗為高大壯碩、肥胖並且動作緩慢。這種嗜吃嗜酒的習癖，與喀爾文派主張的簡樸規律生活，似乎形成一種強烈對比。17 世紀的尼德蘭地區，是否正如以上外國人所言，對於飲食拘謹節制或又過度放縱口腹享樂？相對於其他歐洲地區，當時荷蘭聯省共和國的經濟的確普遍較為發達，其收入和工資都較其他地區為高。荷蘭人的餐桌食物，事實上常出現鮮魚、肉品、雞蛋、乳酪及奶油。荷蘭人除了喜食煙燻過的魚，更好吃生鮮之魚。以中產階級為主要組成的一些城市來說，從達官顯要乃至中底階層，在早餐中都可享用新鮮麵包、乳酪、奶油和魚，飲品則常為牛奶與啤酒。荷蘭人喜愛的「大雜燴」(hutsepot)之特色為：菜餚的外觀雖然欠佳，但食材豐盛，這是一種將許多各式各樣的蔬菜、豆子、肉類以及海鮮混雜一鍋熬煮的燉菜。或許這種方式的吃法，看來表面不甚鋪張，只是糊糊一大鍋，但其實卻不失美味與營養，也不必去操心因暴飲暴食，擺盤精美而招致批評的一種折衷方式。

　　從歐洲飲食史的資料紀錄來看，在中世紀晚期，北尼德蘭人的日常食物，相對於南尼德蘭的飲食習慣顯得較為儉樸單純。勃艮第公爵們對飲食之講究、豐富和奢華，已在歐洲地區成為一個被模仿的對象，尤其是在上層社會裡。這種飲食風氣，也漸影響到一些中上層階級，特別是城鎮中之南尼德蘭人，也養成了比較講究的飲食文化。但是，北尼德蘭人，的確較少沾染這種勃艮第式的飲食方式。

　　宗教上的飲食規範，也影響了尼德蘭人們的飲食習慣。例如在 14 世紀，于特列赫特主教區於四旬封齋期 (Lent) 公布的禁食名單中，僅魚類就包含了 20 多種，鱈魚、鰈魚、鱔魚、鱒魚、鱸魚等都包含在內。這對於居住濱海地區且盛產魚類的尼德蘭人而言，不啻為一種誘惑與考驗。

封齋期的飲食限制，也包含了烹調方式。例如說，不可使用油脂烹調。基督教徒，在進入四旬封齋期之前，常舉行嘉年華會 (Carnival)。在嘉年華會當中，人們大吃大喝，這或許是對於封齋期的禁慾與禁食行為之某種程度的心理補償作用。

　　在中世紀的尼德蘭地區，商業行會時而舉辦宴會，民間則以節慶，特別是以嘉年華會的藉口暴飲暴食。在新教成立以後，人口佔多數的新教地區，虔誠的教徒們對於這種嘉年華會的飲食態度多有批評。畫家老布魯格爾及史提恩都曾作畫譏諷，戲謔封齋期與嘉年華會飲食方式的顯著對比。在老布魯格爾的畫作「嘉年華會與封齋期之間的戰爭」中，他將封齋期與嘉年華會擬人化，「嘉年華」坐在大酒桶上，手持烤肉的叉子當作他的武器，象徵「封齋期」者，則拿著一個小鍋，鍋子裡，是在封齋時期的主要食物：為懺悔、節食準備的廉價瘦鯡魚。兩者在畫中相互對抗，這幅畫顯示尼德蘭地區人在貪吃和節制之間矛盾的心理衝突。

　　史提恩有一幅名為「肥滋滋的廚房」之畫作，則畫出富裕人家大快

圖 20：老布魯格爾畫作「嘉年華會與封齋期之間的戰爭」

朵頤飲酒作樂的場景。他還另有一幅名為「瘦巴巴的廚房」的畫作，則呈現出貧困人家的廚房。在這幅畫中，多人共食一盤看來寒酸菜餚，還描繪出一個看似飢腸轆轆的人。類似上述的畫作主題，也在德坎培納爾 (Hendrick de Kempenaer) 同名的畫作「肥滋滋的廚房」中展現。這幅畫中的人們，享用著豐富的美食，食物太多以至於看來有些過度。但另外一位畫家楊茲 (Claes Jansz) 的「佳餚的恩典」中，卻描繪了一個新教徒家庭虔敬的用餐情況，食物簡單樸素，全家人正安靜地用餐，看來是一個和諧、幸福且虔誠的新教家庭。的確，17 世紀的喀爾文派人士，經常呼籲荷蘭人節制飲食，但人們如何在嗜吃、好喝，飲食過度與禁慾樸實之間做出一個較理想的協調，似乎並不是件容易的事。人文主義式的中庸之道，則主張適量的飲食即可滿足食慾又可兼顧健康，當時，具有人文主義思想的一些醫生，也強調適中的飲食習慣。

　　食物的背後常常有其特別的象徵意義以及道德意涵。例如，鯡魚和乳酪具有在階級上平等的意涵。特別是鯡魚，具有對荷蘭聯省共和國之忠誠與愛國的意義，正是鯡魚貿易開啟並奠定了共和國的經濟基礎。牡蠣則具有性慾之意涵。海外舶來品，如香氣濃郁的肉桂及其他香料則象徵著危險與虛榮。甜美的蔗糖，則象徵了魔鬼的誘惑。事實上，在人性中，狂歡縱飲與懺悔禁慾之間，最終，如何取得平衡，似乎就像老布魯格爾的「嘉年華會與封齋期之間的戰爭」中的場景，兩方難分高下。

　　由於在中世紀黑死病的猖獗，導致人口銳減，作物歉收。因此，一些供人食用的農作物也減產，只能大量種植牧草和苜蓿，但牧草的種植卻也促進了畜牧業的發展，所以，較貧苦之人民也多了一些食肉的機會。17 世紀的新教徒，特別是喀爾文教派，極力提倡節儉樸實，這種生活倫理，也造就了一種簡單素樸的烹調方式。主要的食物為穀類、根莖蔬菜、魚、乳酪，但都只是簡單燜煮、醃製或生食。在東印度公司成立以後，由於香料的輸入，香料之食用頻率漸增加，也成為荷蘭人餐盤中的奢侈

圖21: 無名氏所繪之「餐桌旁的荷蘭家庭」 此畫描繪了荷蘭17世紀中產階級家庭的用餐情景。

調味品。雖然，17世紀的荷蘭經濟富裕，但因新教思想主導大半人民生活，飲食過於繁複或暴飲貪食，成為了一種不必要的奢侈惡習。

一般荷蘭人，在當時常用的餐點仍為麵包和醃燻冷魚。當然，隨著經濟環境的不同，餐飲的習慣也相異。城市中的有錢人，通常一日三餐，經常食用魚和肉，且有自家的廚師烹飪，也有傭人在旁伺候。在富裕的家庭中，甚至還常食用龍蝦和牡蠣以及各式糕點。在17世紀，荷蘭畫家們的靜物畫作當中，經常出現豐富的食品、菜餚、香料和食器。例如家禽、魚肉、牡蠣、龍蝦、胡椒等，畫面中也出現瓷器及銀製器皿等。一般來說，普通人家，一日兩餐，除了麵包，常食用的還是燉菜及醃燻冷魚。在17世紀中期，阿姆斯特丹出版了一本《儉樸的烹調與謹慎的管家》，深得中產階級的青睞。書中教導如何準備不同的菜餚，說明蔬菜的生食與熟食烹調方式，家禽的處理及食用方法，魚的醃燻製作過程，湯品的熬煮方法，以及餡餅糕點的烘培技術。在食譜中可以見到荷蘭人最傳統的餐點，仍然是一種類似大雜燴式的菜肉海鮮濃湯。

在17世紀末，飲用咖啡的習慣已經形成，到了18世紀初期，咖啡

已經成為廣受歡迎的時髦飲品。在一些城鎮當中，更出現了一些咖啡館。另外，茶葉也獲得中上階級的青睞。不過由於價格尚屬昂貴，中底層階級的飲茶風氣尚未普及。在 18 世紀時，城市的中上層階級則開始流行起法式餐點，走向較講求精緻的烹調。換言之，不論在烹飪方式和餐桌禮儀上，都走向法式飲食文化的精緻取向。貧民和富人之間，在飲食文化上的差距也逐漸擴大，直至馬鈴薯傳入歐洲與普遍化之後，它才逐漸成為一般人民的主食之一。

第三節　家庭生活

17 世紀荷蘭的城市社會，是廣義上的中產階級 (brede middenstand) 組成的社會。中產階級是屬於城市人口結構中廣大而穩固的市民階級。這些中產階級的家庭，頗重視家庭生活的品質，他們希望家庭生活兼具舒適與隱私。這樣的家庭型態是由夫妻與子女組成的小家庭，荷蘭的畫作中，也常反映當時荷蘭小家庭的生活映象。荷蘭的中產階級，除了重視兒童的安全，也特別關心兒童的教養。儘管 17 世紀的荷蘭人忙於賺錢，但他們對於家庭的重視，卻也是有目共睹。在荷蘭，許多人認為「家庭是共和國的根源」。

如前所述，在 17 世紀的荷蘭城市中，其家庭模式已經發展成現代式的小型核心家庭，僅由父母和孩子組成，所以家庭生態並不複雜。教會認為，人格培育最重要的地方就是家庭，教會也將家庭視為重要的，實行社會秩序的首要場所。家庭的和諧與否，被視為荷蘭共和國興盛的支柱。換言之，基督教的美德首先需要在家庭中得到發展。男人除了養家之外，也要負起家庭成員教育之責任，女人的職責則是整理家務、維持家庭和諧及養育小孩。女孩自幼被教育成端莊、有耐心、個性祥和、以後體貼丈夫、愛家、愛乾淨的好妻子，男孩則被教導成將來要負起照顧

整個家庭之責，更要做個忠實的好丈夫。兒童在家中備受寵愛，社會上嚴禁虐待小孩。傷害或殺害兒童的行為，都會被判重刑甚至死刑。在很多的荷蘭畫作中，都可以看到孩子們在家庭中所佔的中心地位，以及存在於親子關係間和樂安詳的氣氛。史家赫津哈就認為，在荷蘭人的文化中，雖然缺少一種英雄崇拜主義，但卻更重視一般家庭生活及社會和諧。

作家凱茨寫過《婚姻》一書，在 1625 年出版，此書立即成為當代中產階級家庭的常備手冊。他認為一個女性在年輕時，就應養成端莊嫻靜的儀態與心境，並耐心地等待上帝賜給她理想的配偶，其配偶必須得到女方長輩的同意及自身對他的意願。凱茨不鼓勵具有強制性的安排婚姻，因為他主張愛情是出於心靈的自由。男女雙方在婚姻中均須具備基本德行，例如女性應體貼丈夫，而引領妻子是丈夫的責任。妻子須管理家務和廚房事務，如擬訂菜單，囑咐女僕行事，並親自撫育兒女至少到 7 歲，不只是將相關家務事交給女僕去執行而已。

第四節　貧窮問題與濟貧活動

17 世紀之荷蘭社會雖然富裕，但窮人也仍然不少，貧窮是社會問題之一。貧民或許是一個社會中的受害者，例如受到工廠資方壓榨或是因工作而受傷。在淪為乞丐的人當中，有很多是失業的工人，也有一些是戰爭中受傷的退役軍人及戰爭難民。窮人家的孩童常到紡織工廠做工，不但工作時間長，工資所得也低。阿姆斯特丹的市政府，就曾禁止孩童到各處及漁市運送漁貨。也有一些年輕婦女因生活貧困，淪為娼妓。娼妓主要與外來船員、水手及商人從事性交易。

貧窮也可能導致犯罪行為，有時會致使貧者產生偷竊行為，甚至會出現單獨或結夥搶劫的情形。時而因農作物之歉收，紡織工廠之破產，農夫與無技術的工人就可能淪為乞丐。不過，相較於歐洲其他地區，據

當時在荷蘭之旅行者的觀察，乞丐和流浪漢在荷蘭相對較少。

　　對荷蘭教會來說，乞丐和流浪漢的問題是社會上不可容忍的現象。荷蘭人對利潤的追求，促進個人主義的發展，在喀爾文主義的世界中，貧窮可能成為一種罪惡，這是不同於早期天主教對貧窮的概念，常將貧窮視為一種美德。

　　喀爾文教派人士認為，健康與心智正常的人，至少都應具備賺取溫飽的能力。富人應救濟年邁的貧困老人及身心殘障者。宗教或非宗教的公益慈善組織，必須有負起對弱勢人士伸出援手的責任。但社會中的乞討行為，在喀爾文教會看來是一種軟弱與罪惡。雖然，教會規定不可隨意在路邊施捨給乞丐，施捨須經由慈善機構統一處理，但教會的大門口，卻永遠聚集著最多的乞討者和流浪漢。

　　整體而言，17 世紀的荷蘭共和國，貧富參半，許多人的薪水仍然不敷生活基本開銷。如遇天災，容易發生饑荒，乞討行為便增加不少。不過，當時大規模的饑荒，在荷蘭歷史上並無什麼詳細紀錄，頂多是有關食物短缺或因食物短少所造成的營養不良與疾病之相關紀事。營養不良是底層人民經常性的遭遇。貧民除了會尋求教會的幫助與社會救濟，也有人常至當舖典當東西，因此荷蘭在每個城市中幾乎都有一個合法且具專業人士經營的當舖。對於貧民的救濟，荷蘭政府希望由專業的慈善機構和教會來集中管理。於茲，基本上，個別的乞討行為是被禁止的。荷蘭政府希望做到，貧民不只是接受金錢上的救濟，也必須能夠漸漸培養出一種遠離貧窮的價值觀，以免造成社會的紛亂不安。在荷蘭史上，由於貧窮而產生的動亂少見，此乃荷蘭政府與教會欲解決荷蘭貧窮問題的根本，而非僅為杯水車薪的救濟。

第五節　宗教寬容與宗教生活

　　與歐洲其他各國相較，長久以來，國際上都公認在 17 世紀，荷蘭共和國的宗教政策最具寬容性。在 1579 年所訂定的〈于特列赫特聯盟宣言〉中，其第十三條文件表示：不會有人將因為宗教信仰而遭受逮捕或迫害。這份聲明，雖然並不能與現代法律概念下保障的個人信仰自由同等視之，但是，仍然吸引了歐洲各地其他人的目光。例如法國新教徒，胡格諾派、在葡萄牙的猶太教徒等，都紛紛移往共和國來逃避宗教迫害。

　　所謂的「寬容」，原本意指國家當局或宗教機構和宗教權威，可以容忍另一個政治團體、宗教團體或個人擁有和當政者、公共教會所訂立的教義有所不同的理念與觀點，並反對宗教迫害。在 16 世紀末至 17 世紀，已有思想家、特別是人文主義者，提倡良心與意識的自由以及選擇宗教信仰的自由。寬容這個概念，在後來的發展，意指更廣泛的言論、集會與出版等的自由，乃至在對政治觀點和對不同種族的寬容心理。

　　荷蘭共和國自建國以來，就存在著不同的教派，宗教的多樣性，組成了不同的教會組織。除了喀爾文教派，還有羅馬天主教、路德教派、再洗禮派、以及猶太教等其他信仰組織，這構成 17 世紀，荷蘭社會需要考慮實行宗教寬容的基礎，宗教寬容形成之主要原因可分為下列幾點：第一，荷蘭共和國獨立的主要原因，有很重要的一部分就是為了脫離西班牙天主教會對新教的迫害。第二，荷蘭人並不想因為宗教上的紛爭，使得共和國陷入政治混亂和社會不安的局面。第三，既然荷蘭社會是商業為重的經濟結構，唯有保持宗教立場的中立和寬容，才能和諧的與「異教徒」們達成商業上的交易。第四，共和國的領袖們，如沉默者威廉、愛格蒙伯爵等對於宗教迫害一事都深感痛恨。因此，荷蘭的統治階層並不頑強地逼迫人民公開表態自己的信仰、甚至追隨其共和國領袖的宗教

信仰。在這一點上，比起當時，法國路易十四廢除〈南特詔書〉，主張一個國家只有一個宗教信仰的政策，荷蘭的宗教政策便明顯寬容許多。最後，在荷蘭之傳統中，蘊含著深厚的人文主義，如伊拉斯莫斯的基督教人文思想，便富有寬容自由的精神，基督教人文主義的確影響了荷蘭的宗教政策。

　　然而，喀爾文教會還是共和國建國以來最有勢力的教派，而奧倫治家族也早與喀爾文教派的利益相結合。荷蘭的正式官員幾乎都是喀爾文教徒，不然，就是要由天主教公開改宗的人士來擔任，再者，喀爾文教會的確也在監視其他教會的活動。如果從另一面來解釋，也可以說，這意味著喀爾文教會對於其他教會存在的「默許」，只要其他宗派的教徒，不特意去張揚、高調公開舉行他們的宗教活動，就不能算是違法。

　　喀爾文教派，在 17 世紀之初，內部曾發生對於教義觀點上的辯論，連帶影響到政治層面。在 16 世紀末，已經有自由派的人士對喀爾文主義的「預定論」提出不同之看法。一位阿姆斯特丹的牧師阿明尼伍斯 (Jacobus Arminius)，曾被喀爾文教會任命反駁自由派對「預定論」看法。但阿明尼伍斯，在仔細分析喀爾文教義之後，卻贊成自由派的觀點，並在得到文特伯哈爾特 (Johan Wtenbogaert) 牧師的支持下，成為萊登大學的神學教授。後來他也成為當時著名的神學家。阿明尼伍斯的神學思想，對於喀爾文教義中的「預定論」，在解釋上產生新的看法，他認為喀爾文教義中人能否得到救贖，乃均由上帝所預定的這種說法是有缺失的，並就此提出了新的詮釋。在他的看法裡，上帝的本意是讓每一個人都能認罪悔改，如此才能說明上帝已經在永恆中預見了哪些人將會悔改行善，哪些人卻永遠執迷不悟。阿明尼伍斯認為，喀爾文的預定論，應該解釋為，人是有智能且存在著自己的良心自由及自由意志。於茲，信徒可以選擇成為得救的選民，或者也可以選擇不成為上帝的選民，即選擇遠離救恩。他強調人認識真理之能力，使自己認知到本身的謬誤是非常困難

的事情。所以，人們如果能參考不同的意見，則將會有更多啟發自己的機會。當時，阿明尼伍斯的同事，神學教授格瑪伍斯 (Franciscus Gomarus)，卻以正統喀爾文教義的維護者自居，嚴厲抨擊阿明尼伍斯的說法。

支持阿明尼伍斯思想的追隨者，在他於 1609 年過世後，由曾擔任墨利斯親王的牧師及奧登巴納維特的顧問的文特伯哈爾特領導，寫下了〈抗議文〉。該文並由多位牧師連署，主張擔任政府官員者，不需要被限制在同一個宗教派別內，才能保證國內更大範圍的宗教統一，如此，才可能跨越宗教派別之對立，並達到各宗派和平共存。他希望阿明尼伍斯思想及他自身的學說得到國家的保護，並對其反對者提出抗議和諫言，於是興起了一股「抗議派」(Remonstrants) 或稱「諫義派」的神學思想勢力。另外，反對「抗議派」的一群人，則形成「反抗議派」(Counter-Remonstrants) 或稱「反諫義派」。1618～1619 年，在多德雷赫特舉行的國家宗教會議 (Synod of Dordrecht) 中，企圖解決這個宗教紛爭。但該會議卻嚴苛地指責了「抗議派」人士。

一些曾經接受「抗議派」學說洗禮並支持阿明尼伍斯的政治家，如奧登巴納維特，這位荷蘭史上最有影響力與能力的人之一，雖然，他也是一位具有喀爾文式的工作倫理，遵守嚴謹的秩序與勤奮工作的人，但他更從伊拉斯莫斯的思想中受到啟發，認為一個人不可能完全掌握知識與真理，他主張市民的信仰自由以及政府之宗教寬容，並認為人可以自己決定選擇神恩或拒絕神恩。另外，法學名家格老修斯 (Hugo de Groot, Hugo Grotius) 也因支持「抗議派」，與奧登巴納維特同時在多德雷赫特宗教會議中遭到嚴厲指責；而這兩位卻都是主張宗教寬容的人士。奧倫治家族的執政官墨利斯卻袒護「反抗議派」，並質疑奧登巴納維特的政治立場有親西班牙政權的傾向，因而宣布了他的死刑；格老修斯則被迫流亡到瑞典。「抗議派」的 2 百多位牧師職位也被剝奪，文特伯哈爾特則流

亡國外尋求庇護。

　　從這個宗教紛爭與政治事件看來，喀爾文教派，似乎不能容忍自己教會內部的教義出現不同的聲音，而政治力量也深深介入了宗教問題。在經過這個教義爭辯事件之後，在荷蘭便有一些人，特別是知識分子，不再對自己的宗教信仰公開表態。宗教迫害的例子，在荷蘭雖然非常少見，之後，也不再聽聞有類似事件影響到政治局面，但所謂的宗教寬容，即使是在 17 世紀的荷蘭，也只是有限度的寬容而已。喀爾文正統教會仍然是荷蘭的「特權教會」，天主教徒則常被視為「不能信賴的人」。這看來像是荷蘭與天主教國家如西班牙和法蘭西戰事的一種延伸。天主教徒的彌撒儀式，原則上不能在公開場合舉行，不過在靠近南方的省分，就比較沒有那麼多顧慮。再者，因為天主教徒的慈善濟貧工作對於社會有著很大的貢獻，官方也就給予比較多的「寬容」。

　　至於對待猶太教方面，荷蘭社會及官方也給予相當的容忍。不過，在 17 世紀中期以後，大量的猶太教徒從東歐一帶，特別是波蘭地區移入荷蘭，他們本身的經濟情況在開始的時候並不很好，一度增加了共和國的社會經濟負擔，導致社會上出現輕視猶太教徒的情形。相對的，來自西班牙、葡萄牙地區的猶太教徒，則因為經濟背景較為富裕，所以並未受到特別的歧視。

　　綜合以上的分析，我們可以發現，荷蘭人所秉持的宗教寬容原則，似乎在遇到政治危機、或社會問題時，就會顯得較為嚴苛而較少具有寬容性。因此，我們可以說，在某種程度上，荷蘭共和國的宗教寬容頗具功利性。荷蘭的宗教寬容並不算完整，但相較於其他歐洲地區，荷蘭聯省共和國仍然對很多事務容忍且自由開放，於茲，荷蘭還是成為當時歐洲受政治和宗教迫害者的避難所。

　　嚴格來說，荷蘭規定非喀爾文教徒不能擔任正式公職的這種規定，從來也沒有被嚴厲遵守，在某些靠南方的省分，依然有天主教徒擔任法

官及市政府職員等公職。荷蘭的宗教寬容政策，是在建國之初就表明了的態度。思想家笛卡兒 (René Descartes) 和洛克 (John Locke)，也因仰慕其自由氣氛而來到荷蘭。洛克並在荷蘭完成了他有關寬容方面的著作。

在歐洲神學思想運動中，因荷蘭人楊森 (Cornelius Otto Jansen) 所形成之楊森主義 (Jansenism) 造成了楊森爭議 (Jansenist Controversy)。楊森勤於研究奧古斯丁 (St. Augustin) 的著作，1617 年，曾撰寫《奧古斯丁書》，流傳於世，因其內容爭議性過大，在他過世後，才由其追隨者付梓出版。他在南尼德蘭之伊佩爾擔任主教時，便強調回歸奧古斯丁的聖寵論，認為人類由於原罪，本性已惡，因此，無力行善避惡，要靠著天主的聖寵才能得救。楊森主教的書，雖然在其死後出版，依然造成很大的轟動。不只是在教士界團體之間流傳，就連一般的信徒也發言要追隨他的學說。楊森認為，人性因原罪帶來的先天軟弱，以致喪失了自由意志，如果沒有特別的聖寵，連十誡也無法去遵守；教會的最高權力不在於教宗，應該是宗教會議。但是，根據早先在特蘭托會議 (Council of Trent) 中的說法，強調人的自由意志和聖寵是兩者並重的。對於與之相悖的楊森主義，教宗判他為異端，並禁止其著作的印行。

這樁天主教內的紛爭越演越烈，甚至在宗教信仰的爭議中，又牽扯到政治問題。由於楊森派的主張不只在整個尼德蘭地區流行，在法蘭西和義大利也有眾人追隨，路易十四必須對其譴責取締，在 18 世紀時，就連巴黎高等法院也參與了這場爭論。最終，竟演變成楊森主義和「教宗至上論」(Ultramontanisme) 兩相對立的局面。楊森派持續受到教廷方面的責難，但卻大受眾多知識分子們的支持。楊森主義的後繼者，更強調以人民為貴的政治思想，以及政教分離的政策，他們打算要調整傳統的天主教教義。楊森派知識分子這樣的言論和想法，與歐洲 18 世紀的啟蒙哲士，在思想上不謀而合。楊森爭議約延續了一個世紀之久。至今在荷蘭境內，仍有楊森派教會，這個團體於 1713 年成立，由于特列赫特的主

教和神父所領導，抗議羅馬教宗對楊森的處罰。他們也自稱「古羅馬公教會」(Old Roman Catholic Church)，不承認「教宗至上論」。羅馬教廷也不承認此派教會，但已經不否定其教派的神職人員和其所行之聖事的有效性。

官方《聖經》的確定

17 世紀的天主教會，尚未鼓勵信眾直接閱讀《聖經》。在彌撒中，神父們使用拉丁文唸誦《聖經》給信眾聆聽，於是，神父像是上帝與信徒間的中介者。新教徒相信教友可以自行閱讀《聖經》，讓上帝的話語經由信徒親自閱讀《聖經》直接彰顯。於是，《聖經》必須具備一個可靠的翻譯。馬丁路德曾於 1535 年左右譯成德文，在 16 世紀末的尼德蘭地區，特別是荷蘭改革教會，也有《聖經》譯者使用《聖經》的希伯來文與希臘文手稿進行荷蘭文翻譯。在多德雷赫特會議後，聯省議會同意提撥經費翻譯一部官方定準的「欽定《聖經》」。從 1626 年起開始翻譯，至 1637 年正式由聯省議會授權出版，並立即印行了 50 萬本。至此，荷蘭喀爾文教徒便使用官方的「國家《聖經》」(The Staten Bijbel)。

第六節　大眾信仰

一般在民間的喀爾文教徒，也常對上帝的懲罰感到恐懼。他們懼怕上帝的「義怒」，對遭受神譴感到不安，對於邪惡和不吉利的預兆感到十分恐慌。在 16、17 世紀，人們經常體驗到自身力量的軟弱，如洪水、暴風雨、雪災、冰雹，以及傳染病和農作物的歉收，都使人存在著不確定感，所以造成了許多人民的恐慌害怕。例如鯨魚擱淺在岸的事件，也會造成謠言散布，被認為是一種天罰的不祥徵兆。當時，人們無法了解的自然現象，如日蝕、月蝕以及突然大量噴出的泉湧，都是造成他們恐懼

的現象。

　　人們常藉著祈禱，尋求上帝能饒恕自己的罪惡，期盼萬能的上帝仁慈地將許多惡兆逢凶化吉。但他們也常認為，上帝的懲罰，乃因自身的罪惡所造成。基於此，他們反對喝酒、打球、跳舞、放高利貸、賣淫、怠慢上帝以及其他輕佻的不當行為。人們為化解這種焦慮感，向上帝尋求幫助和慰藉。這些人對上帝會懲罰人的恐懼，也助長了民間喀爾文主義的發展。喀爾文派讓信徒相信，他們將會受到教會的保護，並勸人為自己的墮落悔改。這種使一般信仰者感到慰藉的力量，為喀爾文改革教會增加了吸引力。喀爾文主義在多德雷赫特會議得到國家的支持，成為一個所謂的正統喀爾文改革教會 (The Reformed Church)。

　　由於改革教會反對崇拜偶像，一般大眾認為天主教會是一個混合了迷信、宗教信仰與崇拜偶像的傳道組織。但在共和國內，卻存在著約40% 的天主教徒。對於天主教徒而言，神蹟是日常生活中的恩寵。喀爾文信徒較少希望藉著牧師的力量以及聖餐禮儀 (Communion) 等儀式驅除病痛或邪惡力量，但天主教徒則寄望神父的虔誠禱告，並藉由朝聖與驅魔儀式，以防止災難降臨。新、舊教徒一般均認為在日常生活中有邪惡的力量存在，新教徒經由閱讀《聖經》和禱告的方式，來避惡驅邪；而天主教徒則習慣經由神父來進行驅魔儀式。

　　至於 17 世紀，在歐洲其他地區仍屬常見的「女巫審判」和「巫術迫害」，在荷蘭則不見發生。荷蘭在 1580～1597 年間，的確曾發生巫術迫害，但荷蘭是第一個停止巫術迫害的國家。

第八章
荷蘭共和國時期的藝術與文化

第一節　燦爛的藝術

　　17 世紀的荷蘭，之所以在當代世界中顯得特別耀眼，除了憑藉其強大的經濟實力、富裕的社會及宗教寬容之外，在藝術、文化、和各個知識領域中均展現出閃閃發亮的成果，令人留下極深刻的印象，不負其稱為「黃金時代」之美名。

繪　畫

　　尼德蘭整個地區的藝術發展，一向有其輝煌的傳統，特別是繪畫藝術，已成為外國人心目中，荷蘭 17 世紀黃金時期的一種文化象徵。繪畫藝術是荷蘭人的驕傲。黃金時代的畫作，不管就題材或風格上都呈現出十分多樣的面貌。不論是因為宗教或是經濟因素，從南尼德蘭湧入北方聯省共和國的藝術工作者，對荷蘭的繪畫發展更有著決定性的影響。居住在荷蘭的畫家們，其畫作常被歷史學家視為一種反映當代荷蘭社會的視覺史料。例如，畫作中呈現了當時的經濟榮景、科學愛好、宗教自由與信仰虔誠的生活、對世界的好奇心、從遠洋貿易獲得的各種貨物、熱鬧的市場、美麗的城市、忙碌的港口、恬靜的鄉村田野、明媚的海岸風光或波濤洶湧發怒的大海、整潔有序的居家生活，以及包含了男女老少及各行各業的人物之各式寫實肖像畫，富含隱喻和象徵的風俗畫 (Genre Painting) 等等，產量十分驚人。在技巧上荷蘭繪畫中的光影技法、色彩

調配、空間布局與意象的再現，都令人印象十分深刻。17 世紀的荷蘭畫作，可說荷蘭的黃金時期的縮影。荷蘭繪畫界的活躍、豐富與多產，當時的大環境，的確提供了畫家們最有利的創作空間。一個蕞爾小國，17世紀，卻能有數以百萬計的藝術作品，在市場的廣大需求下產生，實在不可思議。

　　17 世紀的荷蘭藝術，在世界文化史中有其極重要的地位。約於 1650年左右，僅在藝術文化中心的阿姆斯特丹一城中，就有 180 多位藝術家，以專職作畫來維持其生活。荷蘭人民，喜好用畫作來做居家裝飾，所以，大部分的畫家以無名氏的形式，在藝術市場提供較為廉價的畫作，提供一般市民的需求。這類畫作的風格，大多以小型風景畫與靜物畫等展現，也描繪出日常生活的題材。這些無名畫家，雖然並沒有在藝術史上留名，但他們的畫作卻反映了 17 世紀，荷蘭社會一般人民的藝術品味。荷蘭的中產階級，首先帶動了購買藝術品的風氣。故適合懸掛於居屋牆上的小型與價格適中的作品，成為 17 世紀荷蘭繪畫市場的大宗。荷蘭人對畫作的興趣與購買力，造成畫作之大量需求，導致藝術發展的契機，使繪畫在交易市場異常活絡。

　　在 17 世紀中葉時，整個荷蘭約有 750 名專業畫家，每年生產出 7 萬幅作品。當然，這些作品如前所述，不見得每張都是傑作，畫家們也不全然稱得上大師。但從藝術史的脈絡來看，荷蘭出身的美術大師們仍然人數眾多，所獲得的評價也極高。特別在世俗畫方面，在尼德蘭地區的發展最早，也最具代表性，他們在作品題材的選擇上，已經脫離宗教和歷史畫的範疇，圓熟地表現出各種多元面貌的作品。

　　林布蘭特 (Rembrandt H. van Rijn) 出生於 1606 年的萊登城，因其祖輩在萊茵河畔擁有可以經營磨坊生意之風車，故姓氏為范・萊茵 (van Rijn)，意為「來自萊茵河」。使林布蘭特走向畫家成功生涯的關鍵人物之一，是康士坦丁・惠更斯。康士坦丁・惠更斯是奧倫治拿騷家族，執

政官韓力的行政官及外交人才，也是知識界的名人。是他最早看出林布蘭特異於常人之繪畫天賦，並將林布蘭特畫作推向了國際。當時，歐洲著名的收藏家，都願意購買林布蘭特的畫作。康士坦丁·惠更斯也特別崇敬南尼德蘭的畫家兼外交官魯本斯 (Peter Paul Rubens)，康士坦丁·惠更斯希望為北方共和國找到另一個屬於荷蘭的魯本斯。魯本斯當時替北方聯省共和國的敵人，即天主教哈布斯堡家族作畫。執政官韓力本人，也極欣賞魯本斯，自己也收藏了數幅魯本斯之作品。當時，魯本斯以外交官的身分，曾作為哈布斯堡的特使，出使英國。

　　林布蘭特喜歡將其家人，包括自己的父母、妻子以及兒子等人融入畫中，家人在他筆下，常化身為各種不同的人物角色。在他創作的歷史畫中，最著名的為「朱利亞斯·西維利斯的謀反」，林布蘭特描繪了傳說中的荷蘭祖先巴達維亞人。巴達維亞人們的領袖朱利亞斯·西維利斯，率領眾人反抗羅馬人的事蹟是其畫作主題，這是他於 1661 年，受阿姆斯特丹新建的市政廳委託而作。林布蘭特也畫了一系列以《聖經》為主題的畫作，在 17 世紀的荷蘭繪畫市場中，雖然與《聖經》相關的繪畫題材並非是最受歡迎的主題，但由於新教徒被鼓勵自己直接閱讀《聖經》，因此與《聖經》主題相關的畫作仍存在著一定的銷路。林布蘭特創作的《聖經》畫作有「聖家圖」、「牧羊人的朝拜」以及巨幅畫作「浪子回頭」。「浪子回頭」的創作背景，可能與其兒子的早逝有關，也可能是林布蘭特在晚年繁華已盡，對自身已走過之人生的反省。林布蘭特在其晚年，也畫了一些宗教人物畫像如「使徒保羅」(天主教稱宗徒保祿或聖保祿)與自己的畫像。林布蘭特的自畫像也常出現畫家本人的角色扮演，從軍人、放蕩子、罪人到聖徒都曾出現在其自畫像系列作品中，這些畫充分展現了林布蘭特個性的多變性與戲劇性。在「畫室中的畫家」這幅作品中，觀者可以看到畫家的工作室裡，成堆的作畫工具、調色盤以及顏料磨石，桌上有一茶壺與染料，觀畫者似乎可以嗅到畫中染料的氣味，他

描繪了灰禿禿的牆面以及地板上的裂痕、紋理與染料污漬。林布蘭特最
崇拜的畫家為魯本斯，他的「戴軟帽的自畫像」是一件臨摹魯本斯自畫
像的畫作，後來他自覺必須超越魯本斯，之後，他果然成為了獨具風格
的林布蘭特。

　　的確，在荷蘭，名列世界級的藝術大師，首推林布蘭特。他的一生
曲折，從躊躇滿志到孤獨末路，從聲名顯赫到富貴煙雲，有誰不知道林
布蘭特呢？他畫作中所包含的豐富性與技法，舉凡對於光影的捕捉與對
比，以及構圖空間上的布局，肖像畫蘊藏的內涵精神，宗教畫所展現的
超越性，這些卓越的表現證明了促使他成為一個偉大畫家的本質。在其
眾多的作品中，或許最受人矚目，也同樣令人費解的一幅畫，就是一般
稱為「夜巡」的作品。畫家雖已然落款，但畫面中這些身帶兵器、走上

圖 22：林布蘭特的「夜巡」　原名為「柯克上尉及一行
人」。圖中人物原本幾乎為真人大小，畫布尺寸也比現今所
見大。1715 年，這幅畫被移往市政廳時，外行人將其每一
邊都裁切以適合掛畫場地，也損壞背景中的建築物，因而
呈現出畫面不對稱之現象。

街頭的人物，究竟是準備去練習射擊，還是正要去檢閱或辦案？當時的時間到底是白天抑或黑夜？因為林布蘭特慣常以暗影來表示明亮，而在這幅畫中所展現的明暗對比法，構成了其藝術性所在。在眾多肖像的整合布局上，展現出一種戲劇性，畫中的活動有狗吠、鳴鼓、兒童穿梭於人群間，許多不同的人，各有其不同的姿勢和表情，一同處在如此複雜的空間裡，讓觀看者感受到一種忙亂的氣氛。

　　維梅爾 (Johannes Vermeer) 這位信仰天主教的畫家，最擅長運用柔和的光線作畫，他的作畫手法細膩，常呈現出一種極為典雅、靜謐的場景，卻也帶著一種神秘氣氛。維梅爾生於 1632 年，死於 1675 年，這段時間，正值共和國的黃金年代。後人對其生平所知不多，在當時，他也不如林布蘭特般有著大畫家之名聲，他的作品風格常被當代人視為難解之謎，直到 19 世紀，才被法國藝評家重新發掘，給予他在世界藝術史上應有的肯定與地位。如今，維梅爾與林布蘭特和其他的荷蘭繪畫大師齊名，同為荷蘭黃金時期最具代表性的畫家之一。

　　維梅爾在色彩的使用上，偏好藍色與黃色系調，畫作又常以女性人物為主題。比起林布蘭特，維梅爾的創作量甚少，而兩者之風格也迥然不同。在維梅爾的畫面上，焦點相當平均，畫風也較為安詳，從寧靜中引發觀者的心中遐思。「倒牛奶的女僕」一畫中，女僕以相當專注的神情，將牛奶注入桌上的器皿，予人一種在剎那間，光陰靜止流逝的感覺。維梅爾的另一幅作品「臺爾夫特的一景」，則是另一位荷蘭繪畫大師梵谷 (Vincent van Gogh)，畢生最愛的畫作。這一位近乎瘋狂的激情畫家，他最欣賞的藝術創作者，居然是維梅爾這位向來表現婉約氣氛的畫家，這點頗為耐人尋味。從維梅爾的畫中，也可看出荷蘭人對世界和宇宙的興趣。如其作品「地理學家」和「天文學家」。在他的畫作中，常見到地圖與地球儀。這與維梅爾生活的時代，即荷蘭東印度公司的全盛時期有關。荷蘭人的日常生活中，充滿對地理知識的嚮往，以及對由於經濟貿易發

圖 23：維梅爾「倒牛奶的女僕」

達，影響日常生活各個層面之異國貨物之興趣。

　　史提恩 (Jan Steen) 是一位具有喜感的畫家，他最喜歡描繪的題材是荷蘭家庭的日常生活，像是親子圖、家人嬉戲的場景，以及魚貨市場等。他也愛好將自己一併構入畫面當中。每幅作品中的史提恩，常以滑稽的表情出現，整個人從頭到腳，由裡到外，像是身上的每一個細胞都在開懷大笑。一張他的自畫像中，史提恩正邊彈著魯特琴 (Lute)，邊享用新鮮的啤酒，圓鼓鼓的臉上，堆滿了洋洋得意的笑容，連畫面外的觀看者都可以感染到他的快樂。史提恩與 17 世紀同時代的畫家林布蘭特相似，也經常創作自畫像，並偽裝成各種不同的人物角色，有時是滑稽又狡猾的浪蕩子或菸槍酒鬼，時而將自己含蓄地隱藏在其他的畫中。史提恩的畫作主題，有時與當代荷蘭喜劇文學主題相關。「醫生看診」一畫中，一個年輕的女孩生病了，醫生被請來看診。此時女孩看見她的情人前來探視，精神馬上就抖擻起來。但女孩因興奮越跳越快的脈搏，使得為她進行觸診的醫生一臉疑惑，加上在女孩後方出現的畫家本人，頭上戴著破

圖 24: 史提恩的畫作「17 世紀萊登城之魚市」

損裂縫的帽子，這正是當代荷蘭喜劇文學作品中丑角的裝扮與比喻，而畫中出現之畫家，手裡提著一條鯡魚和兩根青蔥，鯡魚和青蔥都象徵藥物。另一幅史提恩的名作是「剝牡蠣的女人」。畫中女人的笑容非常曖昧微妙，她的目光盯著觀畫者，似乎在捉弄他們對牡蠣象徵情慾的遐思。

17 世紀，在荷蘭的名畫家多不勝數。除了上述的 3 位大師，另外，像是擅於表現當代人物的畫家阿勒司 (Frans Hals) 也十分出色。他是從安特衛普遷至哈倫居住的畫家，最擅長肖像畫，一生創作了 2 百多幅肖像畫。阿勒司善於捕捉閃過人們面容的瞬間神情，畫作充分展現了人物的個人化性格。他早期的畫風自由，畫作中的人物多流露出愉悅的風格，對人物的各種笑容以及展現的快樂和活力，都能生動表達描繪。例如「騎士的笑聲」、「快樂的飲酒人」等。但是，阿勒司在中晚年時期，其肖像畫中的人物，則走向較滄桑、孤寂的風格，手法更呈洗鍊。阿勒司最後的一張群像畫為「濟貧養老院中的女執事們」，這些女人身穿白領黑衣，畫中的 5 個女人表情各異，面容看來嚴肅而滄桑，這群婦女或許是他晚

年所居住之養老院中的人物群像畫。由於荷蘭繪畫市場競爭激烈，在阿勒司生命的後半期，他的畫作並沒有受到大眾特別的青睞，以致他必須依靠社會救濟維持生活。在阿勒司畫中的角色，不論是達官顯要、或者市民階級，人物表情是氣勢凌人、熱情洋溢、還是神色肅穆，無不栩栩如生，令觀者駐足。

阿勒司的女學生蕾斯特 (Judith Leyster)，和以花卉畫而著名的女畫家路西 (Rachel Ruysch)，也都是黃金時代的著名畫家。蕾斯特除了師承阿勒司的畫風，畫了許多肖像畫外，也創作了具有自己獨特風格的靜物畫與風景畫。路西則是靜物畫和花卉畫高手，創作百餘幅畫作，她擅長花卉作品應該是受到其植物學家父親之啟發。

擅長風景畫和肖像畫的果顏 (Jan van Goyen) 是一個鞋匠的兒子，前述提及之知名畫家——史提恩是他的學生和女婿。果顏作畫迅速，一生畫了上千幅之作品，他不只賣畫有方，並利用賣畫所得，投資鬱金香生意，他的這種生活方式恰恰表現出當代荷蘭社會生活之圖利求富典型。肖像畫之所以在當時受到歡迎，乃因富裕的荷蘭人，喜歡在居屋內掛上自己或家人的肖像。

邱依普 (Aelbert Cuyp)，是一位風景畫畫家，善於描繪運河風光與農村景象，他出身於藝術世家，祖父是教堂彩色玻璃設計師，父親則是一位頗有名氣之肖像畫家格里茨‧邱依普 (Gerritsz Cuyp)，在荷蘭，不少畫家是承襲「家族事業」。

在世界藝術史上，很少有一個國家像荷蘭那般，經濟、社會、歷史、宗教甚至地理與天候，都對藝術家有著直接密切的影響。成千的畫家能夠在一個小地方靠賣畫為生，這是基於當時人們對於藝術的喜愛和購買力。一般市民都熱衷於買畫來增添室內氣氛，因此藝術市場應運而生，這是荷蘭的藝術與經濟相結合的一種特色。有了繪畫市場，專業的畫商和經紀人也就成為一種新興行業，他們從替顧客選畫，到請畫家作畫，

有著一套專業的流程和嚴謹的組織，像是一條藝術「生產線」。荷蘭的繪畫事業聞名國際，畫商不僅服務國內客戶，更專門替歐洲各王室、貴族操作藝術作品的投資買賣。世俗化的主題像是靜物、魚貨、鮮花、風景等都蔚為風氣，傳統的宗教和歷史畫相對減少。這點與荷蘭的喀爾文教徒拒絕以聖徒畫像裝飾教堂，也不日日舉行隆重莊嚴的聖禮有關。畫家人數在 17 世紀的荷蘭劇增，因此也成立了畫家工會，很多年輕人投入繪畫這門行業。在當時，一名普通畫家的收入，可達工匠收入所得的 4 倍，這種現象可能也只有在 17 世紀的荷蘭社會才會發生。繪畫的形式記錄了17 世紀荷蘭的經濟與藝術的關係。

除了繪畫藝術，其他如瓷器、銀器、和各種傢俱設計，表現也極為出色。特別是臺爾夫特生產的藍白瓷，仿自中國的青花瓷，但卻能發展出自己的風格。荷蘭東印度公司將中國的瓷器帶回歐洲，精緻的東方瓷器引起荷蘭人對異國的想像與喜愛。當時包括荷蘭人在內的歐洲人，在17 世紀也對異國飲料如咖啡、茶以及可可等飲品產生興趣。臺爾夫特和哈倫等地為配合這些飲料的盛裝器皿之需，也製造了精美的瓷器杯盤與茶具。想像顏色與味道濃郁的異國飲料，搭配著精緻的瓷器杯子所融合出的生活情趣，應吸引了不少荷蘭的富商及中上階級。

在建築方面，由於喀爾文教徒較不崇尚華麗的巴洛克風格，加上市區裡運河交錯，也不適合大型的古典風格，於是，荷蘭的建築大體上呈現出簡單精巧的外觀，最常見的是山形牆

圖 25： 范德威爾德 (J. van de Velde) 的「靜物畫」中，呈現了荷蘭人使用具有中國風情圖樣的青花瓷器。

式的造型。以阿姆斯特丹為例，由於市區內人口稠密，土地和地形均受限制，因此房屋多呈狹長形，但內部卻裝潢得舒適整潔。新教徒起初接收了早先的天主教堂，改裝成適合新教徒禮儀的式樣。但隨著新教徒的增加，老教堂不敷使用，於是開始興建新教教堂。新教教堂的建築和設計，不像天主教老教堂那樣壯麗，但依然顯示出教堂建築應有的莊嚴和優雅。建築師兼雕刻家凱瑟，在臺爾夫特教堂的高壇上為沉默者威廉所建造的陵墓，相當具有創意，他把陵墓四周的石塔與內部原有的哥德式建築相連，形成了一種十分別緻的形式。阿姆斯特丹的南教堂 (Zuiderkerk)、北教堂 (Noorderkerk) 和西教堂 (Westerkerk) 的建築也頗具特色。一般世俗的大型公共建築，如由坎培 (Jacob van Campen) 所設計的市政廳，則具有古典風格。商業工會的建築，則多在理性風格中又加上大方富麗的一面。

音　樂

　　音樂方面，在喀爾文新教主義的影響下，荷蘭共和國音樂的發展，沒有走上像法國等其他歐洲地區的宮廷文化風格，或巴洛克式的華麗音樂，作曲家也沒有來自宮廷給付的俸祿。一般來說，喀爾文主義，事實上是較壓抑音樂發展，他們認為宗教音樂不如直接閱讀《聖經》或布道有用，對教堂內的風琴演奏，也持保守態度。但也有一些知識分子，如康士坦丁‧惠更斯，對音樂則持有不同的看法。康士坦丁‧惠更斯大力支持宗教音樂，這與他自幼受過完整的人文教育，從幼年即接觸弦樂器，精通魯特琴有關。一些音樂批評家，將喀爾文視為扼殺荷蘭音樂的劊子手，北方聯省共和國，並沒有產生像巴哈 (Johann Sebastian Bach) 這樣偉大的宗教音樂家。

　　但是，根據文那克斯 (Emile Wennekes) 的研究，在 1578 年以後，荷蘭成立的以喀爾文主義為主的政權，將每個城市中的教堂連同教堂中的

風琴，都歸為市政府的財產。官員們允許在教堂不舉行儀式之時，邀請天主教風琴手舉行音樂會。教堂開放為公共領域，允許各種不同信仰的人們參加音樂會。如阿姆斯特丹的教堂，幾乎每週都舉行音樂會，風琴手被市政府官員邀請演奏音樂，於茲，風琴手在當時成為一種令人稱羨的職業。尼德蘭地區的排鐘 (carillon) 非常著名，荷蘭從 17 世紀開始，每天都有固定時間演奏排鐘。教堂、塔樓傳來的排鐘聲在城鎮各個角落迴響。當時也有銅管樂器的演奏，但是這些演奏者的地位次於風琴手。荷蘭城鎮中的樂師們，也為各種慶典助興，一些自由樂師，在市集或小酒館中演出。

　　荷蘭業餘作曲家眾多，但作品多為小品。約有 1 千多種歌謠集在聯省共和國出版，其音樂特色是旋律單純簡約，成為歐洲地區的另一種音樂形式。由於風琴在新教禮儀中的角色，因此，發展出較多的風琴曲作品。宗教儀式中的讚美頌更以風琴為主奏，所以風琴音色漸發展出較豐富之體裁。史威林克 (Jan Pieterszoon Sweelinck) 是歐洲知名的風琴演奏家和編曲者，他的貢獻是將義大利的風琴曲改編為具有現代風格的聲樂曲，開拓了新穎的風琴作品。除了風琴演奏盛行，荷蘭人也常彈魯特琴，魯特琴在音色上則帶有一種朦朧之美。

第二節　智識與文化

　　17 世紀，尼德蘭地區的哲學思想發展，基本上是受到笛卡兒的啟發與影響，並沿著對笛卡兒思想的回應衍生發展。但是，荷蘭的思想家史賓諾沙 (Benedictus de Spinoza) 在世界哲學史上非常具有關鍵性意義，他的哲學觀點，改變了歐洲人們對造物主的新思維並創立了新的哲學體系。

　　史賓諾沙誕生在阿姆斯特丹，一個來自葡萄牙的猶太裔家庭。在 16 世紀末，他的父親，因為宗教迫害而移居荷蘭北方，其父為阿姆斯特丹

的商人兼猶太區教會的執事。史賓諾沙在父親過世後，曾經續營父親留下專門從事東方貿易的「史賓諾沙聯合貿易公司」。

史賓諾沙曾因為反對接受猶太教育與思想，而被逐出阿姆斯特丹的猶太人區，並被猶太教會除去其教籍。自此，史賓諾沙將其原名巴洛赫 (Baruch) 易名為具有拉丁色彩的本篤 (Benedictus)。在他的神學思想巨著《神學政治論》(*Tractatus Theologico Politicus*) 中，他解釋了《舊約》僅為古代猶太人自身的歷史。這種將《聖經》視為歷史著作的觀點，使當時的人們感到焦慮不安且憤怒。這本著作不只是史賓諾沙為了自由思想而辯護的作品，也是為當時支持聯省共和國的政治家，大法議長德維特政策之作。在荷蘭歷史上稱為「災難之年」的 1672 年，荷蘭面臨著英國、明斯特以及法國的戰爭威脅。但堅持共和主義的大法議長德維特及其兄弟被一群支持執政官奧倫治派的喀爾文激烈分子謀殺。

史賓諾沙的另一名著《倫理學》(*Ethica*)，告知人們如何思考上帝創造了自然，詮釋上帝本身即是大自然的一部分。換言之，他將神與自然看作為同等的概念。史賓諾沙的這種觀點，和基督教原本的上帝觀念截然不同，對西方哲學界影響甚深。他以科學和幾何學的演繹法，建構了他的知識論體系，是謂近代哲學體系的建立者。史賓諾沙的思想，表現了理性與自由的聯結，人藉由理性與個人主義和世界的秩序並存。這位淡泊名利的哲人，大部分的時間花在研究哲學上，僅以磨製光學鏡片維持其基本生活。他於壯年病逝，很可能是由於磨鏡產生的粉塵導致肺疾而死。

法學方面，荷蘭有揚響世界，被譽為國際法和戰爭法始祖的格老修斯，他出生於臺爾夫特的一個名望世家，有好幾代的家族成員是城鎮的代表。15 歲時，格老修斯已在法國獲得法學博士學位。1599 年即出任律師，後來，他得到當時之法議長，奧登巴納維特的賞識，並被任命為編年史官。在奧登巴納維特與墨利斯的宗教與政治鬥爭中，格老修斯大力

支持具有共和傾向與寬容思想的奧登巴納維特。但是，這位備受後人崇敬的學者，卻因支持阿明尼伍斯的宗教思想和奧登巴納維特，而被捕成囚，判罪終身監禁。不過，在 1621 年，格老修斯卻越獄逃亡，從此，不得不漂泊流亡度過餘生。

格老修斯之著作《戰爭與和平法》(*De Jure Belli ac Pacis*)，確實為現代國際法奠定了基礎。書中他將自然法與上帝的價值連結在一起，針對當時國際間的秩序而作，具有道德意識。他對自然法的見解，成為後世歐洲道德和宗教中的一個重要詮釋基準。《戰爭與和平法》，嘗試找出國家價值的普遍性，將團體與個人、國家與社會、法律與人民連結。於茲，格老修斯建立了一個通則，即不同的文化中，如何以普遍的平等價值，展現出國際政治上相互寬容的特質。在 1609 年出版的《海上自由》(*Mare Liberum*) 中，他認為公海是可以自由航行的，於茲，他也為荷蘭的自由航行與海上自由通行貿易，提供了一種正當性與法律理論基礎。格老修斯是 17 世紀荷蘭的文化菁英和精神上的導師，荷蘭人公認他不管在德行、人格、寬容、智力、博學各方面都近乎完美。如今在他的出生地臺爾夫特，於廣場中央，豎立了紀念他的雕像，在海牙的國際法庭，也為他設立了紀念碑。

在荷蘭學界裡堪稱傑出的法學人才，還有來自南尼德蘭，活躍於 17 世紀上半期的海因斯 (Daniel Heinsius)，他同時身兼史學家與詩人。由於他精通拉丁文，對於荷蘭學界在古典文化、法律、和基督教文化三者的交流上貢獻甚大。提奧根特 (Theocritus à Ganda) 是他的筆名，意為「根特來的提奧」，他以這個筆名留下多首荷文詩。海因斯在演講時，不僅雄辯滔滔且風度優雅，其演說詞也傳頌後世。

在科技領域方面，克里斯汀‧惠更斯 (Christiaan Huygens) 創立了光的波動理論，被世人稱為「惠更斯原理」。他並用自己設計的新式望遠鏡，發現了土星光環的形狀及其衛星。單擺時鐘也是他的發明之一。但

他的才華不僅限於科學方面，同時還是個作曲家。法國人也肯定他的才華，禮聘他為法蘭西國家科學院的院士。

列文虎克 (Antoni van Leeuwenhoek) 是荷蘭的自然科學家。他雖然從未進入大學讀過書，但憑藉著自身對科學的濃厚興趣與孜孜不倦的研究，受到了國際間的重視。如英國皇家學會就邀請列文虎克加入成員。列文虎克是世界上第一個使用自製的顯微鏡，觀察微生物細菌的生物學家。他在顯微鏡下發現了微生物，這個發現在當時造成了轟動，對 18 世紀生物學研究領域之開拓有其突破性。列文虎克對解剖學也有興趣，他的重要研究成果後來彙集成書並出版。細菌學之所以能夠發展，很大一部分是因為他的貢獻。

第三節　世界地圖的製作

人類對世界的概念，在不同之時期，具有相當不同的看法。總括來說，歐洲人對世界的觀念，從地圖學發展的角度來看，至少有幾種不同的取向：代表基督宗教信仰體系下的世界地圖觀、海外擴張時期的地圖意象，以及歐洲作為世界強權及殖民時代呈現的世界地圖概念。地圖製作之再現，不僅反映出人們之地理、政治與文化觀點，也可從中看出時代意義。從早期，地理大發現之前的歐、亞、非 3 個大陸，分別配以《聖經》人物諾亞 (Noah) 3 個兒子的名字，閃 (Shem)、含 (Ham) 和雅弗 (Japheth) 而繪製的 T-O 地圖、還有以腓尼基 (Phoenicia) 國王的女兒歐羅巴 (Europa) 為歐洲象徵的地圖，到墨卡托利用投影法 (Mercator Projection) 繪製糾正了托勒密的地圖，地圖製作漸發展出較精細之再現。

地圖學家墨卡托 (Gerhard Mercator)，是創用「地圖」(Atlas) 一詞的學者，更是世界地圖和天體儀的製造者。他研發了繪製精確地圖的科學方法，並且發明了圓標形投影法，世稱「墨卡托投影法」。他的學生歐特

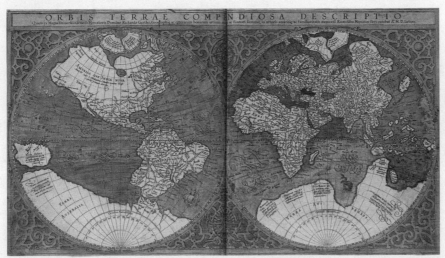

圖 26：由墨卡托與洪迪斯所共同繪製的世界地圖

利斯 (Abraham Ortelius) 也是地圖繪製專家，在墨卡托的影響下，他繪製了第一部世界大地圖，取名為《世界全景》(*Theatrum Orbis Terrarum*)，是當代最受歡迎的專業地圖集，為菲力二世時代，不可一世的海上霸權及海外擴張，提供了較準確的地理資訊。這批地圖集至今仍持續再版中。

因歐洲的海外擴張，特別是在海上貿易和軍事策略的需要下，鼓勵了地圖製作業的產生。在 16、17 世紀，尼德蘭地區許多數學家和地理學家，都對製作地圖有所貢獻。17 世紀中葉左右，是荷蘭地區製作地圖最鼎盛的時期。荷蘭在其海外貿易的需求下，繪製出較具水準的世界地圖。

尼德蘭地區的地圖製造業聞名於世，在 16 世紀就陸續出現一些製圖者熱衷於各種地圖的繪製與出版。前述之南尼德蘭出身的歐特利斯，被稱作現代地理學之父，他整合歐洲各國的製圖師，編輯航海地圖匯集成冊，並加以註解。《世界全景》為歐特利斯的代表成果，這是一本繪有五大洲的世界地圖集。該地圖集對之後世界地圖的製作，具有深遠的影響。德·約德 (Cornelis de Jode) 的《世界之鏡》(*Speculum Orbis Terrae*)，比歐特利斯的製作更細緻，繪製地圖是約德家族的「家族事業」。

在尼德蘭地區，製圖行業很多都是家族事業，例如 17 世紀世界著名的荷蘭地圖印刷出版商為阿姆斯特丹的布勒 (Blaeu) 家族。布勒 (Williem Janszoon Blaeu) 自己本身就是一名出色的地球儀製作者，還曾任荷蘭東印度公司的水文地理師及製圖師。當時，荷蘭的船員、水手以及商人，都需要可靠的航行地圖作為航行依據。所以，布勒家族也出版了相關的航海書籍，由於他們的出版品與製作的地圖集和地球儀相當精緻美觀，因此一些富有的商人與城市布爾喬亞階級，基於對世界產生興趣與好奇，進而喜愛購買具有特殊設計的豪華版地圖以及精美的地球儀。布勒家族為提供各種不同需求，在 1605 年，製作了一個高品質的世界地圖。他們依據當時已存的地圖資料，使用航海日誌中描繪的地圖，並訪問水手以及參考他們的旅行日記等的方式，繪製屬於布勒家族之地圖詮釋。布勒家族於 1662 年，製作發行了舉世聞名的《布勒地圖大全》(*Blaeu's Atlas Major*)，書中收集了近 6 百幅對開版地圖以及針對地圖的豐富文字解釋。這本地圖集被翻譯為多國文字。

一些尼德蘭的地圖製造師，他們本身也是航海家兼地圖製作家。如巴倫茲 (Willem Barentsz)，他曾出版《地中海地圖集》，巴倫茲曾 3 次出航探險，目的為從北極海尋找一個前往印度的航道，但他預測的航線並未成功。不過巴倫茲及其夥伴發現了位於俄羅斯西北冰洋的海島區新地群島 (Novaya Zemlya)。地圖在 17 世紀價格昂貴，荷蘭人收藏地圖或在家中懸掛，代表具有良好的地理知識和政治關心。

第四節　歷史與文學

17 世紀歐洲的「文學」概念通常較廣義，舉凡歷史、小說詩文、哲學與宣教布道文等均包含於內。荷蘭在史學和文學方面的成就，雖然不如繪畫藝術般絢麗燦爛，但也有不少出色之文史創作。17 世紀早期，荷

蘭共和國的文學除了受到文藝復興與古典主義的影響，作家們也都希望提升荷蘭文的地位。該時期的作品經常具有宗教及道德意涵，17 世紀後期，則由重視文藝復興及古典文學，轉而學習法國文學的風格。

　　萊登大學在 16、17 世紀，已經成為尼德蘭地區研究中世紀的文史中心，古典主義對荷蘭作家具有相當大的影響。當時的通才學者，海因斯在萊登大學教授詩學、政治學以及歷史學。他也是當時荷蘭省具有名望的歷史編纂學家，曾代表平信徒，擔任多德雷赫特國家宗教會議的委員。後來並負責聯省共和國欽定之官方《新約聖經》的主要翻譯者，他亦為提升荷蘭文地位的推動者。

　　凡・登・杜斯 (Jacob van der Does) 寫成的《巴達維亞和荷蘭年鑑史》、《13 世紀編年史》，出版於 1601 年。波爾 (Paulus Bor) 的 37 大冊《尼德蘭戰爭史料彙編》，不只是一部戰爭史，同時包括了對當時的宗教、政治、社會、各種天災人禍發生的觀察，是研究尼德蘭史的重要參考資料。

　　在文學方面，一般來說，17 世紀之荷蘭文學家不像法國般，有宮廷提供經費贊助其寫作，荷蘭文人通常沒有什麼贊助團體的經費支持，又不像畫家可以靠賣畫維生。作家們靠寫作得來的報酬非常有限，但相對地，他們得到的是社會地位與名譽。因此，大部分活躍於文壇的人士，其實都已擁有相當好的社會地位或是過著較富裕生活，沒有生活壓力之士。17 世紀，荷蘭文學的發展與城市攝政成員的關係密切，文學社團之會員，大部分都屬於高階層出身的攝政家族作家所組織，特別是貴族出身的子弟們，他們自幼學習古典文學，就讀拉丁文學校，當時的作家們，基本上也都以書寫古典文學為主。因此，荷蘭的文學乃由社會菁英所主導。如凱茨、康士坦丁・惠更斯、胡夫特等人都是出仕的世家子弟。這種情況，直到 17 世紀下半期以後，才開始有所轉變。

　　出生於澤蘭的凱茨，即來自攝政家族，他也曾接受古典拉丁文教育，

並取得了法學博士學位，是一位海牙的執業律師。由於凱茨的家世顯赫，
後來有機會在政治界發展。凱茨曾擔任荷蘭省的大法議長，長達 16 年之
久，他也是一位支持奧倫治家族執政官的作家。但是凱茨的文學形式卻
較受中產階級青睞，故他成為 17 世紀首屆一指的暢銷作家，其著作受歡
迎的程度，或許只有《聖經》可以與之相比。凱茨的作品中皆附有折疊
式繪圖，時人評價甚高。他也是一位多產的作家，常著文諷刺偽善者，
所寫的道德詩為荷蘭人最佳的座右銘，而凱茨的《婚姻》一書，是當時
膾炙人口的名作。雖然，凱茨是一位虔誠的喀爾文教徒，但他並非是教
條主義者，反之，用筆相當活潑，其某些文句，在荷蘭家喻戶曉，人人
均能朗朗上口。他的詩作並不具氣勢磅礴的風格，但帶有喀爾文主義式
的道德與紀律，十分合乎中產階級的文學品味。

康士坦丁‧惠更斯是前述天文學家克里斯汀‧惠更斯的父親，他擅
長多種語言，翻譯了不少外國文學作品。他也將荷蘭本地文學翻譯成了
英文、法文等版本，康士坦丁‧惠更斯企圖將荷蘭文學推向國際，他可
稱為當時荷蘭文壇中最具國際知名度的作家。他也出生於仕宦家庭，其
父親曾任執政官，威廉‧奧倫治的機要秘書，也曾擔任國家諮商議會的
要職，政商人脈廣闊。

康士坦丁‧惠更斯自幼生長於海牙這個國際都市，因為父親的職務，
自年輕時期就見識廣博。後來他進入外交界發展，因此有機會遊歷各國，
並曾擔任奧倫治家族之威廉二世、威廉三世以及韓力三任執政官的機要
秘書。惠更斯藉其外交能力，和各國貴族及使節間都維持良好的關係。
由於惠更斯對於藝術與音樂的愛好，他不僅發現了林布蘭特的才華，並
將他的畫作推向國際，相對於一般喀爾文派對音樂的壓抑，他也大力推
廣音樂的發展。康士坦丁‧惠更斯是一位多才多藝的外交人才與藝文界
人士，更像是文藝復興時期典型的全才人物，舉凡科學、繪畫、音樂、
天文、地理等無所不曉。其詩作兼具諷刺性和象徵意涵，重要作品有〈流

亡的牧羊人〉、〈昂貴的蠢事〉等等。

霍福特 (Pieter Cornelise Hooft) 是詩人兼史學家，如同前述，他亦為政商名流的後裔。其父為城市攝政團體的一員，也是當時支持宗教自由的奧登巴納維特派的人士。後來因奧登巴納維特被執政官墨利斯處決，霍福特家族受到了相當大的打擊。因此，霍福特對於荷蘭執政官的角色持有其個人微妙的觀點。他在接受完整的古典教育之後，曾至歐洲各國遊歷。在萊登大學獲得法律學位之後，霍福特被任命為繆登 (Muiden) 之鎮長，在工作之餘，他埋首於文學與史學的寫作。他的代表作有《荷蘭史》和詩集《愛情的象徵》，筆下充滿對於專制的鄙棄。在宗教事務上，他則主張教會應該作為一個精神領導，而不應參與過多的政治事務。他也致力於荷蘭文的提升，希望荷蘭文可以像法文一樣具有國際影響力。

馮德爾 (Joost van den Vondel) 的家族來自安特衛普，是位長壽作家，不同於前述的作家，他出身平民。雖然他的出身不顯赫，但他醉心於文藝復興時期的文學，對古典文學懷有極大的熱忱，故其文學作品的風格，充分受到了古典文學之影響。馮德爾自學希臘文與拉丁文，造就了他的文采華麗，風格和諧，且帶著豐富的韻律感。史家賀津哈便形容朗誦其詩作的感覺，正宛如聆聽一首交響樂那樣美妙豐富。馮德爾雖然以經商維生，但他一生當中，最有興趣及關注之事，仍為寫作。因此，他的生意不算是很成功，經濟狀況也漸陷入窘困，後來不得不放棄經商，而轉入阿姆斯特丹信貸銀行擔任職員。

馮德爾原本是一位門諾派的信徒，受限於不是荷蘭改革教會的一分子，不能在當時擔任國家公職。他的劇本《被放逐的亞當》和《諾亞》，流露出對喀爾文主義的批判，而他日後也從門諾教派改宗為天主教徒。馮德爾的政治立場，也偏向於奧登巴納維特和德維特式的共和主義立場，他的創作體裁較為廣泛，除了劇本創作，也有抒情田園詩，亦有冥想靈修意味及具有道德意涵的詩作。馮德爾的文學成就，在當時評價頗高，

受到普遍性的讚揚。

　　大眾文學在荷蘭並沒有蓬勃發展，布列德羅 (Gerbrand Adriaenszoon Bredero) 為一介平民，從未受過傳統古典文學的訓練。由於布列德羅不諳拉丁文，所以他只能經由荷文譯本來閱讀古典文學。在他的俗文學作品中，抱持著輕視當代文學界過度模仿古典文學的風氣，或許因他這種態度，反而使得布列德羅不受古典文學的牽絆，得以自由地描繪荷蘭中底層人民的生活與想法，他的詩作頗具民俗風格。

　　如前所述，17 世紀中葉以前的主要作家，多來自上層階級。17 世紀後半期，則出現了一些社會中底層出身的作家。如布列德羅、德克爾 (Jeremias de Decker) 與杜拉爾特 (Heiman Dullaert)，雖然他們稱不上非常出色的詩人，但這些作家都可說是俗文學的立基者。

　　綜而觀之，在 17 世紀，小小的荷蘭共和國，是一個在經濟、科學、文化與藝術上都成就非凡的泱泱大國，在整個世界上具有舉足輕重的地位。

第九章
18 世紀的荷蘭

第一節　18 世紀的政治情況

　　威廉三世在 1702 年，意外墜馬逝世，沒有留下任何子嗣。他在英國的王位，由詹姆士二世之次女——安妮公主繼位。由於威廉·奧倫治家族直系斷嗣，於茲，執政官的頭銜，由威廉三世的堂兄弟，約翰威廉·伏裡索 (Johan William Friso) 繼之。他屬於菲士蘭的奧倫治拿騷家族。但約翰威廉·伏裡索卻不幸地，於 1711 年意外溺斃，留下遺腹子喀爾韓利·伏裡索 (Karel Hendrik Friso)。後來，約翰威廉·伏裡索的遺孀，瑪麗亞·路易斯 (Marie Louise)，輔佐他們的兒子執政，統管菲士蘭，是為威廉四世。而荷蘭省及其他省分之議會，再度決議，認為沒有任命執政官的立即需要，因此，荷蘭聯省共和國的第二次無執政時期開始。格羅寧根省也在約翰威廉·伏裡索過世之後，認為不需再設置執政官職位。換言之，僅有菲士蘭省保留了威廉四世執政官的頭銜。在簽訂《雷斯維克條約》之後，如前述，荷蘭共和國已不能夠繼續扮演歐洲強權的角色。然而，威廉四世在 1734 年，與英國漢諾威選帝侯，喬治二世 (George II) 之女安妮結婚，這個婚姻卻說明了威廉四世在英國仍具有一定的地位。

　　在西班牙王位繼承權戰爭結束後，於疆界劃分條約中，部分南尼德蘭地區歸荷蘭駐軍所管轄，荷蘭在南尼德蘭的駐軍設置於拿慕兒、圖爾內、伊佩爾以及分布於西法蘭德斯的一些要塞。法國波旁王朝得到了西班牙的海外屬地，奧地利的哈布斯堡王室，將原本的西屬尼德蘭和義大

利歸為已有。1747 年，荷蘭共和國因與南尼德蘭之關係，被迫參與了奧地利王位繼承戰。由於政局日益複雜，荷蘭需要一位共同領袖來凝聚力量，威廉四世遂被邀請成為荷蘭省及其他省分的共同執政官。

威廉四世於 1751 年逝世，其遺孀漢諾威的安妮，與奧地利的布倫斯維克公爵 (Duke of Brunswick)，共同輔佐威廉四世與安妮僅 3 歲的兒子，即後來的執政官威廉五世。威廉五世成年後，在其親任執政官的期間，希望擴建陸上軍隊，以鞏固自己的地位與權力。然而，重視商貿的荷蘭省，特別是阿姆斯特丹市，則希望擴張艦隊，保護商船的發展和海上貿易。因此，威廉五世和阿姆斯特丹之間經常處於對立狀態。1780 年，英國與荷蘭發生第四次英荷戰爭，其原委乃英國方面認定，荷蘭不但沒有在美國獨立戰爭中，實質的支持英國，反之，荷蘭商船卻在加勒比海提供美國船隊之補給，並隨後又加入由俄國女皇凱薩琳 (Catherine the Great) 所發起而組成的武裝中立聯盟 (League of Armed Neutrality)。第四次英荷戰爭暴露了荷蘭的軍力不振，許多商船被英國艦隊所擄取，經濟貿易頗受打擊。國力與經濟的衰退，造成了荷蘭國內的政治動盪，「愛國者」運動或稱「愛國者革命」，也在這個時期醞釀成形。

第二節　「愛國者革命」

18 世紀中期以後，荷蘭的黃金時代已經褪色。在經濟和貿易方面，失去了國際間的競爭力，逐漸由英國取代。在第四次英荷戰爭爆發時，荷蘭幾乎沒有能力與英國作戰。此時，一個呼籲改革的新政治團體出現，即所謂的「愛國者」(Patriots)。

「愛國者」認為當時的執政官，威廉五世日益走向專權，並操弄控制自己的行政官吏。「愛國者」們嚴厲批判政府，一些受到「愛國者」影響的上層統治階級，也支持「愛國者」所提倡的改革。首先，「愛國者」

企圖要恢復荷蘭共和國，昔日在國際間的地位與威望，更盼望經由政治改革，看見公民應該擁有的參政權。

1781年9月，范德‧坎培倫 (Baron Joan Derck van der Capellen tot den Pol) 以匿名的形式，發行一本名為《致尼德蘭人民》(*Aan het Volk van Nederland*) 的小冊子，這個小小的印刷品，一開始就很快地流傳於世。其內容主要是在批評荷蘭共和國的政治體制以及執政官制度的缺陷。小冊子也傳播民主政治的概念以及人民該擁有的權利。范德‧坎培倫等人，希望使用出版物，例如報紙和小冊子等，造成公共輿論，來制約執政官的權力。他們經常在文宣中使用諷刺的漫畫批判時政，更常使用一些帶有國家情感的文字撰文，呼籲荷蘭人民，不要再像從前一樣，只認為荷蘭人是居住在一個城鎮或某個地區，僅為自身與自己所屬地區的自由與利益著想的人，而更需要成為一個國家的「公民」，並希望「公民」們，展現公共政治力量。《致尼德蘭人民》的主要訴求內容為：

> 尼德蘭的人民，武裝起來，並立刻準備好參加整個國家的事務，因為這是屬於你們自己的事情，國家是屬於你們的，國家並不只是歸屬於親王以及政要和親王的親朋好友。他們將所有的尼德蘭人——自由的巴達維亞人的後代，視為如同他們世襲的財產。如同他所飼養的牛羊般恣意宰殺，任意擺布。居住在這個國家的人民、同胞，不論貧富和年齡，都要團結在一起，成為國家的主人。共同商討如何掌管國家事務，用何種方式進行管理，以及委任誰來治理國家。國家就像是一個大公司，不論攝政、權威者、法律人士、行政人員以及財政人士，就如同大公司中的職員，如經理和行政人員，正像東印度公司是大型的合作公司。

> 尼德蘭的人民，你是人民公司的參與者，公司已經以尼德蘭王國的名義，在這個地區成立。賦稅出錢，支持王國的是人民的金錢。國家要服務人民，它是你的公僕，要服務人民並負起責任。

再次強調，所有的人都是生而自由，從本質來看，沒有一個人擁有絕對的權力去壓制另外一個人。有些人可能天生就更強壯，生來就更善解人意或富有，但這不代表他們可以管制較弱勢或較為貧困的人。

上帝，我們的父親，創造了人類，使人類幸福、快樂，並賦予人天生我材必有用，盡可能互助謀求幸福快樂，達到創造者的美意，為促進人類的幸福付出努力，每個人都生而平等。如果我們懷疑威廉親王缺少對你的尊重……在一個國家中，沒有一種形式的自由是集中在一個人的手中，且具有世襲的權力，命令一支強大軍隊，或迫使所有的人員都服從於他個人的命令或在其影響之下生活，而人民無辜且手無寸鐵。

尼德蘭人民武裝起來，用冷靜與謙和的行動，耶和華自由之神，他曾引導了以色列人走出奴役，使他們成為自由之式，上帝也將支持我們的正當理由。

（文獻出自 Smith, J. W., and Smith, P. (eds.), *The Netherlands, 57B.C.– 1971.—A Chronology and Fact Book.*）

范德·坎培倫呼籲荷蘭人，需要意識到人必須將自己的命運掌握在自己的手中，不論貧富與職業，人民將要成為國家的主人。范德·坎培倫從美國獨立革命得到靈感，他認為，荷蘭需要組成一個公民軍團護衛自己，於茲，「愛國者」們組成了一個稱作「自由軍團」(vrijkorpsen) 民軍，以取代原先的政治實體。威廉五世是一個受傳統貴族教育且溫文儒雅的執政官，但他並不是一個出色的政治家。他個性優柔寡斷、沒有遠見，又常執著於細節之事。在當時，威廉五世最希望的就是「維持現狀」(Status quo)。他的文宣策劃由呂札克 (Elie Luzac) 擔任。此人原為法國喀爾文主義胡格諾派，後來在萊登從事出版事業。呂札克主張新聞自由，且本身亦為一名記者及政治理論家。但他的政治理論較為溫和而寬容，

這種性格，使得他並不能完全同意「愛國者」較為激進的民主觀。呂札克認為，當時的荷蘭，已經在很大的程度上實現了類似孟德斯鳩 (Baron de Montesquieu) 的分權理論，呂札克將荷蘭共和國的政治組織，視為一個立法機構。

　　一些支持威廉五世的人，站在執政官的陣營，於是在荷蘭形成了兩個黨派。「奧倫治派」與「愛國者黨」。雖然，執政官握有正規軍隊，但在 1787 年之前，「愛國者」卻處於優勢。威廉五世，強烈感受到「愛國者」構成的威脅，正在海牙茁壯。於是，他臨時退居到尼莫恆。直到普魯士國王，腓特烈威廉二世 (Friedrich Wilhelm II) 派軍來援助。普魯士的國王，是執政官威廉五世之妻，威廉明娜 (Wilhelmina) 的兄長。威廉明娜同時也向英國的漢諾威王室安妮尋求支持，因為漢諾威的安妮是喬治二世的女兒，即威廉五世的母親。英國答應提供金錢支援，1787 年，普魯士國王腓特烈威廉二世，派遣了一支 2 萬人組成的精銳普魯士軍隊進軍荷蘭，鎮壓「愛國者」的「自由軍團」，「愛國者」不敵訓練有素的職業普魯士軍人而戰敗。威廉五世於茲，得以保留了執政官的地位，在聯省共和國中，奧倫治派的聲望，藉著英國和普魯士的支持，繼續維持。威廉五世旋即實行出版檢查制度，並禁止各種集會，「愛國者黨」的社團和「自由軍團」也被解散。「愛國者」中一些人不得已，必須前往南尼德蘭避難，另外一批人則流向法國。

第三節　「愛國者革命」與「不拉班革命」

　　南北尼德蘭的政治局勢，彼此牽連相互影響。回顧南尼德蘭的政治發展，自從北尼德蘭宣布獨立，成為荷蘭共和國後，西班牙的菲力二世，想要統一南北尼德蘭的企圖也宣告破滅。菲力二世在 1598 年過世，於他臨終前，將南尼德蘭贈與女兒伊薩貝拉 (Isabella) 和女婿，奧地利的阿伯

特 (Albrecht) 大公統治。大公和公主伊薩貝拉，在南尼德蘭擁有相當大的權力，西班牙與荷蘭共和國之間的《十二年休戰協定》，即由他們兩位和奧登巴納維特協商訂約。深受阿伯特大公信任的畫家兼外交家魯本斯，曾經努力想要延長休戰的期限，但並未成功；而荷蘭共和國想要「收復」南尼德蘭的企圖，也因休戰協定的規定未能繼續。此時，南方卻在阿伯特大公夫婦的治理下，經濟漸有起色，安特衛普依然是一個具有重要性的良港和金融中心。1621 年，阿伯特大公過世，膝下無嗣，於是，南尼德蘭被西班牙重新收回，由其直接統治，而西班牙與荷蘭之間的戰爭也因《十二年休戰協定》的結束，重新開打。

南尼德蘭由阿伯特大公夫婦統管時，仍然享有相當程度的自治權。在西班牙王位繼承戰時，曾有一段時間，南尼德蘭由法蘭西的安茹公爵所統治，法國式的中央集權政治也一度取代了尼德蘭地區的傳統自治型態，特別是在王位繼承戰爭期間，曾由軍事政府來管理一切事務，對此，南尼德蘭人民甚感沮喪。王位繼承戰後，雖然軍事政治形式不再，但中央集權的政治模式，卻提供了日後奧地利哈布斯堡王朝，在南尼德蘭建立起君主政治的方向。

在 17 和 18 世紀，哈布斯堡王朝在南尼德蘭駐守的統治者，使用過許多不同的名稱。但不論稱為總督、執政官、或全權代表，綜觀來說，在哈布斯堡近 2 百年來的統治下，南尼德蘭在一方面雖然仍保有一些地方三級會議的自治體系，但最終、最高的權力，仍歸於設在馬德里 (Madrid) 或維也納 (Vienna) 的中央政府。

南尼德蘭一直在為爭取傳統自治而付出努力。其主權從西班牙轉移到奧地利之後，特別是在瑪莉亞德瑞莎 (Maria Theresa) 女皇在位時期，有相當長的一段安定時期。當時，駐尼德蘭的全權代表為洛林的查理公爵 (Duke Charles of Lorraine)，在他的管理下，政治尚稱穩定、社會和平、經濟也有復甦。1757 年，在南尼德蘭貴族的要求下，女皇廢除了其

父查理六世，設立在維也納用以管理南尼德蘭的最高議會，故地方上三級會議式的自治仍然延續。女皇若要對南尼德蘭做出任何政治和經濟決策，必需要取得地方議會的同意，這個協議被稱為《德瑞莎妥協》(*Theresian Compromise*)。

1780 年，瑪莉亞德瑞莎過世之後，其子若瑟夫二世 (Joseph II) 即位，成為奧地利皇帝。在 18 世紀的歐洲歷史上，他堪稱為一位深受啟蒙思想所影響的「開明君主」(Enlightened Despot)。1871 年，若瑟夫二世曾親自微服出巡南尼德蘭各地，發現當地的政治機構老舊過時，於是在各方面企圖改革。回到維也納之後，這位悄然出巡的新皇帝，宣稱為了人民共同的「福祉」，做出了大刀闊斧的各項改革。若瑟夫二世的希望是，以「中央管理」的方式執政，並希望能將政治與司法間的權限劃分清楚，建立起一個較理性的社會體系和政府機構。於是，他在布魯塞爾設置了行政院，削減三級會議的力量，並建立社會安全福利制度、《窮困救濟法》等。

在法治上，若瑟夫二世建立了《民事法》、《婚姻法》等，欲將一些原本隸屬於教會法的規章，轉移到世俗法的範圍。例如，婚姻、喪葬、基地管理等，都歸入了新的《民事法》。並且也解除了天主教徒不准訴求離婚的這項教會法規。宗教事務上，則免除了大小修道院培育教士的權利，神職人員必須先經一般學校之培訓過程，更取消教士免徵稅收的優惠，開放新教徒和猶太教徒的宗教信仰自由。

若瑟夫二世的改革，引起南尼德蘭保守貴族和教士的不滿。由貴族、教士和市民組成之階級會議的代表，曾試著延緩若瑟夫二世的一切改革。然而，若瑟夫二世卻毅然決定廢除三級會議。南尼德蘭的教士、貴族、及一些社會上的保守分子，也就醞釀了反抗若瑟夫二世的想法。

1789 年，是法國大革命的年代，就在同年 10 月，於南尼德蘭地區，也受到這股革命氣氛的感染。在貴族、教士、親保守派的人士以及一些

反中央集權分子的號召之下，於南尼德蘭，組成了一支軍團，由貴族出身的教士范得諾特 (Hendrik van der Noot) 和更為積極的改革派分子馮克 (Frans Vonck) 帶領下，擊敗了奧地利駐守在圖浩特 (Turnhout) 的駐軍。范得諾特並前往北方荷蘭尋求援助，呼籲荷蘭支持他的理念。布魯塞爾漸成為反抗奧地利的基地，各地的教會人士也響應抵制若瑟夫的改革，同時也吸引到一些不滿若瑟夫二世中央集權制的中產階級。於是，以上述分子為主的反奧行動展開，他們發表〈不拉班人民宣言〉，甚至希望得到獨立。當時，除了盧森堡省以外，其他省分都紛紛跟進，宣示不再承認若瑟夫二世在南尼德蘭的主權。

1790 年，反若瑟夫二世者，宣布成立「比利時合眾國」(Confédération des États Belgiques Unis)，推選范得諾特成為新政府的領袖，並建立各項新的行政、國防、外交、法律體系，恢復並修正三級會議。為防止類似法國大革命的激烈情形發生，以馮克為主的改革派，則主張採行以啟蒙理性精神為中心，建立較革命政府更為進步的體制。若瑟夫二世見狀，轉而支持馮克派的理念，使得原本相互合作的革命派人士，因雙方觀念上的不同而產生衝突。同年，若瑟夫二世過世，李奧波多二世 (Leopold II) 即位。他一方面繼續若瑟夫的改革計畫，另一方面出兵鎮壓革命，最後成功解散了「比利時合眾國」。

這個只維持了短暫時間的「比利時合眾國」，很快便宣告解體。「不拉班革命」(Brabant Revolution, 1789～1790) 也只是一個未能成功的「小革命」，但它的意義則遠超過實質的革命行動。歷史學家，通常把它看做日後比利時在 1830 年，脫離尼德蘭聯合王國之革命成功的前奏曲。

反觀北尼德蘭的「愛國者革命」，它與「不拉班革命」相較之下，「愛國者」與法國大革命分子的關係更為密切。1792 年，法國與奧地利、普魯士爆發戰爭，奧屬南尼德蘭，在不得已的情況下被捲入戰事。於茲，荷蘭也受到波及。1794 年 12 月，除了盧森堡與馬斯垂克以外，

法國勢力已將萊茵河西岸大部分的地區佔領。1795年1月，法國軍隊從南尼德蘭進入荷蘭。在某種程度上，法國入侵荷蘭，對荷蘭「愛國者」派的支持者而言，是一種「意外的驚喜」。法軍抵達于特列赫特之際，城裡的市民夾道歡迎，曾流亡於南尼德蘭和法國的「愛國者」，也趁機回到荷蘭準備接管國家權力。1795年，法國大革命中的革命分子支持荷蘭「愛國者」，「愛國者」終贏得最後的勝利，威廉五世流亡英國，是謂「巴達維亞革命」(Batavian Revolution)。同年，法國也承認「愛國者」的巴達維亞共和國政權，南尼德蘭在1795年被法國兼併。荷蘭與法國在《海牙條約》中，訂立了荷法共同防禦聯盟，荷蘭巴達維亞共和國必須派遣半數的船艦及軍隊協助法國，並提供荷蘭境內2萬5千名常駐法軍的衣食與居住等開銷。另外，法國要求1百萬荷盾，作為其支持建立巴達維亞共和國的軍事經費。

　　事實上，荷蘭巴達維亞革命時期的諸多政策，經常受到法國國際政策的左右，此乃基於當時巴達維亞政權的建立，除了因荷蘭共和國的「愛國者」發起的革命以外，另一個重要因素是來自法國軍事力量的支持。所以，巴達維亞共和國之建立，可說是荷蘭與法國共同參與的結果。荷蘭和法國都以「共和」為國名，彼此締結為「姊妹共和國」。不過，法國和荷蘭對於當時的共和自由概念，至少在1795年時，或許有所不同。荷蘭的共和自由概念，在一部分上，除了受法國啟蒙思想式的自由觀念影響外，在很大的程度上，則更是認同荷蘭聯省共和國時期的各省，可以保持自治的自由概念。這種自治自由的思想，早在荷蘭反抗西班牙時就已出現。

　　法國大革命對南尼德蘭所發生的影響也與北方不盡相同。南方的革命，主要是針對若瑟夫二世的政治和社會改革所做的回應。例如，若瑟夫二世削弱了布魯塞爾攝政們的權力，並將其納入維也納的中央集權統治體系。在1787年，反對若瑟夫二世「開明專制」的運動，在不拉班各

地區展開。雖然，范得諾特和布魯塞爾人民組成一支民兵，想借用具體之武力行動，抵制若瑟夫二世剝奪南方各省的傳統自治權力。但他們和荷蘭的「愛國者」革命相較，其思想仍比較趨向保守。范得諾特的最終關懷是要維護地方自治的特權，地方上的統治權也仍在少數特權階級手中。而主張自由民主的馮克派，並沒有得到批評啟蒙運動思想之貴族、教士與保守人民的支持。在 1790 年初，許多馮克派的人士不得已都必須流亡法國。

　　法國大革命對南尼德蘭的影響，與北方產生了不同的局面。南方較重視天主教文化，對啟蒙思想和「開明專制」並不很支持。而「愛國者革命」，單從《致尼德蘭人民》小冊子的訴求內容來看，就可知是吸收了較多的法式啟蒙思想與法國大革命之理念。不過，南北尼德蘭最終，還是同時或少或多地，均受到了法國大革命的影響。

第四節　巴達維亞共和國與法國統治時期

　　荷蘭，作為一個地理位置處於歐洲中心的蕞爾小國，其政治局勢，經常隨著歐洲的國際政治有所變動。如法國大革命與拿破崙戰爭時期，荷蘭就不可能免於被波及。法國的政治變遷，對整個尼德蘭地區的國運，具有決定性的影響。荷蘭在 1795 年，就被法軍介入國事。巴達維亞共和國雖然在名義上獨立於法國，但實際上，巴達維亞政府若沒有法國政府的同意，很難真正行事。

　　巴達維亞共和國之成立，終結了荷蘭共和國，長久以來的寡頭政體和執政官的掌政傳統。聯省議會也於 1796 年，被法式的國民議會(National Assembly) 所取代，其用意在於，希望以代議制度及男子普選產生的政治機構進行運作，進而代替老式的聯省議會。不過，當時的男子普選仍然將貧民身分排除在外。

　　巴達維亞政府內部也有不同的派系，主要分成 3 個勢力：一為要求絕對中央集權的統一派，他們希望國家統一。二為希望地方分權之聯邦派。三為希望中央和地方權力相互平衡，組成單一政府的溫和派。經過兩次的政治變動與《憲法》草擬，傾向統一論的分子與溫和派在多次爭論之後取得大多數人的認同，於是在 1798 年新《憲法》中，明確訂立了政教關係的分離與傳統基爾特的廢除。所有之宗教宗派也可公開舉行自己的儀式。新的政府設有 5 人執政 (directors) 委員會，其下又設 8 個部長協助行政。1800 年以後，一些較具有啟蒙精神的奧倫治派也加入了新政府，並再度修憲，達成在行政、司法上的權力制衡，以及中央和地方上的權力平衡。在教育上，強調使用荷蘭標準語的推廣，貿易和航運業也漸有起色。就在此時，法國因拿破崙 (Napoléon Bonaparte) 的崛起和對外擴張，由原本解放者的立場搖身一變，轉為佔領荷蘭巴達維亞共和國的角色。在拿破崙時期，荷法兩國之間的關係變質，拿破崙於 1804 年，在巴黎聖母院加冕稱帝之後，法國也不再支持巴達維亞共和國。拿破崙實行大陸政策 (Continental System)，必須統一其行政體系。因此，在 1805 年，荷蘭在海牙成立臨時由史麥派尼克 (Rutger Jan Schimmelpenninck) 領導的政府，史麥派尼克遂揭開了為路易·拿破崙 (Louis Napoléon) 統治荷蘭的序曲。

　　1806 年，拿破崙派其弟路易·拿破崙為荷蘭國王，使荷蘭成為法國的附庸國，是為「荷蘭王國」。巴達維亞共和國正式結束。路易·拿破崙在位時期，曾希望為荷蘭做一個好國王，但拿破崙對他傾向荷蘭利益之政策不滿，特別是在大陸封鎖政策失敗之後，就將路易·拿破崙國王之職免除。1810 年，荷蘭正式被拿破崙兼併，在法國統治期間，阿姆斯特丹是拿破崙帝國的第三個首府，地位僅次於巴黎和羅馬。荷蘭的行政系統與法國統一，司法、戶籍、軍事、土地法等也依照法國模式來運作。1812 年，拿破崙遠征莫斯科遭到慘敗，其中約有 1 萬 5 千名的荷蘭軍人

也隨之陣亡。1813 年，拿破崙在萊比錫之役 (Battle of Leipzig) 再度戰敗，荷蘭政局也跟著陷入混亂。法國的確統整了荷蘭各省原本的分散權力，使得國家政策走向一致，實行法律平等。拿破崙時期，荷蘭的司法與行政體系漸走上現代化，也引進了新的度量衡制度，並實行詳細的戶口登記制度。但在拿破崙徵兵制的實行上，特別是將人民徵召為法國軍人，替法國作戰一舉，遭到荷蘭人強烈的反對。另一方面，荷蘭人民也覺其商業自由受限，且在拿破崙戰爭結束以後，荷蘭必須支持法國的賦稅，這些措施都帶給了荷蘭巨大的財政負擔，荷蘭人甚感不滿。在拿破崙被放逐於厄爾巴島 (Elba) 時，荷蘭才臨時恢復主權獨立。

隨著荷蘭反法情緒之升高，人民的情感開始轉向在海外客居之奧倫治拿騷家族。原在路易‧拿破崙手下做事的福克 (A. R. Falck)，在阿姆斯特丹組成臨時政府，希望恢復國家秩序。然而另一方面，在海牙，以原為鹿特丹大議長之荷亨多普 (G. K. van Hogendorp) 為首的奧倫治派，意圖將荷蘭重新交予奧倫治拿騷家族手中。荷亨多普在拿破崙失敗之後，臨時成立的三人執政團，在荷蘭權力真空時期管理國家。

三人執政是由范‧馬斯丹 (Duyn van Maasdam)、荷亨多普以及范林堡 (van Limburg) 所擔任。1813 年 11 月 17 日，三人執政宣布荷蘭自由，旋即宣布奧倫治拿騷家族將從英國回來。1813 年的 11 月，威廉五世之子，威廉六世從英國返回荷蘭，並以國王威廉一世 (William I) 的身分，宣布荷蘭獨立，並自稱荷蘭國王。

1813 年 11 月 18 日，海牙的革命委員宣布建立尼德蘭王國。並宣言：

> 奧倫治拿騷家族萬歲，荷蘭自由了。所有的盟友抵達于特列赫特，英國人來了，法國人離開了。所有的海洋都是開放的，我們的貿易恢復了。所有的黨爭結束了，所有的不悅與痛苦都被原諒與遺忘。所有的要人各就其位，政府公布宣告親王的宗主權。我們加

入盟友，迫使敵人締結和平，我們將擁有一個共同的假期，但將不再有劫掠與暴力。每一個人都感謝上帝，過去的好年代將再度回來，奧倫治拿騷家族萬歲。

（文獻出自 Smith, J. W., and Smith, P. (eds.), *The Netherlands, 57B.C.– 1971.－A Chronology and Fact Book.*）

第五節　文化生活與科學發展

啟蒙運動與荷蘭

　　啟蒙運動 (The Enlightenment) 是歐洲歷史發展上，具有關鍵性的智識運動。啟蒙運動的標誌之一是歐洲社會走向了宗教寬容與科學理性。在歐洲早期的啟蒙運動中，荷蘭扮演了「自由之母國」(the mother nation of liberty) 的角色，在歐陸晚期的啟蒙運動中，荷蘭對其影響則較少。

　　18世紀，荷蘭人對其自身以及國家的形象，常透過各種出版品來表達其過去和當前之成就，如經濟繁榮與自由體制等。歐洲人對於這個年輕之共和國，曾迅速竄起於國際舞臺的事蹟，在感到好奇之餘，也極具吸引力。例如，英國的史家兼駐荷大使坦伯 (Sir William Temple)，就常提及荷蘭人對自由的重視，特別是對宗教的寬容。自由與寬容態度，對荷蘭人的經濟和貿易發展十分有利，歐洲各地因宗教迫害移入荷蘭的移民，使得其境內人口增加。

　　自由、寬容與人口的增加，也曾是促成荷蘭經濟繁榮的重要成因。編纂《百科全書》的法國啟蒙思想家，狄德羅 (Denis Diderot) 曾兩度造訪荷蘭，並寫成《荷蘭之旅》(*Voyage de Hollande*) 一書讚美荷蘭社會。荷蘭的確吸引了許多歐洲當代的知識分子、書商及印刷業者。其中，多數是為了逃避自己國家的宗教迫害及出版限制而紛至荷蘭。如南尼德蘭

的印刷商艾塞維爾 (Louis Elsevier)、法國學者拜爾 (Pierre Bayle)、哲學家笛卡兒、英國思想家洛克、克林斯 (Anthony Collins)。克林斯頗受爭議的著作《自由思想的論述》就於荷蘭出版。1690 年，拜爾準備構思他批評當代歷史觀和信仰觀的著作《歷史批判辭典》，但於 1697 年，在法國的出版審查制度中就遭到禁止，天主教的異端裁判所，也將拜爾之作列為《禁書目錄》。然而，《歷史批判辭典》卻仍然可以在荷蘭出版，並在 18 世紀初，不斷再版並被翻譯成英文和德文。

出版業

雖然，在 18 世紀，歐洲各地區的出版業與前個世紀相較，都已相當具有規模，但仍然經常面臨出版審查制度的箝制。特別是在實行絕對君主制或以天主教為大宗信仰的國家尤為嚴格。天主教會更公布了《禁書目錄》，但啟蒙時代的作者們，還是努力尋找機會，出版他們具有改革思想的著作。法國啟蒙哲士們的著作，就常尋求荷蘭聯省共和國的大城市，阿姆斯特丹、鹿特丹或海牙，以及瑞士的日內瓦出版商發行。在荷蘭，只要是不具批判國家內政或是過分宣傳無神論的著作，基本上都可以自由出版。

在 18 世紀中葉以前，荷蘭因出版業的蓬勃發展，成為啟蒙思想的重鎮。出版業也提供除了拉丁文以外的書籍印刷，如英文、德文與法文書出版的選擇性。大城如阿姆斯特丹，成為出版品的交易中心。荷蘭的出版品之所以較為自由，也因為書商看到藉此牟取利益的機會。

在 1600 年，荷蘭有 55 個出版社，1675 年就增至 2 百多個。在阿姆斯特丹的書店，有 230 家以上，從《聖經》到報紙都有所經銷。其中還包含了希伯來文、希臘文、拉丁文以及阿拉伯文等多種語言的出版品。許多著名的作家，都在荷蘭出版他們的第一本著作。除了上述的拜爾、洛克、克林斯等的著作外，如封特奈 (Bernard le Bovier de Fontenelle)、

孟德斯鳩、伏爾泰 (François-Marie Arouet Voltaire)、霍爾巴哈 (Paul Heinrich Dietrich d'Holbach) 以及盧梭 (Jean-Jacques Rousseau) 也在阿姆斯特丹出版其作品。阿姆斯特丹的出版商，經常印售歐洲其他地區的禁書，出版禁書可以成為一種高利潤的行業。

教育與學術

由於新教鼓勵個人直接閱讀《聖經》，進而也促進了人民的識字率以及間接影響了啟蒙運動的形成，例如新教徒較理性、世俗、有批判以及務實的生活態度，使得很多的喀爾文教徒與啟蒙運動的關係較天主教徒密切，即使啟蒙思想在很大的程度上也打擊了宗教。

尼德蘭地區可能是當時歐洲識字率普遍最高的地區，尤其是在荷蘭沿海省分的大城市。在各個城市中，除了設有一般的學校與大學，也有私人創辦的商業學校、軍事學校和行政專業學校等。當時，荷蘭共和國有5所大學，分別設立於萊登、菲士蘭、赫德蘭、格羅寧根和于特列赫特。這些大學都開拓了新的學科領域，如物理學、自然、醫學、植物等學科。荷蘭的啟蒙運動十分關注科學發展，除了科學理論，尤其重視實用性的科學。

荷蘭的啟蒙思想者，確信「進步史觀」，他們認為，藉著知識的累積、理性的思考和進步的科學，可以將社會推向越來越進步的境地。但荷蘭的啟蒙學者，並不像法國啟蒙哲士們 (Les philosophes) 那般激進。這主要是因為荷蘭人從17世紀起，就沒有像法國人民一樣，生活在一個絕對君主統治下的政治環境，也沒有一個非常嚴格的教會體制。因此，荷蘭人在當時沒有明顯的反教會體制觀念。荷蘭的啟蒙學者，更偏好研究物理和從事科學實驗等自然科學領域。當然，也有一群喜愛討論社會政治的啟蒙思想者。

在物理學領域方面，荷蘭的物理學家，赫拉弗桑德 (W. Jacob's

Gravesande) 在萊登大學教授數學與天文學，出版了有關物理實驗及普通數學等的教科書。以拉丁文、荷蘭文、法文與英文出版，在 18 世紀成為該領域中頗受歡迎的教科書讀本。赫拉弗桑德批評了笛卡兒的先驗理論，他認為科學方法需要以經驗為基礎，加上借助科學儀器和數學原理，從實驗中講求對真理的認識。赫拉弗桑德為前啟蒙時代，傳授基礎科學觀念的重要學者。伏爾泰一生曾 5 次造訪荷蘭，其中在 1736 年，就兩度遠道前往荷蘭，僅是為了參加赫拉弗桑德的物理學課程。伏爾泰對荷蘭大學當時的授課方式及課程內容大為讚嘆。

另外一位自然科學家范・繆申韓克魯 (Pieter van Musschenkroek) 在萊登大學講授實用物理學，他以名為萊登瓶 (Leidener Flasche) 的電容器進行實驗，發現該電容器能夠釋放出電波震動。范・繆申韓克魯將實驗成果出版成書，名為《物理學原理》與《物理學方法》。

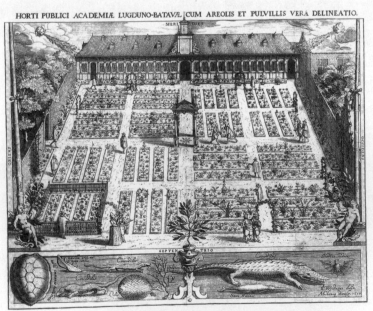

圖 27：17 世紀的萊登大學，為當時自然科學的研究中心。校內設有植物園以及生物解剖實驗室。該圖是由范斯文堡 (W. van Swaneburgh) 於 1610 年所刻製的銅版畫。

醫學研究方面，波爾哈弗 (Hermann Boerhaave) 是一位醫學理論家。他曾依據牛頓機械哲學的原理來解釋人的生命過程。換言之，波爾哈弗將機械哲學用在化學方法與疾病診斷，對物理和化學醫學領域有所貢獻。他在萊登大學的醫學課程吸引了許多歐洲人士前來上課。由於他的成就，波爾哈弗後來被法國的法蘭西科學院 (Académie des Sciences) 和英國的倫敦皇家學會 (Royal Society) 延攬為研究者。在血液循環和血液細胞的研究領域方面，貢獻了重大的成果。他在病人身體系統性的檢驗方法及臨床醫學的推廣上，也扮演了重要的角色。他教授醫學的方式，為18世紀歐洲其他大學，如維也納、哥廷根 (Göttingen)、愛丁堡 (Edinburgh) 等大學的醫學院所推崇。他出版了7大冊的著作《醫學原理》及《危險疾病的歷史》。俄國的彼得大帝 (Peter the Great) 也前往荷蘭拜訪波爾哈弗。

荷蘭的外科醫生兼解剖學家坎伯爾 (Pieter Camper) 在格羅寧根大學擔任解剖學與外科醫學教授。他從各種角度辯證植物和動物之間的異同，並研究動物的解剖構造，也根據人類的頭蓋骨特徵研究人種學。坎伯爾研究不同人種、人猿和猩猩之間的差異。他認為《聖經》中人類最早的祖先可能為非洲尼格羅 (Negroid) 人種，並認為所有的人種基本上是平等的。除了對人類的研究，坎伯爾也發現了魚類的聽覺與鳥類骨頭中的氣孔。

另外一位荷蘭生理學家兼醫生因赫豪茲 (Jan Ingen-Housz)，他在荷蘭開辦了天花疫苗接種所，在歐洲是一位有名的疫苗學家。他曾接受奧地利女王瑪莉亞德瑞莎的邀請，前往維也納擔任御醫20多年，並幫助推廣了奧地利的醫學教育。因赫豪茲可能也是植物光合作用的發現者。

學術與知識性的社團

18世紀啟蒙時代，學術、文學與科學社團在荷蘭相當盛行。各式社團的成立除了受到啟蒙運動的影響，亦與荷蘭共和國的經濟與國際地位

開始由盛轉衰的歷程有關。在 18 世紀，許多荷蘭人對他們黃金時代的輝煌成就懷念不已，如何提升荷蘭的國際地位，重返輝煌的年代，是一些知識分子的共識。於茲，一些有識之士，希望藉著新觀念的推廣與傳播，促進政治、經濟與社會文化的進步。藉由結社與集會相互交流學問，並教化一般人民成為各種社團林立的重要原因之一。

當時，盛行於荷蘭境內的各類知識社團組織，有的是由官方支持的學術社團，這類社團通常受到城鎮政府的經費援助，因此社團中的領導人物，也包含官方人員。社團成員與荷蘭改革教會的關係也十分密切，這類學術社團，鼓勵團員研究學術，也為政府支持的東、西印度公司委託做各式研究。由於受制於官方，所以在會員的招募中，異議人士如門諾派與其他宗派的人士，幾乎不能參加。

另外一種文學科學性質社團，則鼓勵社會上一般人民自願參加。這些社團不喜歡官方過度的參與，更鼓吹自由的知識。范·艾芬 (Justus van Effen) 為一位受到啟蒙思想影響的典型文人。在他主編的好幾份期刊中，以諷刺的手法，批評當代道德低落及社會陋習。他代表一種啟蒙式的寬容及理性思考者，並創立了《荷蘭旁觀者》(*De Hollandsche Spectator*) 期刊，以作為宣揚其啟蒙思想的平臺。《荷蘭旁觀者》雜誌以啟蒙思想，呼籲人民運用理性達到生活進步，該雜誌為具有「進步史觀」的出版物，強調知識和道德是促進快樂幸福的泉源，人們經由這種啟蒙教育，可成為一個更完美幸福的人。

1766 年組成的社團「尼德蘭文藝」社團，模仿法蘭西皇家學會，並希望與之競爭。該社團原為一個地方性的社團，而後逐漸擴大為一個遍布荷蘭全境的全國性社團。尼德蘭文藝社團發行自己的學術刊物，並舉辦徵文、研究與寫作比賽。1772 年，海牙成立了「藝術愛好者」社團，該社團與「尼德蘭文藝」不同。社團成員來自不同領域，包含城鎮的官員、教士、律師、醫生等專業人員之外，也有一些商人參加，大部分屬

於布爾喬亞階級。雖然成員不一定具有專業的學術基礎素養，但他們基於共同對文藝的愛好，以及在社團中發展出來的友誼，使得他們聚集在一起討論文藝，彼此切磋創作詩文。社團的經費由社員所繳交的會費維持，藝術愛好者社團激發了荷蘭各地同性質社團的興起，並於 1780 年代達到巔峰。例如萊登、鹿特丹、哈倫以及阿姆斯特丹等地的類似社團，彼此之間也相互交流砥礪。

　　一個於 1784 年成立，目的為促進一般人民，特別是為中底層人民設立的「公眾利益社團」(Maatschappij tot nut van'Algemeen)，在艾丹 (Edam) 成立。該社團傳播啟蒙思想，推廣民眾的啟蒙教育，旨在提高人民的識字率。社團的經費來自城市市民，他們普遍對啟蒙思想有所認同，且不依靠政府的經費贊助，旨在鼓勵民眾讀書，並批評舊社會忽略一般民眾的教育與道德啟蒙。他們並不帶有特定的宗教色彩，除了舉辦各式演講與寫作研習班外，並設有免費圖書借閱的服務。寫作競賽中優勝的作品，給予集結出版。公眾利益社團對底層階級人民的文化和教育有很大的貢獻。

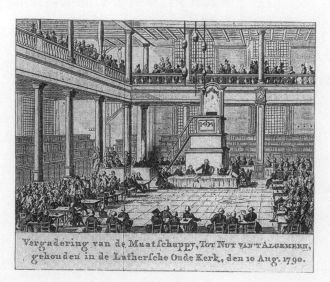

圖 28：「公眾利益社團」創設的目的，乃為提高一般荷蘭人的知識，以啟蒙思想教育作為基礎。此圖由德維特 (F. de Wit) 所繪製。

第六節　經濟與工業

　　在 1720 年代，價格高、單位小的貴重貨物貿易在荷蘭快速滑落，導致大部分的貴重品出口業務蕭條。價格較低，體積重的大型貨物，主要是依靠荷蘭的大型船隻運輸，但由於曾是歐洲重要工業園區的贊丹造船業之蕭條，荷蘭一些次要的港口也變得不景氣。例如在霍恩運輸大型貨物的船隻，從 17 世紀末的 1 萬 7 百艘船，在 1730 年代銳減了 8 成以上。連主要港口鹿特丹，運載法國葡萄酒的船隻，也減少了 30% 以上。荷蘭的海外貿易，在 18 世紀是依靠「輸入再輸出」轉運貿易進行。例如將殖民地的蔗糖、咖啡、菸草、茶葉以及可可等自美洲和遠東進口，然後，再出口至歐洲其他地區，以供應當時歐洲人對異國珍品的喜愛，追求時尚品味之需。但也因船業之蕭條而稍降。

　　萊登的精緻布匹產業從 18 世紀初，每年生產 2 萬 5 千匹的產量，到了 1730 年代，只剩下 8 千匹的產量。18 世紀，荷蘭一般人民的薪資，基本上和 17 世紀相比較，沒有特別提高或減少。荷蘭在 17 世紀，相對於其他歐洲地區，薪資較為優渥。由於 18 世紀中葉以前，荷蘭的物價不升反降，因此，荷蘭人的薪資可說是相對地增加了。但是，自 1750 年以後，包括荷蘭在內的整個歐洲，人口均大幅增加，導致了糧食的需求量也跟著增加。一般人民必須將大半薪資用於基本的維生食品上，因此，沒有太多盈餘來從事治裝或修建房屋等其他消費。這種情況使工業產品滯銷，導致工業經濟式微。如此，工人的失業率也大幅上升。當時，許多荷蘭人必須求助社會慈善機構的救濟。不像在 17 世紀，在荷蘭街頭上較不容易見到流浪漢和乞丐的身影，18 世紀中期以後，流落街頭的人增多不少。

工　業

18 世紀，最先經歷工業革命的國家首為英國，而在歐陸，則以南尼德蘭，也就是日後的比利時工業的發展最迅速。換言之，比利時是歐陸首先產生工業革命的地區，英國的工業革命便是經由這個門戶傳入歐陸。以地理位置來看，南尼德蘭面向法國、英國、和德意志地區的廣大市場，比利時擁有對當時工業發展來說最重要的兩個生原料煤和鐵，分別產於夏洛華 (Charleroi)、蒙斯 (Mons)、和列日地區。雖然就產量上而言，不算是特別豐盛，但卻可以自給自足。從夏洛華到盧森堡地區，水勢激盪的河川，又可以供應充分的動力讓水磨坊運作。自古以來的傳統紡織工業和冶金技術，為此地培訓了熟練的勞動力。加上交通網密布，區內運河和公路發達，且有良好的港口和金融中心。在被法國兼併的時期，這裡的工業更受到政府鼓勵，法國廣大的市場，讓南尼德蘭賺取了大筆利潤。

反觀北方的荷蘭，它的商業性經濟在 18 世紀時已經走入下坡，英荷戰爭阻礙了其對美洲和東方的貿易活動。商船、航運、和殖民地也都減少了。原先的大宗商品如鯡魚、香料、糖等在經濟上的地位，漸被煤鐵等工業原料所取代，而荷蘭商人卻一直沉醉在過去 17 世紀黃金時代的商業型態。荷蘭境內，當時沒有什麼蒸汽機，但南尼德蘭早在 18 世紀初就開始使用紐康門 (Newcomen) 蒸汽機，瓦特 (James Watt) 引擎也很快被購入引進。荷蘭最早的一部工業用蒸汽機，乃是裝設在布恩 (Boon) 的麵粉工廠而已。在法國佔領時期，南方的工業迅速起飛，北方卻忙於政治變革，經濟上明顯衰退。在尼德蘭聯合王國時期，威廉一世的經濟方針是將南方發展成工業區，將工業產品運到北方荷蘭，由北方的船運輸出國外，因此也沒有對北方的工業特別加以鼓勵。

第十章
尼德蘭聯合王國

第一節　商人國王

　　在維也納會議 (The Congress of Vienna) 中，為達成歐洲政治版圖重回 1789 年法國大革命前的「正當、合法之疆界和政府」，歐洲列強決議將位在重要戰略入海口的前荷蘭共和國，與前奧屬尼德蘭合併起來，是為尼德蘭聯合王國 (The United Kingdom of the Netherlands)。尼德蘭聯合王國的成立，是列強為了築起一道堅固的緩衝界線，共同防範法國擴張分子的野心意圖，防範阻擋其對歐洲所造成的威脅。南方與北方尼德蘭地區，在歷史上有很長的一段時間相互交融在一起，但由於尼德蘭地區，在西班牙統治時期曾發生了「荷蘭叛變」，使得北尼德蘭得以先行獨立為荷蘭聯省共和國，之後，經歷了巴達維亞共和國與拿破崙的統治時期。另一方面，南尼德蘭則歷經了西班牙、奧地利、和法國的統治，雙方於 1815 年，再度聯合為一王國時，中間已然相隔 2 個世紀之久。在彼此分離 2 百年的時間當中，雙方各自發展成南北不同的文化、生活方式、政治體系、宗教信仰、語言差異、經濟體系與價值觀等等。當聯合王國的國王，威廉一世希望以荷蘭方式來同化南方時，立刻遭遇了極大的困難，招致南方人民對他的不滿乃至反抗。南尼德蘭終在 1830 年革命成功，脫離尼德蘭聯合王國，進而建立了比利時王國 (The Kingdom of Belgium)。

　　威廉・腓特烈 (William Frederick) 是荷蘭共和國最後一位執政官，威廉五世的長子。1813 年，在歐洲列強的幫助下，接收了法國自荷蘭撤

退後的政權，成為尼德蘭聯合王國之國王威廉一世。之前，他因巴達維亞革命流亡英國，於 1813 年底，自英登陸荷蘭希文尼根 (Scheveningen) 港之後，他本人十分期望能有一番作為，重整奧倫治拿騷家族的政治威望與地位。因此，他採取了所謂「原諒和遺忘」的政策，努力使自己不再去計較之前任何對奧倫治拿騷家族責難的親法「愛國者」，希望以開放接納的態度來治理國家。由於奧地利哈布斯堡王朝放棄了過去對南尼德蘭的主權，因此，威廉一世想要利用此一時機，重新統一南北，而其他歐洲列強也害怕法國勢力將再擴大，便極力支持威廉一世。於是，在 1814 年 6 月，於《倫敦草約》(*London Protocol*) 中，針對尼德蘭問題的「倫敦八個條款」(The Eight Articles of London) 確定了一個新的政體，並在維也納會議中決議將南北尼德蘭合併為尼德蘭聯合王國，由威廉一世出任國王。這項決定完全由歐洲強權高層逕行決議通過，並沒有徵得尼德蘭地區人民的同意。

　　威廉一世的作風在歷史上被視為一位「開明專制」的君主。根據荷蘭史家柯斯曼 (K. H. Kossmann) 的說法，威廉一世是一位具有布爾喬亞風格式的生意人，也是一個社會改革者和具有民族主義思想的混合體。於茲，他的個性時而顯得有些矛盾，威廉一世並不善於代表權力，也不習慣與人溝通合作，他甚至對自己的內閣不夠尊重，重要大事經常由自己作主決定，一方面很希望整合南北，但往往又陷入左右兩難的痛苦掙扎局面。他曾說：「當我只管理北方時，比我現在做南北兩方的國王快樂百倍。」身為一個新教徒荷蘭人，想要統合南方的天主教徒，他必須克服在心理上所預設的那層自我恐懼與惴惴不安的困難。事實上，他一點兒都不喜歡深受法國文化影響的南方生活品味，正如他的南方子民也很難信任他這個喀爾文教派的荷蘭「商人國王」。

　　新王國的《憲法》中，國會採行的是兩院制，上議院是國王的代言人，嘲諷人士戲稱上議院是「國王的動物園」。下議院的代表選舉制度尚

不完備，當時南方各省，有近 450 萬的人口，北方荷蘭約有 250 萬人，但下議院代表議員卻雙方一樣，各佔 55 人。政府內閣不必向議會負責，只對國王負責即可，這種情形無疑說明了國王的保守心態。

　　在經濟政策上，威廉國王是一個積極的建設者，他希望南方的工業和北方的商業能夠同時進展迅速，因此，他建立信貸、擴建運河、鋪築道路、成立工會、設立國家工業基金會、尼德蘭貿易協會，並提供國外經濟資訊。他在 1824 年成立的荷蘭貿易公司 (Nederlandsche Handel Maatschappij)，創立資金是 3 千 7 百萬荷蘭盾，其中他自己就投資了 4 百萬荷盾。投資者年獲利可達 4%。荷蘭貿易公司，

圖 29：由佩克林 (J. Paelinck) 所繪之威廉一世肖像　被比利時人稱作「商人國王」的威廉一世，終究未能達成他統一尼德蘭聯合王國之心願。

原為整合南尼德蘭的工業與北尼德蘭的貿易及船業而設。荷蘭貿易公司也壟斷來自東印度群島，由實施「強迫種植」(Cultuurstelsel) 得來之農作物的運輸權，特別是咖啡和蔗糖。荷蘭貿易公司安排商品運銷至阿姆斯特丹和鹿特丹，獲得鉅利。威廉一世也開辦荷蘭銀行，為控管金融市場，發行國幣。除此，舉凡船業、工業、貿易、漁農業等，全都受到國家鼓勵。尤其是在工業的發展上，特別受到威廉一世的關注。他任命國家發放貸款，提供工業資金，不論是煤鐵或紡織工業的發展，尼德蘭王國在歐陸都算是首屈一指。他又將工業和信貸透過銀行聯合起來，這項措施對於工業發展甚具意義。不過，北方人還希望能再降低關稅來促進商業繁榮，但是南方卻想要提高關稅來維護新工業產品。

　　威廉一世的經濟策略是將南方的工業產品運到北方，再由北方的船

隊將貨物輸出國外或殖民地，回程時，再將殖民地的原料和資金以同樣的方式和路線送回國內。他這套經濟方針相當成功，促使尼德蘭王國再次成為歐洲的經濟強國。

在教育和文化政策上，威廉一世希望建立國家教育制度，但是國王的腳步卻站在一個非常敏感的地方，因為南尼德蘭的教育機構，傳統上一向都是由天主教會掌管。比尼德蘭之教育，早在 1806 年時就以啟蒙理性精神為基礎，對初等教育做了非宗教主義式的改革。國王認為教會的教育體制和現代國家的理念並不相符，應該由國家來負起教育的責任，盡量減弱宗教教義對教育的直接影響。他也希望藉由教育來提高王國的「大尼德蘭」意識和民族情感。鼓勵具有「大尼德蘭」意識的歷史寫作及呈現以尼德蘭歷史為主題的畫作。

威廉一世重新開放了在 1797 年被法國關閉的魯汶大學，並同時開辦根特和列日大學，在其中設立哲學院，提供神職人員的培訓。換言之，政府想要控制神職人員的培訓過程。於是在 1825 年，南方原有的小修院遭到關閉。小修院本來是為了那些準備度過神職生涯的人員，在進入主教管區神學院之前而設立的預備學院，威廉一世命令準教士們必須先在公立學校進修後才能進入魯汶的哲學院，在完成哲學院的課程後，方可進入神學院就讀。他並提出另一項規定，在國外受教育的神職人員，將不能在國內擔任神職。在中等教育的師資方面，也規定要由公立學校培養的人才方能在學校裡任課，並要求停止對學生施予宗教教育。在僅由國家訓練機構完成培訓之老師，才能在學校任課的這項規定下，致使南方的神職人員均感到極度的不安。

新教徒國王對於教會之發展也甚為重視，他成立了有關宗教事務的部門，辦理新舊教所有相關宗教事宜。借重法國國王參與推選主教的模式，也參考日耳曼地區的「開明政教」結合體制，威廉一世希望能夠藉此掌握教會的一切管理機制。他期望「荷蘭改革教會」的復興並建立其

在教會上之領導地位。

在語言政策上，兼顧原本就使用與荷語十分接近的弗萊明語
(Flemish) 之法蘭德斯地區的人民，威廉一世大力推動標準荷蘭語來作為
尼德蘭王國唯一的正式官方語言。語言統一政策之目的是為了加速南北
各方領域上的順利整合。自 1823 年起，東西法蘭德斯必須以標準荷蘭語
為正式語言，1826 年開始，在不拉班省，包括布魯塞爾和魯汶，也必須
使用唯一的標準荷文。所謂標準荷蘭語，是在 17 世紀荷蘭共和國時代逐
漸形成。當時在荷蘭境內，大多數人仍然使用荷蘭地方方言，當一些社
會地位較高的南方人民（即比利時人）及新教徒移入共和國時，也依然
使用弗萊明語。後來經過多方協調，一種以荷蘭省方言和弗萊明方言綜
合而成的文化語言就此誕生，並為其他各省的人接受推廣而成了荷蘭標
準語。但是威廉一世之語文統一政策，並沒有尊重到南方瓦隆地區使用
法語的人民和當時的布爾喬亞階層。長久以來，布爾喬亞們早已視法文
為社交與文化語言。

出版品與新聞的檢查尺度，在威廉一世統治以來，一直都受到雙重
標準的價值判斷，特別是以法文出版，內容表達對國王政策有意見的南
方報刊，經常受到當局的壓制和懲罰。

威廉一世充滿精力，在經濟政策上將尼德蘭王國各地區，規劃成相
互支持及互補的經濟體系。南尼德蘭的工業發達，可以提供許多工業產
品，再由北尼德蘭將工業商品販售到世界各地。尼德蘭王國廣大的海外
殖民地，則提供具有高價值的異國商品在歐洲市場銷售。威廉一世下令
開通運河及修築道路，連結南、北尼德蘭，達成運輸的暢通。但是，這
位「商人國王」，並不被南尼德蘭（即後來的比利時）所認同，比利時的
自由主義者看到了他的專橫，天主教徒厭惡威廉一世這個「新教國王」
過度干涉天主教的教育事業。1830 年，布魯塞爾的市民開始公開反叛，
威廉一世派軍鎮壓，反對「比利時革命」的軍事行動，斷斷續續進行了

9 年，所費不貲。但最終，威廉一世仍然無法實現「收復」比利時的夢想。

第二節　國王的夢想

　　尼德蘭聯合王國的組成，在表面上看來似乎是一個民族國家，人民大部分都使用相同的語言，曾經擁有共同的歷史和文化，有一個政治和經濟實體，而國王威廉一世也請來歷史學家撰寫南北尼德蘭的共同歷史，威廉一世並鼓勵畫家創作「歷史畫」，以尼德蘭歷史的發展為主題，來激發南北尼德蘭的歷史民族情感，以便促進「大尼德蘭」意識。但是「大尼德蘭」運動並不如預期般成功，真正浪漫派的史家反而是最反對「大尼德蘭」主義者。例如一位對文學、音樂、語言、和歷史都有著深厚造詣的布魯日神父學者德弗勒 (De Foere)，他編寫了一套 24 大冊的《比利時的目睹者》(*Le Spectateur Belge*)，在書中提出法蘭德斯語及其文學和歷史等起源，與荷蘭語文和其文學、歷史之間，兩者的相異性。

　　事實上，在尼德蘭聯合王國，掌握國內及外交政策大權的國務大臣，荷蘭省出身的福克 (Falck)，早就察覺了南北整合的困難。這位冷靜的觀察者因而提出南北分治的想法，但因和國王的夢想不符，只好作罷。在 19 世紀初時，尼德蘭南方的自由派分子，多多少少帶有一些烏托邦色彩，這些自由派的布爾喬亞階級提出要求，希望至少在第二院的選舉是直接選舉，議員也不能兼任其他公職，內閣必須要對國會但不針對國王負責。1815 年左右的自由主義，若以現代認知的自由主義來看，它是在某種程度上的一種反教權主義 (Anti-clericalism) 及反貴族傾向的人士們所提出的政治和社會改革。在當時，南方有著不少屬於自由派的布爾喬亞階級，他們是法語區的知識分子，受到法國貢斯當 (Benjamin Constant) 等人的影響。特別有趣的是反教權主義者，居然和天主教領袖

合作聯手，一致反對起威廉一世的各項政策，這樣的結果，就連國王本身都十分訝異。在天主教會方面，如根特市的主教，一開始就不打算支持這位新教徒國王，再加上一些年輕的天主教徒受到自由思想的影響，形成所謂的「自由天主教派」，並以麥赫倫主教德美恩 (De Meon) 為領導，將宗教與自由思想結合，開始積極要求教育、出版、結社、和信仰的自由。

在梵諦岡教廷方面，雖然不滿意自由主義分子的主張，但更不喜歡讓一個喀爾文教派的國王來決定主教們的陶養過程，更遑論威廉一世要參與主教的任命權。經過多次的談判，終於在 1827 年達成一個協議，主教座堂的教士們在開會決定主教候選人時，必須向國王徵詢，國王有權力可以表示自己對候選人的看法及接受與否；相對地，教廷方面則提出恢復主教的等級制。如此一來，在名義上，雙方達成政教協定，但事實上，這個協定在王國內卻沒有真正地落實過。天主教會仍然嫌政府對其干涉過多，國王及新教徒也強烈反對一度被廢除的主教等級制。1827 年之後，天主教教士和自由主義者之間的合作關係轉為密切，自由分子討厭威廉一世的專制，教士們則不喜歡他的喀爾文身分。因此，原本不同的群體，為了共同的「敵人」而展開聯手；為了自由的價值，而超越了彼此間的差異。

語言的同文政策是布爾喬亞和知識分子最不想跟進的事情。瓦隆地區的居民全都使用法語，並已有千年以上的古老傳統，法蘭德斯和不拉班地區的知識階層，在當時也說法文，再加上 20 多年來和法國的合併，法文早就是一般社交場所使用的語言。在鄉間的農民雖然使用極為接近荷語的弗萊明語，但他們也沒有任何意願改學所謂的標準荷蘭語。政府卻規定不懂或不用荷語，就不能擔負任何公職，這種語言政策，引起人民強烈的不滿。在工作機會上，即使較普遍的一般工作也考慮優先錄用北方荷蘭人，此舉造成對南方人心理和實質上的雙重傷害。

　　經濟改革上的成就對整個尼德蘭聯合王國來說，十分有利。由於威廉一世非常看重工業發展，並想利用南方的工業基礎養國，但是南北二方的經濟型態造成各自的需求不同，例如，北方人走商業貿易取向，想要降低關稅，南方人則需要保護工業而提高關稅。南方在法國兼併時期工業便已起飛，又有多項礦產原料，再加上早在中世紀便已發達的紡織工業，被視為歐陸最早實行工業化的領先地區。而北方的商業優勢，在18世紀時即已步入停滯，又逐漸失去殖民地和船艦。儘管如此，荷蘭人仍然希望能重回過去17世紀的黃金時代。1815年時，南方人民的平均所得是北方人的雙倍，不僅工業成長快速，威廉一世又越來越看重工業發展，使得南北方之經濟型態形成對比。北方人心中也不是滋味，南方人則不甘心拿出更多的金錢，來提供政府或是供養北方人。

第三節　迴盪的詠嘆調

　　在1828年的秋天，天主教會和自由派人士已經組成了「反對聯盟」(Union des Oppositions)，公開對威廉一世的政策進行反抗。其最主要的訴求是：希望議會憲政改革，以及要求出版、信仰、結社、教育、和語言自由。威廉一世的政府願意在宗教和語言政策上讓步，但反對放寬出版以及教育上的規制。此時，在《低地國通信報》發表新聞批評政府言論的記者德波特(Louis de Potter)，被判毀謗罪遭罰入獄，這件事反而使德波特成為南方的「民族英雄」。針對新聞自由的論戰也更加激烈，使得政府不得不做出承諾，答應在出版上稍作開放，這一回合的勝利使得南方人民氣勢大增，於是，自由派的報紙便更進一步提出南北分治的構想。

　　1830年，當離布魯塞爾不遠的巴黎傳出七月革命的消息時，革命氣氛感染到布魯塞爾，再加上之前1829年時，由於適逢嚴冬，造成農作物歉收，工業產品滯銷，失業率提高因而帶來社會不安，反對政府成為大

眾共同的情緒。1830 年的夏天，在 8 月 25 日，議論紛紛的群眾聚集在布魯塞爾廣場。原本看似尚不至於發生示威或抗爭的跡象，就在此時，布魯塞爾歌劇院卻傳來一陣音樂聲，大歌劇「波第奇的啞女」(*La Muette de Portici*) 正在此上演。此歌劇為歐貝爾 (Daniel Auber) 的作品，在 1828 年於巴黎發表時，一度遭到禁演，但還是繼續以不同的名字在一些大城市上演。歌劇劇本是由斯克里伯 (Eugène Scribe) 和德拉偉 (Germain Delavigne) 合編，內容描述 1648 年，發生於拿坡里反抗西班牙的事蹟。劇中的主角啞女是位英雄人物，她只能以手語表達自己，但透過音樂向觀眾傳達了她的心聲。男主角的部分則是以歌詞和音樂來呈現其浪漫式的民族情感，再配合上大歌劇獨有的壯麗特色和誇張形式，如壯觀的大合唱、群眾遊行場面、浩大的軍樂式進行曲和芭蕾舞場景。當劇中的主角男高音以宏亮又抒情的聲音，唱出詠嘆調「我對祖國神聖的愛」，全場的觀眾熱烈起立鼓掌，巨大的掌聲自歌劇院傳到場外的布魯塞爾廣場，劇院裡外的群眾，同時燃起激烈情感。情緒較為激動的人開始騷動，他們打破劇院的玻璃門窗，衝進院內，此刻每個人似乎都成了熱情激昂的「愛國者」。

威廉一世的軍隊聞訊連忙前往制止，且與群眾間發生小規模的開火事件，在街頭喧囂的人民，將國家衛隊趕至皇宮附近，此時狀況已告失控。但威廉一世尚未察覺事態嚴重，僅在 4 天後的 9 月 3 日，派遣王子至布魯塞爾察看。應群眾的要求，王子答應向父王溝通表達民意，但卻沒有具體結果。同時，南方各省各地的人民也大量湧入布魯塞爾支持抗議行動。在 9 月 23 日到 27 日這段期間發生了更激烈的抗議示威，憤怒的群眾丟石頭砸東西，於是政府派出軍隊駐守各區，這段經過在尼德蘭史上稱為「九月天」(The September Days)。

「九月天」時，連鄉間農民也在其教區的允許下加入了反抗威廉一世的活動，在法蘭德斯地區展開示威，列日地區的工人們也在當地進行

抗爭。威廉一世的軍隊並沒有真正採取開火還擊的鎮壓行動，因為國王不想造成血腥鎮壓，甚或演變為戰爭。但是事情越鬧越大，9 月 25 日時，南方在羅傑 (Firmin Rogier) 的領導下組成臨時政府，國家軍隊於是在安特衛普向抗議活動展開還擊。在海軍軍官史派克 (Jan van Speyk) 指揮下的船艦，在安特衛普附近被比利時人圍攻，但他拒絕投降，因此點燃了船上的火藥筒。船隻因而爆炸毀壞，史派克與同船人員全數罹難。在荷蘭的通俗歷史與文學中，史派克被塑造成了一個傳奇人物，他也被美化為一個寧死不屈的英雄形象。史派克後來被安葬於阿姆斯特丹的新教堂當中。1830～1831 年間，因為缺少國際上對荷蘭的支持，荷蘭在征討比利時獨立戰爭中走上失敗。

10 月 3 日，約有 3 萬人參與籌辦比利時議會和立法機構的成立；10 月 4 日，臨時政府發表宣言，宣布比利時將成為一個君主立憲的國家。

原本，比利時要推舉法國路易菲力的次子拿慕兒大公 (Duke of Namur) 為國王，但未能通過國會決議，後來改由英國維多利亞女王的叔父，李奧波多親王 (Prince Leopold of Saxe-Coburg-Saal) 為比利時第一任國王。雖然，瓦隆地區的親法派依然反對，不過基於他為法王女兒路易・瑪麗的丈夫，最後終於同意李奧波多為國王，在英法的共同支持下，1831 年 7 月 21 日宣誓就職，並宣稱為永久中立國。但是威廉一世一直不願意承認比利時獨立，直到 1839 年，在法國與英國的協調下，才正式公開承認比利時獨立的事實。

第四節　南北分裂後之荷蘭

1830 年的比利時獨立，迫使荷蘭必須面臨領土及人口減半的處境，工業資源也頓時出現減縮的狀態，更重要的是，荷蘭人必須重新調整心理，認知自己在歐洲國際上的地位。17 世紀的黃金時代不再，要從曾經

是歐洲強權的懷舊黃金夢中甦醒，看清荷蘭只是一個處在歐洲列強間的
小小國家。同時，荷蘭也必須調適和自己剛分家不久的鄰國比利時，思
考如何發展彼此間的未來關係。

　　在國際外交事務上，經由多方考量，荷蘭選擇成為中立國。保持中
立，不積極參與歐洲的政治事務，這麼做，可以確保國家免於捲入歐洲
紛爭的事務。這種中立外交政策，直到第二次世界大戰後才告打破。

　　國內的新秩序也有待重建。國王威廉一世，希望能把比利時獨立所
帶來的衝擊與損失減到最低，所以不主張修憲或大幅改革，以避免在社
會上引起更多的動盪不安。他企圖主導各部門的施政以便掌握實權，但
改革派及一般官員認為國家更需要的是憲政改革，自由主義者也希望能
夠建立起一個強而有力的議會政體，由各級部長來對議會負責，提議讓
國王扮演精神領袖的角色即可。1840 年，確實有了小幅度的修憲，例
如，要求部長在頒布法令或皇家詔令時必須先經簽名連署，對於行政官
員的權責行為也訂出規章，但尚未落實將政治責任充分交予各個部長的
想法。就在此時，國王的婚姻狀態也受到批評，身為一個新教徒國王，
在妻子過世之後，他迎娶了比利時的天主教女伯爵愛歐特盟 (Henriëtte
d'Oultremont de Wégimont)。在各方反應出對於國王的種種不滿下，威廉
一世，在擔任了 27 年備受爭議的國王角色後，終於決定遜位，將王位交
給王子威廉二世 (William II)。威廉二世，曾參加過擊敗拿破崙之滑鐵盧
戰役 (Battle of Waterloo)，1826 年，他與俄國沙皇亞歷山大一世 (Tsar
Alexander I) 之妹安娜 (Anna Pawlowna) 結婚，在 1830 年，也擔任過尼
德蘭聯合王國反對比利時革命的軍隊總指揮。

　　威廉二世即位不久，歐洲便發生了 1848 年革命，這一年，歐洲各地
發生了一連串的革命，不論各地都想要推翻舊政府的保守勢力。其目的
均為建立一個較為自由的政治體系，如法國、奧地利、日耳曼。當時在
阿姆斯特丹和海牙，也爆發要求改革的示威。在這股潮流下，威廉二世

因擔心自身的地位不保，不得已也必須從保守政策走向自由開放。威廉二世被迫要轉變王室的保守形象，他必須接受政府對他個人權力的限制。荷蘭的自由主義，於尼德蘭聯合王國時期逐漸成為一種流行思想，在政治上產生了責任內閣制的政府，並主張公開討論國家預算及財務政策。

第十一章
19世紀荷蘭的政治、社會、經濟與文化

第一節　自由主義與政治發展

　　一般而言，自由主義者認為人具有天賦的自由，換言之，即人生而自由。故人的天賦自由權利，是早於政治與法律制度中所保障的自由和權利。人類天賦的自由，不應該受制於政治權力的干涉。但在人類社會中，自由已無法在自然狀態中受到保障，於是，依照啟蒙哲士的說法，必須訂立社會契約。透過政治法律制度，保障人類的天賦自由。於茲，政治制度是個人為了自身生命以及利益下產生的體制。自由主義者希望藉著國家機器使人權得以保障。個人與總體的自由，在相互協調下，應該享有最大限度之自由。人們對於國家權力則必須立法限制，而人民的社會也在國家的監督下生存。國家治理人，需要委託於政治專業人士，並希望國家與法律可以保障人類的自由，但國家與法律有時卻又限制了人類的自由。於是，人類為了保障自己的天賦自由，也會反抗法律和政治制度。弔詭的是，法律和政治制度是護衛天賦自由的一種體制。

　　自由主義者，托北克 (Johan Rudolf Thorbecke) 在荷蘭的憲政改革上，扮演了很重要的角色。這位研究政治史的歷史學家兼律師，創擬了〈憲法的重要性〉一文。該文對荷蘭的現代政治發展，有其巨大影響，此乃因托北克的撰文，提供了荷蘭一個具有自由特質的政治體系。即權力的分化，以及政教的分離。

1840 年，托北克已成為荷蘭自由主義者的圭臬。同年，他當選為首相，在他的任內 (1849～1853)，以 1848 年所擬的《憲法》為行事基準，對很多事項進行了改革。這部新《憲法》與比利時的《憲法》一樣，無疑是當時全歐洲最具「現代性」的《憲法》，其內容保障了人民在宗教、教育、集會、出版上的自由，並給予國會更多的實質權力來審議國王的行事。國會由上下兩議院組成。上議院的代表不再由國王指派，但由省議會選舉產生，以 9 年為一任期。下議院和市議會代表，則由具有投票權的公民，以直接選舉的方式產生，每 4 年為一任。部長們必須對國會負責，國會有權質詢部長。國會上下兩院有立法與質詢的權力。

與比利時的政治與社會結構相比，荷蘭政府中的保守勢力稱不上強大，因為在荷蘭歷史發展中，並沒有出現過真正強勢的封建貴族。因此，也就沒有一個傳統的強大保守勢力之存在。在 1850 到 1860 年間，雖然有些政治上的保守分子，並不期望任何「社會變動」，但他們畢竟沒能得到廣泛的支持。倒是有些議員或部長在各項政治、經濟、社會改革上都採取「中庸」的態度，行事小心謹慎，不願輕易做出大幅度的變動。例如，銀行家出身的財政部長范豪 (Van Hall) 就是一個典型代表者，像他這樣的人，在當時被稱為保守的自由主義者。

威廉三世在其父威廉二世過世之後繼承了王位。他曾盼望將荷蘭的政治情勢扭轉到 1848 年新《憲法》制定前的局面，恢復國王有權力指任第一院代表人選，而部長也只需向他負責即可，不過威廉三世始終未能如願。這種存在於王室、國會、及政府首長之間的緊張關係，確實引發了荷蘭的憲政危機。在 1866 年的選舉中，威廉三世企圖干涉選務，堅持「皇家特權」應該包含任命及解任部長的權力。不過，最後他還是屈服於國會的多數反對票之下。

自由主義者，在荷蘭作出如下呼籲：在自由的社會中，國家機器不得任意干涉個人在各個方面的生活。然而，不論在荷蘭或歐洲其他地區，

自由社會的到來，並不意味著國家對私人事務的干涉就此銷聲匿跡。一般來說，荷蘭在19世紀，仍有許多發展的空間，具有現代意涵的政黨也尚未真正誕生。

在尼德蘭聯合王國時期的《選舉法》中，只有極少數的富有人士，才具有資格行使選舉權。經過1848年的憲政改革之後，約有4%的人口得到了選舉權資格，不過，這已經是過去的3倍人數。1887年，再次修憲，選舉人口數雖然逐漸增加，但至19世紀末，並沒有出現一個真正具有現代民主意義的《憲法》。例如，僅有10%的成年男子擁有選舉與參政權。直到1917年，男子普選才告確立，晚至1919年，女性普選方得落實。

荷蘭在政黨政治上的發展，要到19世紀中葉以後，自由主義得到支持時期，政黨政治才開始運作，1900年以後才完全落實。荷蘭最早的政黨是1878年成立的「反革命黨」(Anti-Revolutionary)。居普爾 (Abraham Kuyper) 是反革命黨的創始者，該黨主要宗旨為反法國大革命中的一些意識型態。如大革命對基督教士、教會的反對，實行「去基督教化」(De-Christianization) 的措施。居普爾提議，荷蘭社會可以清楚的劃分成基督教及非基督教兩個群體。居普爾這種想法，為後來荷蘭演變成「柱化」社會的原因之一。而基督宗教的兩個宗教黨派，後來也合併為「基督教民主聯盟」。

社會主義政黨於1881年，由紐文豪斯 (Ferdinand Domela Nieuwenhuis) 創立。進入國會取得席位，則是在1888年，社會主義的部分人員，後來偏向了無政府主義 (Anarchism)。紐文豪斯原為路德派的牧師，並成為一個推動思想自由者，在1881年創立「社會民主協會」(Social Democratic Association)，7年之後，成為第一位進入國會的社會主義者。由於對議會政治運作有些失望，最後轉而支持無政府主義，進而反對議會組織。紐文豪斯曾活躍於國際的無政府及社會主義運動組織，

與恩格斯 (Friedrich Von Engels) 等人合作過。其重要著作為《社會主義史》、《從基督徒到無政府主義者》。社會黨在 1894 年之後，漸漸發展為較溫和的社會主義，並成立「社會民主工人黨」。在 20 世紀初期普選實行後，在議會中的席位便逐漸增加。

具有宗教性質的政黨是喀爾文主義的「基督教黨」和「羅馬天主教黨」。後來，在荷蘭政黨中，最具影響力的 4 個政黨分別是：自由黨、社會黨、新教黨、和天主教黨。不過，沒有一個政黨能夠成為最大黨。於茲，在內閣的組閣中，各政黨間的「妥協藝術」成為一個趨勢。

兩個世俗政黨，自由黨和社會黨及兩個具有宗教性質的政黨，新教黨因和天主教黨有時會聯手組成聯合黨，有時也會出現執政黨與在野黨立場交互重疊的現象。夏普曼 (Hermanaus Schaepman) 和居普爾是促成宗教政黨聯合的推動者。居普爾在議會服務之時，就因個人宗教虔誠因素想要推動新教文化，於是在 1886 年，居普爾這位教士首相，希望改革荷蘭教會，與原本的「荷蘭改革教會」分裂。從荷蘭喀爾文教會中，另創了一個「荷蘭正統改革教會」，宣稱自己是更正統的喀爾文教派，繼而召集公開「認信運動」(Confessionalism)，即公開表示自己的信仰認同，來支持同屬一信仰理念的黨派。1888 年，居普爾與同為教士的政治家夏普曼，共同新組宗教聯合政黨，夏普曼是天主教教士。

基於 1848 年的《憲法》，因正式保證了宗教信仰的自由與合法，教廷立即任命委派 5 位荷蘭新主教，恢復教士聖統制，鼓舞了荷蘭教會重建天主教會的力量。1891 年，教宗李奧十三世 (Leo XIII) 頒布〈教宗通諭〉(*Encyclinical*)，發表了 Rerum Novarum 通諭，意思是「新事物」。教宗的「新事物」有個副標題，名為「資本主義與勞動的權利與義務」，其內容中特別關注在資本主義下，勞工的痛苦，提出國家應該促進社會正義。基督教民主政治運動受到「新事物」通諭之啟發，在歐洲許多國家誕生。荷蘭也不例外。居普爾則創立阿姆斯特丹自由大學，這是個以喀

爾文教義為主旨的學術教育機構，有力的推動了基督教文化。由於他對教育的興趣，在他擔任首相職務的時候，所籌組的宗教政黨聯合內閣，促成了國家必須補助私立教會學校的法案。

學校問題與政黨

公立學校和私立教會學校的經費補助措施，多年以來，是荷蘭政治和宗教上相互影響下的一個複雜爭議問題，所謂的「學校戰爭」(The School War) 於是產生。「學校戰爭」最先始於 1825 年，在天主教議員范撒斯 (Van Sasse) 於國會上的一場演說中，他提到，為了捍衛自由，便必須實行教育自由的理念。范撒斯認為，天主教學校應該有自己的權利，以天主教倫理為教育宗旨來興學辦校的自由。因此，在 1848 年的《憲法》中，解禁了嚴格審核私立學校辦校的法規（教會所辦學校多為私立）。但活躍於 19 世紀的自由主義分子，特別是對一些自由派的高級知識分子來說，他們理想中的一般學校，必須是可以超越宗教信仰的。他們主張將教育課程集中在提高一般知識性的課業上，希望將教育的目標，往啟發學童理性的方向上去推展。當時，一些自由派之新教政治人物，多半也支持自由主義的教育理念，於茲，他們反對天主教設辦私立學校。新教主義的政治人物心目中的理想學校是，教育必須包含新教倫理的公立學校型態，但是，課程內容並不過度強化新教教義的教育政策。於是，在 1857 年的《教育法案》中，政府公布了公立學校的教育宗旨；是以秉持基督教義、社會道德、和其他一般知識並重的原則，但卻排除了國家對於天主教私立學校的經費補助，因而導致了所謂的「學校戰爭」。

在梵諦岡方面，教宗碧岳九世 (Pius IX) 於其訓諭〈何等關心〉(Quanta Cura) 中表達了他的立場，教宗將支持荷蘭主教所發起之，呼籲天主教徒們，一定要將孩子送往天主教學校接受教育的運動。在教育經費的補助上，由於新教「認信團體」所創辦的私立學校也希望得到國家

的經費，所以，天主教學校也要求比照辦理。新教政黨和天主教政黨便聯合促使政府，盡快通過私立學校得到經費補助的法案。既然每個基督教徒也都有公平納稅，同力來支持公立學校的經費，為何私立教會學校卻無法得到補助的這種正當理由，促使新的教育法案，不得不通過對私立學校提供經費的辦法。

自由主義者以天主教教育特別僵化的理由，一直反對天主教教會設辦私立學校。但新教和天主教所組成的聯合基督教政黨，終至促成了《學校修正法案》，並在 1917 年完成立法。自 1920 年起，國家將所有中小學的學校設備標準化，班級人數有其一定之名額，並制定對於基本學程、師資合格證書、以及考試標準等的落實。自此，國家也沒有任何權力，強行規定學校必須使用某種特定教科書，對於要讓孩子就讀公立還是私立學校，家長也有絕對的自由選擇權。

至於執政黨與在野黨立場交互重疊的情況，則可以實例來說明其情形。例如，在對經濟政策的意見上，社會黨和自由黨的立場可能會處在「左」「右」兩極，而另外兩個宗教政黨對經濟問題，則可能處在「左」「右」兩極之間，或「偏左」或「偏右」，必須視該宗教政黨願意支持何種經濟政策為指標。但是，在對於倫理或文化政策的看法上，例如，《墮胎法》和教育的議題上，就可能產生社會黨和自由黨同時支持一個立場或不同立場，而宗教性政黨在「反墮胎」的立場上就會彼此一致。因此，便會發生當政的新教政黨與在野的天主教黨站在同一陣線，聯手反對執政的自由黨或社會黨所提出的墮胎和教育提案，或是執政的自由黨與在野的社會黨，聯手反對由執政的宗教性黨派所支持的提案。

第二節　社會的柱化 (Pillarization)

自從宗教改革以來，路德派和喀爾文派根據「一個地區的人民，接

受其領袖的信仰原則」(cuius regio, eius religio)，使得宗教和政治意識型態在尼德蘭地區複雜化。南方靠近比利時的地區多為天主教區，東北方則是由新教主義主導。直至二次世界大戰以前，荷蘭的宗教價值是社會支配性的力量。我們可以說，19世紀的荷蘭，是屬於一個基督宗教之國家。到了20世紀初期，約有35%的荷蘭人士為天主教徒，42%是荷蘭改革教會宗派，9.5%為所謂的正統喀爾文教派，約6.5%則為其他宗教派別，宣稱自己不屬於任何宗派的人士則佔6%，還有對宗教傾向不表態者。所以，「無宗教派別」和「不信仰宗教者」是有區別的。「柱化」曾是當代荷蘭社會的典型現象，也構成了19世紀荷蘭社會的特色。佔多數的荷蘭改革教會與天主教宗派，已經組織成屬於自己的群體生活。

　　由於政黨公開認信的發展及稍前所述之「認信」活動的發生，不同的認信團體及意識型態就反映在社會生活裡。荷蘭人因其不同的宗教信仰和政治認同，加上對認信黨派的支持行為，導致了社會中發展出許多小社群。換言之，在宗教公開認信政黨及世俗政黨的競爭下，演變為一種複雜的政治分立的社會。社會學家稱其為「柱化」(Pillarization)，荷文稱作 Verzuiling，意即在政治及宗教之不同立場下，社會上發展出各個眾多「柱子」(pillars)。一個個小社群就像是建築物的柱子般，分割了社會空間，社會同時出現許多個柱子並存。在每個柱子下面則發展具有「次文化」的社會團體。這些次文化團體，各自擁有自己意識型態下運行之學校、組織、醫院、媒體、娛樂團體等。這種社會分立化的現象，同時存在於比利時和荷蘭社會中，約從19世紀中葉一直維持到1970年代左右。

　　長久以來，宗教在荷蘭人的生活中以及在各個層面如政治、教育、經濟上，都扮演著舉足輕重的角色。也正因如此，所以，「柱化」的社會和宗教因素有著最直接的關係。事實上，荷蘭最初的「柱化」現象就是因為宗教世界與世俗化 (secularisation) 社會的對峙而產生，政黨上也因

為信仰問題而衍生出世俗政黨與宗教政黨。政治意識型態或宗教信仰相同的人，各自擁護其所認同的價值觀，形成了各個柱化下的「次文化」社區。例如天主教徒、新教徒、社會主義者、自由主義者和其所認信的政黨形成同一個「柱化」社群，個人便在各自的社群中，參與自己社群的組織，就讀由自己社群所興辦的學校，閱讀自己圈內的報紙，聽自己的廣播，到自己的醫院看診，參加自辦的各種俱樂部聯誼活動，與同一個社群中的人結婚等等。因此，經常會發生像是社會黨人士絕對不會到天主教所辦的醫院去看診，反之亦然。類似的情況，可能發生在另一個「柱化」中的成員身上，換言之，「柱化」中的成員之間彼此很少往來。

一個「柱化」的、分裂的社會，在國家層面上要如何統一，在荷蘭便成為一種協調的智慧和藝術。「柱化」的現象，可以一棟建築物作為比喻。國家像是大屋頂，由 4 個不同的柱子，自由黨、社會黨、新教黨、和天主教黨支撐著。這些柱子看似獨立單純，但卻相當複雜。荷蘭社會的「柱化」現象，是在歷史發展的進程中形成。除了宗教因素，隨著社會的世俗化與人們的自由意識，每根柱子都是建立在自由的原則上，社會階級解放和社會主義的工人運動等都有助於社會自由。起初，「柱化」現象的出現，的確是因為宗教因素，是宗教激發了每一個「柱化」群體。宗教人士想要創造一個新教面向的社會，或是組成一個天主教信仰下之倫理生活社會，主要是由天主教和新教在 16 世紀的分裂而產生。但在世俗化社會中，宗教團體與政治和政黨在社會各層面，如在經濟發展、文化進步及法律之前人人平等的概念下，必須與其他「柱子」下之成員溝通。

也正是在這樣的情況下，政黨的角色便更形突出。在「柱化」的每個社群中，其菁英分子，通常會成為其柱子所代表之政黨當中的一員，然後，通過提名進入國家級政黨競選，透過選舉的過程再進入議會。這些來自各個不同「柱子」的代表們，便可在國會進行協商，走上協合式

的民主政治 (Consociational Democracy)。在荷蘭，這種溝通模式是必須的，否則，在「柱化」的社會中，社群彼此間互相隔絕，若不由領導級的人來相互溝通協調的話，也就無法為國家級的決策做出任何決議。這種協合式的政治也是維持社會穩定的一種方式。

不過，並非所有的荷蘭人都傾向「柱化」，一些商業性質的組織，為擴大其所得利益，便不想參與「柱化」的社會。另外，也並不是所有的荷蘭人都生活在「柱化」的社會中，特別是一些具有自由風格之知識分子和自在的藝術家們，比起社群式的生活，他們會更傾向於重視自己的個人生活方式。

因為柱化的社會，尼德蘭地區的現代化過程，與其他的西歐國家有些不同。一般來說，現代化的進程都會先經過前工業期，然後在經濟、政治、社會、文化上各方面綜合達到整體的現代化。但荷蘭與比利時，在其現代化過程中又交織了「柱化」的現象。基本上，現代化的社會在結構上，包括了資訊的標準化、政治參與的增加、消費社會的來臨、分散傳統的權力配置的改變等特質。在荷蘭，其現代化的過程中，獨一的，具支配性的「柱化」社會需要彼此溝通，所以，政治權力經常成為兩個或者更多「柱子」之間的聯合角色。存在於「柱子」與「柱子」之間的衝突，必要時，會出現在國家層面的事務上，不過仍然要以國家利益為前提。而這些「柱化」的特質，其實也具有一些現代化的特性，因它是在現代化的社會中產生。

為何「柱化」具有一些現代化的特性，它又是現代化社會下之產物？在 1960～1970 年代，探討「柱化」的研究領域中，社會學者們主要將之視為一種對現代民主發展上的障礙，如以勒可 (J. B. De Lerco) 觀點為首的學者認為：「柱化」是保守政治勢力操弄下的結果。至 1980 年代，政治學者如雷琺 (A. Lijphart)、海斯 (L. Huyse) 等則認為：「柱化」在一個深度分裂的社會中扮演了一個維持穩定性的社會力量。1990 年代以後，

在研究「柱化」的議題上，特別在論及宗教所扮演的相關角色上，發展出了較過去不同的問題意識，討論了宗教「現代性」(modernity) 與「柱化」的相關研究議題。

在探討「柱化」現象時，傳統上，常將研究重點放在探討「柱化」的起源，將它解釋為社會菁英人物為達到操控部分人民的某種策略，是由公開認信的菁英們所採取的手段。這種研究前提，符合馬克思主義 (Marxism) 式的觀點，把宗教看作一種資本主義者的同儔，也是布爾喬亞勢力為剝削群眾的手段，將宗教視為反「現代性」的要素。在萊特 (H. Righart) 所做的研究當中，他把「柱化」的發展看成是自 19 世紀以來，教會對「世俗化」世界的某種回應。著名的社會學家杜布拉 (K. Dobbelaere) 是此類論點的研究先驅，他將這種看法加以理論化。有些史家也強調，例如天主教社會中之基督教民主政黨的成長及其麾下的群眾組織，乃是發展於較保守之「教宗至上論」(Ultramontanism) 的氛圍當中，因為「教宗至上論」，基本上強調拒斥「現代性」價值，特別是以自由主義為前提的自由平等思想。在此，「柱化」被看成是一種教會為了避免失去群眾而採用的策略，「柱化」社會被看成是一種反「現代性」的產物。然而，另有一些學者卻認為，教會的「科層化」(bureaucracy) 組織恰恰是「現代性」的一部分。此種論點乃是根據盧曼恩 (N. Luhmann) 的社會系統理論而來，歷史學家如海勒曼 (S. Hellemans) 和柏思爾 (Patrick Pasture) 就據此，研究教會在反對「現代性」價值的同時，自身卻也無可避免的進入「現代性」當中，成為現代化與「體制化」環結下的一部分。

第三節　經濟與殖民政策

直至 19 世紀末，農業與商業一直是荷蘭經濟最重要的支柱。1815年，南北尼德蘭成為一個聯合的尼德蘭王國，在威廉一世之統治下，荷

蘭人曾經希望朝向多元經濟的發展。威廉一世推動的工業政策，嘗試以南尼德蘭瓦隆地區之生原料：豐富的煤鐵產量，改變經濟發展，以走上荷蘭的工業化。但是，在比利時於 1830 年獨立之後，荷蘭工業發展受到重大打擊。只有在 1870 年代以後，才開始走上現代資本主義式的工業社會。當然，工業社會也伴隨了廉價的婦女勞力與兒童勞工薪資，並發生許多對工人的壓榨情形。

比利時獨立後的 10 年，是荷蘭經濟的蕭條時期。由於荷蘭本地欠缺天然礦產原料，經濟上向來都以農、商、航運為主，其工業化較其鄰國比利時就晚了許多。加上 1840 年代，國內農作物如馬鈴薯等歉收，造成農民害怕的糧食短缺，一度引起了社會騷動。但是，若與同時期的其他歐洲各地相比較，荷蘭仍然算得上是繁榮之地。

荷蘭的國內經濟狀況與其海外殖民政策關係密切。18 世紀末期，因東印度公司不只是和爪哇作戰，也因公司本身職員的貪腐，過度榨取東印度資源，再加上經營不善，又遭遇到來自英法的激烈競爭，終至一蹶不振。英國與荷蘭的第四次戰爭，更打擊了東印度公司的海上貿易。1789 年，該公司的赤字已近 7 千 5 百萬荷盾。在法國於 1795 年入侵荷蘭，以及在隨後之巴達維亞共和國時期，更由於政治情勢複雜，經濟發展受阻。路易‧拿破崙在 1808 年曾委派丹德爾 (Herman Willem Daendels) 為印尼總督，他是一位具有法國啟蒙革命思想之人士，故主張推動爪哇政治制度的改革。但具有既得利益的本地貴族，則對丹德爾的改革相當不滿。不過，後來由於法國拿破崙政權失敗，英國進而取代荷蘭，佔領爪哇及雅加達（巴達維亞）。到 1816 年，印尼才重新歸荷蘭所有。

自 1825 年開始，為期 5 年的爪哇戰爭，是當地貴族對荷蘭統治的反抗。由狄波諾格羅 (Pangeran Diponegoro) 所領導，約有 20 萬名爪哇人在戰爭中死亡，死亡人數佔當時爪哇總人口的十五分之一。但這個戰爭尚

不能稱為一個具有現代意義的反殖民運動。當時爪哇人只是希望掙脫荷蘭的統治與剝削。爪哇戰爭使得荷蘭的殖民政策轉趨保守，在19世紀又蕭規曹隨，走上東印度公司式的統治模式，即統治上層皆由荷蘭官員組成，下層則由當地貴族擔任官員。

19世紀，荷蘭對印尼的殖民政策，大抵上採取「強迫種植」制度和「道德政策」(Ethical policy)。是由爪哇的東印度公司總督，范登包許(van den Bosch)在當地迫使爪哇農民必須將其20%的耕地面積用來種植荷蘭人所規定的作物。選擇種植何種作物，則隨著歐洲市場所需而定，這種耕作系統有效的提供荷蘭具有市場價值的作物，使其歲收增長了30%之多。東印度公司在1798年，結束了在印尼群島的事業之後，1813年，奧倫治拿騷家族的威廉·腓特烈，接收了殖民地的最高支配權，他任命3個特派總督，前往當地掌管殖民事業。

由於適逢荷蘭國內經濟不景氣，壓榨印尼人民之舉又導致了殖民國的抗爭，荷蘭為此耗資頗多，殖民政府負債累累。為了改善國內經濟，殖民者施行「強迫種植」政策，尤其針對爪哇地區。單就殖民者的立場來看，這個政策增加了爪哇地區農作物的輸出，提供荷蘭在國際貿易及船運方面的利益。如前所述，一塊農地有五分之一的耕種面積必須拿來種植荷蘭人強制規定的作物，如咖啡、甘蔗、菸草、藍靛、胡椒等讓殖民者收購。如果因天然災害影響到收成欠佳，荷蘭方面擔保其損失，並可以免繳地租；沒有耕作土地的居民，或者其土地不適合種植規定作物的地主，則以勞役代替，同樣以全年五分之一的工作天來計算。這種政策自1830～1870年間實施，使殖民政府進帳8億4千萬荷盾。但對於被殖民者而言，「強迫種植」畢竟是一種控制當地人民的壓榨行為，爪哇人對於這樣的政策極度不滿。

荷蘭文學家狄克(Eduard Douwes Dekker)曾經擔任過東印度公司職員，他便以筆名莫塔杜里(Multatuli)將此一題材寫成小說《麥斯·哈弗

拉爾》(Max Havelaar)，反映了荷蘭殖民當局的剝削行為及爪哇人的困苦，呼籲抵制「強迫種植」法。一些自由主義者如范和維 (van Hoëvell) 也致力於廢除這種對殖民地的壓迫，因此到了 1860 年代，公司便不得不停止這項殖民政策。荷蘭才於 1870 年停止這項耕種制度。

「道德政策」是因荷蘭一些自由人道主義者推動而實行的殖民措施。自由主義者通常相信人類具有較善良的個性，盼望社會進步，進而推動福利經濟，並將這種理念延伸到荷蘭的殖民地，因而產生所謂的「道德政策」。他們希望荷蘭殖民當局，實行一些可以提升殖民地人民生活水準的政策，如改善人民的衛生、醫療、和物質條件，鼓勵精神生活，重視社會倫理，教化與「文明」之禮儀等等。總體來說，「道德政策」確實有提高一些殖民地的教育水準和行政效率，當地的醫療衛生也得到多項改進。不過，荷蘭當局並沒有放棄任何統治權力，打著道德的名號，仍是為了保障其自身更大的市場及利潤。

不過因「強迫種植」殖民政策的廢行，導致市場貨源突然減少，使得荷蘭經濟再度癱軟，幸好在 19 世紀的最後 10 年裡，由於農業技術有所改良（例如新肥料的研發）以及農業種植型態的改變（如發展農藝園藝和開發酪農業等），彌補了不少經濟上的損失。原本倚賴殖民地區輸入的傳統產物如米、咖啡、糖等，換成發展工業上必需的錫、橡膠，正好提供了荷蘭在經濟轉型上所欠缺的原料物資。

荷蘭在 19 世紀時期，推展殖民的動機，除了經濟因素外，還交織了 17 世紀「荷蘭帝國」的意識延續。後者的因素使得荷蘭人加強對於殖民地的社會參與，其中不乏一些對當地文化產生濃厚興趣的人，以及與原住民相處時所產生的一種特別情感，更有一些荷蘭人與當地人通婚，留在殖民地生活。另一方面，當然在殖民地也免不了發生大大小小的衝突事件和暴力抗爭運動。

阿杰戰爭或稱亞齊戰爭 (Atjeh War) 算是其中最激烈血腥的一次衝

突事件，起因乃出於荷蘭和蘇門答臘 (Sumatra) 之間的爭執。荷蘭人希望
得到位於麻六甲海峽 (Strait of Malacca) 西端，居於航運要道上極具價值
的阿杰。在 1824 年時，英荷於《蘇門答臘條約》中，雙方便同意尊重阿
杰的主權，而後在 1871 年，美國也與阿杰簽署了《通商條款》。英國想
利用荷蘭來抵制美國的勢力，而荷蘭也想從中得到利益，於是雙方再次
修約，英國同意荷蘭在阿杰的「自由行動」。1873 年，荷方代表前往阿
杰交涉談判，希望能得到阿杰的宗主權，遭到阿杰的蘇丹王拒絕，致使
戰爭爆發。戰爭期間，不只是荷蘭消耗了很多金錢、人力，國家負擔沉
重，而阿杰人也打了一場十分艱辛的戰爭，直到 1918 年雙方才簽約休
戰，阿杰爭取到自主權。

　　1930 年代，印尼發生了幾次民族運動，都受到荷蘭人的鎮壓。在歐
戰期間，日本曾在 1941 年侵佔印尼，並拉攏當地的民族主義者起來反對
荷蘭，以求鞏固日本自己的勢力，並允諾盡力協助印尼獨立運動。然而
隨著日本戰敗，荷蘭人本欲趁此機會捲土重來，恢復對印尼的殖民立場，
但在「去殖民化」的世界潮流下，於 1945 年後，印尼當地又發生了幾次

圖 30：荷蘭在印尼的殖民措施　這幅由伊斯萊所畫的油畫中，
顯示荷蘭的殖民部隊正從鹿特丹離港走上血腥的殖民戰爭之
路。19 世紀荷蘭在東印度的軍事擴張中發生了慘烈的阿杰戰爭。

暴烈的「去殖民化」行動，造成死傷頗多，讓雙方都受到創傷。最後，印尼終於在 1949 年得以獨立。當時在印尼居住的荷蘭人，包括已和當地通婚的人口在內，多達 30 萬人。也許因為曾經殖民的因素，造成荷蘭和印尼之間尚存有一種特殊奇妙的情感聯繫。在印尼獨立之後，因為國際要求，荷蘭又收留了大約 25 萬的印尼難民，就比例上的數字而言，已經超過了法國在阿爾及利亞 (Algeria) 戰役中所收留的難民。

事實上，在印尼獨立之後，仍與荷蘭互有爭執。如新幾內亞 (New Guinea) 在 1949 年時還受制於荷蘭統治。印尼政府要求荷蘭退出，荷蘭一度以武力護衛其在當地的統治權力，直到 1963 年，在國際施予壓力下，才將其歸還給印尼政府。

荷蘭在其他地區的殖民地如蘇利南，則於 1975 年獨立，且有大規模的蘇利南人移居荷蘭境內。安地列斯群島中的 6 個小島，則分別於世界殖民地獨立潮流冷卻之後，選擇與荷蘭合一，永久歸屬其統治之下。不過，這些小島到後來也只能給荷蘭人留下一個曾經為殖民帝國那份「美好」、懷舊的記憶而已。

第四節　藝術與文化

19 世紀中葉到 20 世紀中期，荷蘭在文化和藝術上的發展，除了受到歐洲當時的思潮所影響，在諸般文化運動、藝術風格的脈絡中表現不俗，同時也孕育出自己獨創的文藝風格。特別是在視覺藝術的成就上，向來是荷蘭的驕傲。

繪　畫

海牙畫派 (The Hague School) 是指 19 世紀後半葉，在海牙的一些畫家們，棄絕了學院派的傳統理想觀點，用類似寫實的手法來描繪風俗畫

圖 31：梵谷自畫像之一　他有 20 幅以上的自畫像，是表達自己對靈魂探索的一種方式。

與風景畫，主要在表現一般生活環境與大自然景色，似乎有著對 17 世紀荷蘭風俗畫的懷舊情景。畫家們如以思列 (Jozef Israël)、威森布盧希 (Jan Hendrik Weissenbruch)、墨維 (Anton Mauve)、馬立思兄弟 (Jacob Maris, Willem Maris) 和梅斯達 (Hendrik Willem Mesdag) 等人之畫作，均帶有一些印象派風格的風景畫與風俗畫氣質。

梵谷無疑是世界上最亮眼的畫家之一。他也受到海牙畫派的一些影響。早期的梵谷作畫的地點，都是在靠近自己家鄉一帶的省分，如不拉班地區。他是自學出身的畫家，一生貧困，但因著自己的宗教熱情，對社會的敏感，及對於藝術的狂熱，激發了他天生熱情的寫實風格。他常與窮人為伍，動人地刻畫出礦工及貧困者的圖像，例如「吃馬鈴薯的人」這幅畫。之後，他移居法國南部，畫風也隨之改變，在用色上從灰暗轉為明亮，但他心中仍充滿了宗教式的熱忱，只不過將這種對於宗教的激情轉化為對藝術的全然投入。而對他來說，藝術也是一種表達心靈救贖的橋樑。在梵谷從發生精神疾病到自殺身亡的幾年期間，他所累積的創作就超過千張以上，有誰能不為梵谷的畫作而驚嘆呢？在阿姆斯特丹的梵谷博物館及維屋 (Veluwe) 的克勒‧繆蕾 (Kreller-Muller) 博物館都保存了他豐富的畫作。

圖勒普 (Jan Toorop) 出生於荷屬印尼，母親為印尼華人，他隨父親返回荷蘭接受教育，之後，積極參與「象徵主義運動」(Symbolist Movement)，並成為提倡象徵主義的中堅分子。「象徵主義運動」是 19 世紀末 20 世紀初的反現實主義運動，以象徵方式來表現生活的內在奧

妙。雖然以「藝術至上」為標榜，但並不主張使用描述性的手法，而是以啟示性的方式來表現文學和藝術，象徵主義喜用色彩來表達宗教、文學題材，強調感覺，描繪出非現實的寓意世界，或將現實的動作加以強烈變形呈現。象徵主義者認為，深刻的真理不能以直接的方式表現，只能通過象徵、神話及氣氛來間接呈現。圖勒普的某些畫作也反映出當代各種風格的融合，其中有些是點描式的新印象主義風格，以斷裂的色點取得光感，遠看成單一色彩，但卻不用線條表現，與印象派的迷濛感亦不同。由於圖勒普多才多藝，很多教堂都請他為其設計彩色玻璃。他的友人遍及當代歐洲各國，當中不乏知名的藝文界人士，相互影響彼此的創作風格。

文　學

在荷蘭，文學上的浪漫主義，並不像在英國與德國般掀起一股巨大的浪濤，但卻透過對宗教的虔誠以及對大自然的嚮往上表達出來。19世紀初期，荷蘭出現了新教復興運動，奉行「虔誠主義」(Pietism)。「虔誠主義」運動是日耳曼路德派在17世紀晚期的精神運動。荷蘭的虔誠運動，由瑞士神學家啟發，當然新教復興運動、虔誠主義這兩種情懷也是浪漫主義的特質之一。詩人兼史學家畢德狄克 (W. Bilderdijk) 是當代宗教「虔誠主義」運動組織「覺醒運動」(The Reveil Movement) 的領導成員，阿姆斯特丹商人作家德・克拉格 (Willem de Clercq) 出版了有關宗教復興運動的論文集，他們希望藉著基督教信仰來表達人生，畢德狄克的著作也為之後荷蘭成立的基督教歷史聯合黨奠定了基礎。受其影響的文學家像是史塔林 (C. W. Starring) 和范普林斯特 (van Prinsterer) 等，也都有著宗教熱忱及歌頌大自然的著作，他們的作品表現出文學和詩的美感，對當代的文學生活有著領導性的地位。他們也都是支持浪漫運動的反理性主義者，提倡宗教情感，重視內心的主觀精神生活，也推動現實中的

慈善事業。他們對神學和宗教教義的理性認識不太關心，提倡經由祈禱以直接體驗宗教情感。慈善事業是「虔誠主義」內心宗教情感的外在表現。詩人寇斯塔 (Isaac da Costa)，來自西班牙猶太家庭，後來改宗為喀爾文派，受其師畢德狄克的影響，成為了一位具有宗教熱情的革命者，他的詩作激發了荷蘭的民族情感。

1837 年，一些藝文界的人士合創了一份名為《嚮導》(De Gids) 的文學期刊，內容集合了文學評論和藝文批評。由於讀者不少，連帶著帶動了文化界的活力，使得文化風氣更加活潑。早期在《嚮導》投稿的作者對於浪漫主義十分推崇，但內容漸漸的走上更為多元的取向，例如在 1865 年，作家修維特 (C. B. Huet) 曾著文批評自由主義，並暗諷皇室對文學的無知。1880 年代，《新嚮導》(De Nieuwe Gids) 文藝期刊標榜要與「陳腔濫調」的浪漫派分道揚鑣，也反對文藝為說教及道德服務，提倡「為藝術而藝術」的原則，荷蘭文化史上對這個主張「為藝術而藝術」所造成的影響稱為「八〇年代運動」(De Beweging van Tachtig)。《新嚮導》這份期刊提供了來自各方面的知識及評論，舉凡文、史、哲、藝術、思想等，只要是好文章，都可以刊登在上面。激進主義、象徵主義、社會主義等等專論都得以在《新嚮導》上加以發表。但因為這個緣故，這份期刊也發展成文人間筆戰的戰場，原本「為藝術而藝術」的理念和具有意識型態的文學間產生了矛盾。1890 年代，一群新的編輯們不願意再被意識型態所規範，更不甘於平庸，他們導引出新風格的藝文作品。

文藝評論家兼小說家惠斯曼 (J. K. Huysmans, 1848～1907) 是荷蘭人在法國發展成名的「世紀末」(fin de siècle) 作家。他於 1884 年出版的小說《違反自然》塑造了一個典型的頹廢者。這名主角是一個貴族之後代，享盡了人間之樂，對於社會道德及習俗感到厭倦，情願與自然環境隔離，終日沉醉在人為的藝術和當時的頹廢文學，類似波特萊 (Charles Baudelaire) 詩文中的人物，過著把玩香水美酒、五光十色的生活。這本

小說是為反映出「世紀末」精神的一個典型作品。

　　在前一節，曾經提到過筆名為莫塔杜里的荷蘭作家狄克，《麥斯・哈弗拉爾》一書的作者，在《麥斯・哈弗拉爾》這本小說出版後備受爭議，其書曾譯成多種文字，被視為國際文壇所矚目的作品。由於他曾任職於荷蘭設在印尼的殖民局，揭發了荷蘭人在殖民地政策上的多所不當，特別是對於「強迫種植」政策的諷刺，十分具有反省寓意，作品所引起的反應也相當複雜，但直到今天仍然繼續不斷的再版。狄克後來成為一位社會觀察者，經常著文批判社會現象，晚年出版了《思想》叢書，也頗受好評。在他過世之後，阿姆斯特丹為他設立了一個小型的莫塔杜里博物館。

歷史學

　　19世紀下半葉，不只是荷蘭現代化的快速發展時期，歷史學也成為大學中的一門專業學科領域。故在此時期，荷蘭出現了幾位傑出的歷史學家。荷蘭著名史家傅藍 (Robert Fruin)，自1860年起，於萊登大學設立國史講座，講授與討論荷蘭在歐洲所扮演的角色。他的觀點新穎，口才流利，常吸引了大批青年學生參與他所開的討論課程，被稱為「荷蘭的蘭克」。傅藍是位自由主義分子，支持托北克的自由政治史觀及政治實踐。傅藍推廣具有批判性的史學方法，不主張為歷史事件或人物做出價值判斷或以善惡評論，其治史講求客觀，並割捨個人政治與宗教等立場，也提倡超越黨派之見。他的代表著作《八十年戰爭的關鍵十年：1588～1598》，出版於1861年，甫上市便引起轟動，至今仍再版不斷，已被列為荷蘭史中的經典之作。荷蘭後來也出版了傅藍10大冊的史學全集。

　　前文述及之畢德狄克，除了是位文學家，也是位浪漫派史家。他的史觀屬於自然有機論，由於個人對大自然的特殊喜愛，對有機的生活 (organic life) 備加推崇，因此，畢德狄克認為人不能干預歷史的自然發

展，對於荷蘭的八十年戰爭這段歷史的價值持懷疑態度。相較之下，他贊成所謂「自然的統治者」，像是歷史上的查理大帝（查理五世）。他的學生范普林斯特則是位檔案學家，編輯了 13 大冊的奧倫治拿騷王室檔案。他和畢德狄克一樣，都對強制得來的政權或革命採取存疑的態度，特別反對法國大革命。受其史觀影響，范普林斯特有了參政的動機，後來他參與了「反革命黨」之創立，支持基督「虔誠主義」運動，是為日後基督教歷史聯合黨成立的理論先驅。

第十二章
現代荷蘭

第一節　世界大戰與荷蘭

　　20 世紀初，荷蘭人對未來期望繁榮的憧憬和信心，隨著歐戰的爆發戛然而止。第一次大戰一共打了 4 年多，交戰雙方以德國、奧地利為主的中央同盟國 (Central Powers) 和以英國、法國、俄國為核心的協約國 (Entente Alliance)，基於戰略政策均尊重了荷蘭傳統的中立立場。在這點上，與其鄰國比利時相較，荷蘭已屬幸運。但因受到英國封鎖海域及海戰時進行艦艇戰的影響，荷蘭在經濟上，倚賴甚重的船運及其貿易，遭遇到重大挫折，進而引起國內食物資源短缺，基本民生問題受限，政府不得不制定臨時法令，以便控制因為物資短缺而引起的社會失序，並立即實行食物配給制。

　　第一次大戰期間，荷蘭雖沒有直接參與戰事，但也曾有幾次險臨涉入戰爭的危機。主要因為德國和英國都曾懷疑過荷蘭偏向其中一方，荷蘭也隨時處於備戰狀態。第一次世界大戰後，全球性的經濟大恐慌 (Great Depression)，也對荷蘭社會造成衝擊。農產品價格下跌，股市跌價，金融失調，工商業蕭條，在失業率節節升高，人民生活困頓之際，已宣布為荷蘭女王繼承人之公主茱麗安娜 (Juliana)，卻與德國貴族波恩哈德 (Bernhard, prince of Lippe-Biesterfeld) 譜出戀曲，並論及婚嫁。1937年兩人完婚。這件王室大事，使得荷蘭人非常震驚，毫不留情地質疑駙馬的國籍和動機。不過當這位王子清楚表達了他本身反德的決心，也便

博得了荷蘭人民的喝采。波恩哈德與公主成婚之後，他在二次大戰期間，還曾擔任荷蘭軍隊的指揮，與盟軍共同抵抗德國納粹 (Nazi)。

1939 年的 9 月，歐洲再度捲進大戰之中，但是，第二次世界大戰爆發之際，荷蘭不再像第一次世界大戰時一般僥倖躲過這場大浩劫。德軍完全無視於荷蘭的中立國立場，揮軍入侵，蹂躪了整個荷蘭。1940 年 5 月 10 日，荷蘭的天空，突然布滿了軍機，陸地上則出現成群的軍人進駐街頭。無預警入侵荷蘭的德軍，嚇壞了人們。荷蘭部隊在倉促間匆匆備戰，在既無裝備又缺乏嚴謹的軍事訓練狀況下，只抵抗了 5 天，便全軍覆沒。德軍在 5 月 14 日對鹿特丹所發動的猛烈空襲，在當地造成了空前的損害，也使得荷蘭女王威廉明娜 (Wilhelmina) 及其王室成員和整個政府不得不臨時流亡到英國。

戰爭期間，荷蘭一個法西斯主義 (fascism) 者，繆塞特 (Anton A. Mussert) 領導的民族社會黨卻與德國合作。事實上，早在 1920 年代，荷蘭就如同其他歐洲一些地區一樣，出現了一批法西斯主義者。1931 年成立的民族社會黨，是希特勒民族社會工人黨在荷蘭的分支。起初，這個黨並沒受到國內支持，但在納粹佔領荷蘭期間卻頗具影響力。例如，法西斯主義者認為，荷語和德語極為相近，荷蘭民族也和德國民族一樣有著「優秀血統」，進而希望與德合併。法西斯主義者也不認為，當時荷蘭的國際和平主義政策是實際的，於茲，荷蘭的抗德行動更是雪上加霜。在德軍佔領下的荷蘭人民，其受苦受難的歲月慘不忍睹，物資極度缺乏，食物補給只是有限度的配給，大約有 2 萬多人在飢餓與營養失調狀態下餓死或病逝。荷蘭人更要面對，可能隨時要被送往德國勞工營工作的恐懼，使得人民在精神上也飽受驚嚇和威脅。更嚴重的是，在德國駐荷總指揮亞瑟塞斯 (Arthur Seyss-Inquart) 與秘密警察，即蓋世太保勞特 (Hans Rauter) 的推動及策劃之下，進行對荷蘭人的精神洗腦，欲將荷蘭人民納粹化。亞瑟塞斯所領導的納粹統治部門，透過有系統的管理，利用荷蘭

人為德國的經濟生產效命，為數眾多的荷蘭人被送往德國邊境充當勞工，為德國貢獻勞力與物力。期間一些荷蘭人民曾在 1943 年 5 月發起罷工示威，但無成果。納粹黨依照納粹主義來組織荷蘭社會，並以現代「反猶主義」(anti-semitism) 方針，有計畫地迫害在荷蘭的猶太人。聯軍的阿納亨之役 (the Battle of Arnhem)，造成荷蘭人的死傷慘重。蒙哥馬里 (Alfred E. Montgomery) 的進攻計畫失敗之後，戰事仍然在荷蘭國內延燒，由於荷蘭境內，當時幾乎所有之運輸工具都被德國徵調使用，因此，民生用品的配給近乎全部停滯。上萬的人，再度於飢餓寒冷、恐怖與疾病中失去生命。在戰爭中，數十萬荷蘭境內的猶太人，被送往集中營遭到屠殺，少數猶太人則在荷蘭人的掩護下倖存。後來為世人所知的《安妮日記》便是記錄了一個少女安妮法蘭克 (Anne Frank)，在 1942～1944 年藏匿時所描寫的生活情形。安妮是一個出生在德國的猶太女孩，1933 年隨其父母流亡荷蘭。安妮和她的家人在德軍佔領荷蘭時，躲在自己家的小後屋中，但終於被發現逮捕並送往集中營，死於 1945 年。她的日記後來被荷蘭史家發現，並在 1946 年出版，更被翻譯成多種文字，也被改編成電影。《安妮日記》也遂成為荷蘭人的共同讀物，訴說著猶太人與荷蘭人所受到的戰爭傷害。

二次世界大戰對荷蘭人來說，不只是國家的恥辱與損害，更成為他們心靈上的巨大創傷。大戰之前的生活，品質與自在從容並存。但在戰後起初幾年，則彌漫著一種動盪與不確定性產生之緊張焦慮。從荷蘭境內隨處可見的戰爭紀念碑，可以了解到他們有多麼在乎這場發生於現代的大浩劫。每逢戰爭紀念日的晚上 8 點整，荷蘭人便聚集在各個戰爭紀念碑前，哀悼死去的人們。這個追悼儀式，長久以來已成為不少荷蘭人生活的一部分。

二次大戰後的政治整肅進行了 5 年之久，講求實際、情緒控制得宜的荷蘭人，並沒有運用「私刑」來處罰通敵者，判處死刑的案件數量也

圖32：二次大戰時德軍佔領下的荷蘭行食物配給制　荷蘭在第二次世界大戰中，物資嚴重缺乏，只能實行配給制，很多人由於食物匱乏飢餓而死。

大幅縮小。荷蘭人選擇了以紀念死者的方式和積極重建被戰爭所毀壞的一切，來撫平他們心中的傷口。

戰後重建與國際合作

　　荷蘭戰後的重建，是從瓦礫堆中開始。政府首先需要建造住屋，解決一些基本社會問題。荷蘭參與了馬歇爾計畫 (Marshall Plan) 下的歐洲復甦計畫。馬歇爾計畫，是為穩定在二次大戰中，因戰爭而受損的歐洲各國之經濟和社會秩序而提出的援助計畫，也是美國擔心歐洲會因社會動盪，而趁機助長共產主義興起的一種防範措施。

　　戰爭使得荷蘭放棄了傳統的中立政策，於是荷蘭積極參加國際組織。首先和比利時、盧森堡重新訂立關稅同盟。這個關稅同盟，源起於1921年，比利時與盧森堡簽訂《比盧聯盟》，彼此統一關稅。荷蘭於1944年申請加入，並在1948年生效。而自1960年，3國彼此取消邊境管制，3國人民可以自由流動遷徙。由於這3個小國間的經濟合作與解除彼此的

國界和海關通行，所以也被稱作為比尼盧 (Benelux)。荷蘭也加入了「北大西洋公約組織」(North Atlantic Treaty Organization, NATO)，終止了自 1839 年以來，荷蘭在外交政策上採取的一貫中立原則。

1952 年，比尼盧與法國、德國和義大利組成歐洲煤鋼共同組織 (European Coal and Steel Community)，這是根據由原籍盧森堡，後來成為法國外交部長的舒曼 (Robert Schuman)，所提出的舒曼計畫 (Schuman Plan) 衍生而來，即參加成員國同意將境內的煤炭和鋼鐵工業一體化的組織。

1957 年，荷蘭成為歐洲經濟共同體 (European Economic Community) 的 6 個創始會員國之一，荷蘭與法國、聯邦德國、義大利、比利時和盧森堡 6 國，在義大利首都簽訂《羅馬條約》，歐洲經濟共同體與歐洲原子能共同體同時成立。1958 年 1 月 1 日條約生效，總部設在布魯塞爾。1967 年，歐洲經濟共同體與歐洲原子能共同體與 1952 年成立的煤鋼共同體的主要機構合併，統稱歐洲共同體。

這個組織消除了成員國之間的貿易疆界，建立對外的統一貿易政策。隨著成員國增加為 12 個國家，組織也漸漸擴大，終至發展為今天的歐洲聯盟 (European Union)。1990 年，廢除了與歐盟會員國之間的所有疆界檢查。1992 年，《馬斯垂克條約》(Treaty of Maastricht)，推動加強歐洲議會的權力，以及會員國達成統一貨幣等政策，力促歐元的誕生。荷蘭、比利時和盧森堡在歐洲整合運動中，是站在最前線上的元老國家。

荷蘭、比利時、盧森堡與法、德 2 國同被哈伯瑪斯 (Jürgen Habermas) 和德希達 (Jacques Derrida)，這兩位當代最重要的思想家，於 2003 年所聯名發表的文章〈我們的創新——戰後歐洲的再生〉中點名為「核心歐洲」(Kerneuropa) 的一分子。

「核心歐洲」的概念，是一些歐洲知識分子以歐洲文化中的價值體系，諸如：寬容、法治、與倫理等所建構出來的「歐洲認同」。而「歐洲

認同」又在現代的荷、比、盧、德、法的文化中最能彰顯其特質，像是在社會福利國家體制下的管理與納稅，秉持寬容精神，少有種族歧視與宗教迫害發生，對提高人格與身體力行兩者並重，就精神和身體上的完整性抱持著高度敏感，以及意識到「去歐洲中心論」式的全球秩序的關懷，肯定科技進步，但卻不抱持認為科技可以代替一切，這種過於天真的樂觀想法等等。至少在理論上，「核心歐洲」的價值觀，看來似乎是人類將會走上越來越開明而幸福的路途。

　　對於歐洲地區的整合和團結，打造美好玫瑰園的憧憬，在荷蘭身上似乎讓人看到了某些積極性。當然上述的「歐洲價值」在實行時，總會招致許多不同的聲音，也會遭遇挫折。例如，2005 年 6 月，荷蘭對《歐盟憲法》的公投，有 63% 的荷蘭人投下了反對票，這顯示了對《歐盟憲法》的不信任。一些人士分析其中原委，歸因於荷蘭人對歐洲聯盟官僚體系的缺乏透明度有關。更有人擔心，身為蕞爾小國的荷蘭會被大國的決策所控制，對一些國家，如義大利和希臘曾向歐盟提出虛假的預算，感到失望憤怒。也有一些人，憂慮歐盟組織在不斷擴大之後，外國移民大量湧入荷蘭境內，會造成諸多社會問題以及自己民族特性的消失。荷蘭人擔心土耳其加入歐盟之後，境內穆斯林 (muslims) 人口將激增並造成文化衝突。另外，歐元在各國流通後，也會促使荷蘭國內物價不穩定。

　　歐洲聯盟的去向和未來，就目前看來似乎將會越來越茁壯、擴大。但是在人類的歷史中，或許仍存在著偶然、必然與巧合性。因此，不論荷蘭在歐盟中的角色，還是在新歐洲當中的定位，或許就像一幅尚未完成的圖畫，對於該如何完成，如何留白，塗上何種顏色，自有其想像與揮灑的空間。

第二節　荷蘭現代政體

在荷蘭共和國時期，其聯省議會由 7 個握有自主權的省份各派代表所組成，處理有關 7 省在宣戰、和議、國防、宗教及東印度公司等議題上的大小事務。1795 年以後，由於法國的介入，聯省議會被法式的「國民議會」所取代，訂立了男性公民投票權。1798 年之後，由巴達維亞共和國，組成兩院制議會，確定荷蘭今日議會之原型。議會由上議院和下議院組成，其議會議員每 4 年舉行一次大選。1848 年，自由主義人士之大幅憲政改革確立了現代議會。1919 年以降，下議院代表由直接普選產生了 150 位議員。他們有權接受、修正、或拒絕政府提案。上議院則有75 位議員，由各省省議會選出，他們有權接受或否決已被下議院通過的法案，但無修正權。由於上議院議員並非直選，因此權力也有限制，雖然擁有否決權，但很少使用。議會議員於立法和監察之職能十分看重，換言之，要決定一份文獻是否能成為法律條文，對政府要做出實際的監督責任，也要提出質詢，更有義務對於失職、不盡責的內閣進行倒閣和彈劾。國會的兩個議院負責監督政府，質詢國家預算，並可行使否決政府所提出之財務預算。議員在質詢中，對部長所提交的所有問題，部長都必須具體的回答，另外，在必要時，更可設立調查委員會。

荷蘭的內閣由首相來召集組閣，並成立部長會議，決定施政方針，協調各重要部門如國防、外交、內政、財政、經濟、交通、文化教育、農漁業各部的事宜。

地方政府的體制是，每個省分都有其省政府來負責地方的行政事務，省政府也擔任與中央政府、市政府間溝通協調的角色。市政方面，市長任期為 6 年，其人選採用居住地迴避制度，亦即非本市的人才有擔任市長的資格，經由中央政府提名後，再由君王發布任命。原則上，每個市

政府都擁有相當程度的自治權。

由於荷蘭選舉制度的開放性，荷蘭的政黨為數眾多。在 1965 年左右，因原本「柱化」的社會消解，故在 1970 年代以後，出現舊有的老政黨相互合併或站在原來基礎上再創新黨的趨勢。其中基督教民主聯合黨 (Christian Democratic Alliance)，是由在 1975 年，原來的幾個宗教認信政黨，包括天主教和新教政黨所聯合組成。其聯合的主要原因在於，荷蘭社會逐漸世俗化，有必要重整宗教黨派來制衡俗世黨派。這個聯合黨在選舉中屢屢獲勝，其政黨主席魯貝斯 (Ruud Lubbers) 自 1982 年到 1994 年間，兩度出任內閣首相。其他新創立的黨派中則以「綠色左翼黨」(Groenen) 最為亮眼，綠色左翼黨是由原本的少數黨派如共產黨、和平社會黨、激進黨、和福音人民黨聯合而成，其主要訴求為環保和左傾的社會政策。另外還有於 1966 年成立的六六民主黨 (Democraten 66)，這是一個較溫和的左派政黨，名稱的由來是為了提醒動盪不安的 1960 年代，其政治主張為革新僵化的政治體系，消解「柱化」的社會以及首相直選等訴求，六六民主黨頗受到年輕族群的支持。

1967 年的選舉，宗教性質的「認信政黨」，並沒有得到人民大力的支持而挫敗。但六六民主黨卻得到不少的選票。荷蘭為數眾多的大小政黨，不容易產生絕對優勢的大政黨，但也因此，造成了政府行事實踐上的困難。不過，基督教民主聯合黨、自由黨、社會黨、勞工黨及六六民主黨，仍為主導荷蘭政壇的幾個重要黨派。因移入荷蘭之移民人數增加，有部分人士擔心，極右派的保守政黨，將在以後的選舉中勢力茁壯。

1994 年的大選，改變了荷蘭政黨政治的傳統型態。基督教民主聯合黨在大選中失去優勢，敗給了社會民主黨。新的聯合執政，由社會民主黨、自由黨，以及偏左的黨派聯合為「紫色聯盟」(purple coalition) 執政。「紫色」意味著揉合了象徵偏左派的政黨色彩紅色和代表自由黨派的藍色混合而成。「紫色聯盟」由首相科克 (Wim Kok) 組閣。在 4 年之後

的大選中，「紫色聯盟」再度成為贏家。社會民主黨、勞工黨、綠色左翼黨共組聯合執政。

荷蘭王室

戰後的荷蘭仍然維持君主立憲的王國型態，《荷蘭憲法》規定，其國家君主由沉默者威廉所屬的奧倫治拿騷家族一脈相傳，是為世襲制度。當君主過世或遜位，其子女依照長幼順序繼承王位。如果君主沒有子嗣繼承王位，就在其父母或祖父母的其他子女當中，依照與該位君主血緣最近的王室成員之排序來決定繼承順位。但君主於退位後所生的子女及後裔均無王位繼承權。

君主的職務，主要在於發布各種議會通過之飭令，相對的，議會通過的法令也必須經過君主的簽署方得生效。但該法令仍須先通過附署，否則依然無效。由此可知，君主的職務行使多為象徵意義。奧倫治拿騷王室所擁有的實際權力，在威廉三世時就已失去大部分，不過當國家出現權力真空時，國王或女王有權任命一個編委 (Formateur)，或者一個通告委員 (Informateur)，由編委或通告委員來提出組閣的方針。通常該編委便能順勢成為首相。如果編委組閣失敗，通告委員就得負責調查內閣方案的得失，將失敗的真相原委通告君主，並重新任命新的編委人選。

君主除了對內有上述的職責，通常要從事慈善和公益事業，並以王室領導人身分加強國家的向心力。尤其在「柱化」的年代下，荷蘭社會更需要有一個超越「柱子」的領袖來象徵國家的統一。對外，君主則以元首的身分代表荷蘭出訪各國，達成「敦親睦鄰」的任務。每年 9 月的第三個星期二，君主必須公開演講，對荷蘭次年的政府計畫做出概況報告。每年的 4 月 30 日為荷蘭的女王節，也是荷蘭的國定假日。女王節象徵荷蘭全國人民對國家的凝聚力，屆時舉國上下歡騰，在公開的慶祝活動中，布滿了荷蘭國旗藍、白、紅的三色彩帶與旗幟，人們穿戴象徵王

圖 33: 荷蘭女王威廉明娜

室的橙色服裝或帽子，熱鬧非凡。

自威廉明娜女王於 1890 年繼承了其父親威廉三世的王位起，時至今日，歷任的荷蘭君主都是女性。茱麗安娜女王在 1948 年接掌王位，在她遜位之後，女兒碧翠絲 (Beatrix) 於 1980 年即位。

現代荷蘭的歷任 3 位女王，都展現出優雅美好的氣質，具有極佳的親和力。威廉明娜女王是威廉三世唯一的女兒，威廉三世的第一次婚姻有 3 個兒子，但都不幸夭折或早逝。他於 1879 年與日耳曼貴族艾瑪 (Emma van Waldeck-Pyrmont) 結婚，生下了女兒威廉明娜。威廉明娜於 1890 年繼承王位，成為荷蘭女王。她性格堅毅，在其任內，荷蘭君主的聲望大為提高。其父威廉三世晚年的名聲並不佳，生活奢華、緋聞不斷，威廉明娜可以說是重建了荷蘭王室的聲響。在歐戰期間，女王及政府流亡英國，她仍透過廣播發表談話，不斷鼓舞荷蘭，得到廣大民眾的迴響。茱麗安娜女王是一位活力十足的君主，除了具有王室的尊貴氣質，更表現出對於 4 個女兒的溫柔，以及樸質不做作的母親形象。她的丈夫波恩哈德親王曾經涉嫌政府購買飛機的受賄醜聞，使得親王不得不離開公眾生活。然而這件皇室醜聞只被荷蘭輿論當成親王的個人事件來處理，並沒有損害到女王在民眾心中的形象。可見茱麗安娜女王的親和力深入人心，才得以避免了一場原可能發生的王室政治危機。

荷蘭王室婚姻必須經由國會同意，現任的碧翠絲女王，當她還身為公主的時候，正值二次大戰後，荷蘭人仍對於德國發動歐戰耿耿於懷的

時期，她卻於 1966 年下嫁了一位低階的德國外交人員馮安斯貝格 (Claus von Amsberg)。於是之故，很多荷蘭人對公主的婚姻都不願意表示祝福，甚至遭到一些人丟煙霧彈、催淚瓦斯表達其不滿。在碧翠絲於 1980 年的加冕大典上，女王的婚姻再度觸動荷蘭人對二次大戰共同的痛苦記憶，因而引發了又一次的抗議活動。但隨後因為她誠懇的態度，親和的形象，很快地平息了荷蘭人的傷痛和怒氣，轉為支持和擁護。

荷蘭人對個人隱私相當看重，比起同為君主制的其他國家如英國等，荷蘭王室的隱私權也受到相當的尊重。在經過好幾代的女王時代，荷蘭王室在國人的期盼下，終於有了王子。女王碧翠絲的長子，威廉‧亞歷山大 (William Alexander) 出生於 1967 年。不過這位王位繼承者，成年之後，卻因迎娶阿根廷前獨裁政府政要之女梅西瑪 (Maxima Zorreguieta Cerruti)，王室之婚姻再次引起爭議。荷蘭國會與王室達成梅西瑪的父親不得參加婚禮之協議，來表達荷蘭人民對獨裁政權的不滿之後，威廉‧亞歷山大才得以順利舉行婚禮。目前，威廉‧亞歷山大與梅西瑪育有 3 女。碧翠絲女王的次子約翰‧弗里索 (Johan Friso) 也因與平民女子絲蜜特 (Mabel Wisse Smit) 結婚，未能得到國會的批准，而放棄了其第三順位的王位繼承權。

第三節　現代社會與宗教生活

在二次大戰後的 30 年間，荷蘭內閣之政治運作，主要在 5 個政黨的聯合基礎上。5 個黨分別為自由黨、社會黨、天主教黨、反革命黨（保守的新教黨）、以及基督教的歷史聯合黨（較溫和的新教黨）。這樣的政黨型態，促成了如前所述的「柱化」社會。在「柱化」的社會中，以教育制度來說，全國分成公立、私立、天主教、基督教等學校各自為政辦校的情況，而媒體、電臺、報紙也在「柱化」下，各有其價值觀和意識

型態。不過，這種「柱化」現象，在 1965 年後便漸漸淡化。荷蘭在 1960 年代後半期的「去基督教化」和「去柱化」現象引起各方注意。

　　在分化的社會中，政黨和宗教是各個「柱子」的核心角色，20 世紀下半葉的荷蘭，是屬於「後柱化」(Post-Pillarization) 的時代，由於「柱子」的解體，相對的，政黨運作也可以更為自在。換言之，政黨是從原先「柱子」的「操控」中得到了釋放，不再只因為各個「柱子」的意識型態和宗教立場的差異為基礎，組成認信政黨。而漸走向一個有著超越上述歧異，由社會各階層人士，因其共同的政治訴求或經濟理念，所組成的政黨。

　　在 1960 年代以前，荷蘭社會通常給人一種人民嚴守秩序、自制、工作認真又儉樸的印象，在幾個主要的「柱子」下，各過著其奉公守法的生活，彼此間有著不同的宗教和意識型態，卻也能相互容忍、和平共處。但是這樣的景象，在 1960 年代以後就漸漸改變了。改變的重要原因還是基於「柱化」社會的解體。造成「柱化」的初因，通常認為是由天主教團體所引起。天主教是荷蘭社會幾個「柱子」中，態度較為強硬的柱派。這乃因早先以新教立國的荷蘭，對於天主教徒總是有所顧忌和限制，甚至還帶有一些輕視，導致天主教團體希望透過「柱化」，隔離某些社群，以求自保與淨化。不過自 1960 年代以降，天主教團體的態度，相較於以前，開放許多。1962 年，梵諦岡的第二次大公會議 (Vatican Council II)，在教宗若望二十三世提出的口號「趕上時代」(Aggiornamento) 下正式舉行。天主教宗用「趕上時代」這個字眼，在當時令全世界刮目相看。梵諦岡第二次大公會議的召開，改變了天主教廷和其他世界的溝通形式。樞機大主教和主教們採納了以討論和投票的方式，決議其政策，並開放大眾媒體採訪會議過程錄影播放，而天主教這項舉動本身，就足以成為在媒體史和基督教史上的歷史性事件。全世界都「目睹」了梵諦岡第二次大公會議中的討論，天主教似乎不再是「秘密」行事了。

梵諦岡教廷對天主教徒的言行及倫理生活鬆綁了許多。梵諦岡第二次大公會議中強調了一般教徒參與教會事務的意義，鼓勵個人誦讀《聖經》、祈禱，提倡各宗教間的開放對話及「合一運動」。教會學校也因「世俗化」淡化不少宗教色彩。而嚴格守清規的新教徒同樣因為「世俗化」的發展，打破了很多先前的禁忌。舊教與新教之間的對立自然就不復存在了。甚至雙方合組宗教性聯合政黨，如聯合成立了基督教民主聯合黨。「世俗化」加上經濟成長，促使消費社會的產生加快腳步，隨著教育水準的普遍升高，也沒有人覺得還要以「柱子」來隔離其他文化。再者，因為媒體資訊的發達，社會間的流動性和商業往來的頻繁，也都使得現代社會中越來越同質化。

在 1960 年代以後，政黨生態傾向多元，舊有意識型態逐漸消失，即使仍有少數抱持濃厚意識型態的政黨存在，也只能成為較邊緣的團體。個人主義的風格、個人自由的價值觀取代了「柱化」下的群體文化，此時，在荷蘭也出現了由一群年輕人所發起的運動，叫做普波運動 (Provo movement)，這個團體的成員可以說是一種「新文化」或「反文化」運動的激發者，其衣著髮型等外在形式，有些類似美國的「嬉皮」(Hippie)。這個「世代」(Generation) 的年輕人，為戰後「嬰兒潮」時代出生。他們享受著中產階級父母所提供之不虞匱乏的生活，擁有更多機會接受高等教育。他們著迷於 1960 年代的搖滾樂，跳著屬於自己「世代」的新舞步，解放自我，提倡性解放、蓄留長髮，與父母輩產生了所謂的「代溝」。

1960 年代也是青年革命的時代，世界各地都有學生和青年的「革命」活動。如法國 1968 年的學運，就引發了所謂的「五月風暴」，帶給法國社會深遠的影響。在荷蘭，「普波運動」的領導之一為范杜言 (Roel van Duyn)，他也是一位厭惡資本主義的人。

Provo 這個字是由 provocation 而來，意思是「激發」起來，參與者

圖 34：1960 年代公園中的嬉皮們　他們是普波運動的參與者和支持者。

大部分為阿姆斯特丹或居住在大城市裡的年輕人，他們反對權威及一些既定的社會秩序，其中也有一部分人士，力主無政府主義，提倡實行「白色計畫」(White Plans)。「白色計畫」指的是反對車輛駛入市中心，呼籲人民使用城市的公用腳踏車，來替代會造成環境污染的交通工具，同時促進徒步區的擴大。他們常以嬉戲似的態度或反諷式的方法來反對政府當局的體制，因此「普波運動」經常使得政府當局面臨一些尷尬場面。但他們這種反權威的顛覆態度，及看似浪漫的無拘無束行為，卻贏得很多年輕人的支持。

性別與社會

荷蘭婦女在現代社會上的角色也有所改變，女權主義者雅各貝 (Aletta Jacobs) 是荷蘭首位主動要求進入荷蘭大學，接受高等教育的女性。她於 1871 年進入格羅寧根大學醫學院就讀，後來並獲得醫學博士。之後，雅各貝的自由思想更趨積極，她參與社會改革，促進荷蘭男女平權，是推動女權主義的先鋒。例如在她的影響下，1960～1970 年代的女性團體朵拉‧米娜 (Dolle Mina)，在提倡女性權利的爭取活動上十分活躍。朵拉‧米娜成為一個具有嬉戲感之女性主義示威團體。早先，荷蘭

女性沒有受高等教育的權利，也被排除於教會事務與政治領域之外。在雅各貝等人的努力下，男女平權意識逐漸產生。女性的工作機會與薪資平等也為法律所保障。其他如《離婚法》與《墮胎法》也逐漸告成。

1930 年代以前，女性總是待在家裡料理家務，特別是已婚婦女，更不出外工作。在第二次大戰時期，由於荷蘭男性常被德軍強制帶走，強迫服役，一些男性或者自願參加地下抵抗組織所謀劃的抗德活動。於是，婦女不得不接替起一些原本屬於男性擔任的工作。在戰後，雖然大多數的婦女，非常高興能夠重返家庭，回復其賢妻良母的角色，不過，也有一些女性，開始希望繼續在外工作。相較於過去的傳統觀念，社會性別歧視現象已經改善許多。

事實上，荷蘭文化鼓勵男主外、女主內的傳統家庭模式。荷蘭人認為家庭是社會的基礎，女性是家庭的支柱，已婚婦女的就業率不及 7%，這在歐洲國家中是比率最低的。不過在 1970 年代以後，婦女運動增多，女性參與職場的意願也提高，法律上也保障了性別平等，不得在工作或求職資訊或徵人啟事中特別提出性別限制、婚姻狀態及年齡限制的要求。但是至今為止，一般荷蘭男性在並非出於性別歧視的立場下，還是有很多人希望自己的妻子能在婚後留在家中相夫教子，成為家庭的精神支柱，讓他們在外無後顧之憂以及享受家庭生活品質。

開放的社會與荷蘭人

荷蘭人的自制形象以及喀爾文式的宗教生活倫理在 20 世紀似乎是越來越淡。在現代的荷蘭社會中，情色行業和毒品解放，儼然成為荷蘭各大城市，尤其是阿姆斯特丹的特景。使用或販賣毒品雖然仍屬違法，但早在 1960 年代，荷蘭對於吸大麻草和服用輕劑量的毒品，均抱持以「寬容」的態度。明白的說，吸食毒品其實是合法的。到處開張的「抽菸」咖啡館，包括觀光旅遊者都知其中門道。不論警察如何取締毒品交

易，阿姆斯特丹依然是個販毒較容易，吸毒較自由的地方。

荷蘭從「柱化」的社會解體後，特別是在 1960 年代之解放文化氣氛背景下，更支持個人自由，社會更具開放性。其中包含了對於藥物與毒品的自由開放討論。荷蘭將輕劑量毒品藥物的使用，視為正常的社會議題，認為不能只以《刑法》問題對待，對於有藥癮的人，一方面給予同情與治療，另一方面，也考量到藥物的使用是可視作類似於菸酒品一般，具有其合法的享用權。在使用上，少量、個人用途的軟毒藥品，可以在所謂的「咖啡館」直接供應，但咖啡館中不可販賣烈性藥物，也只供應成人軟性輕劑量的毒品，作為自由享樂性消費。

合法之「紅燈區」裡，則提供了形形色色情色交易。據統計，1990 年代，在阿姆斯特丹合法登記的性工作者數目就高達 3 萬多人。「櫥窗女郎」們來自全世界各種膚色的女郎，想要盡情尋找一夜歡愉的過客、浪子或孤獨、好奇男子，都可在此進行合法的性交易。不過，2010 年起，荷蘭政府已準備清整紅燈區，「櫥窗女郎」或許在以後將會消失。

荷蘭社會存在著一種「海角之地」(Uiterwaarden foreland)，也就是三不管地帶，或稱「灰色地帶」的觀念。毒品和性交易的開放，雖然引起鄰近國家抨擊，但大家似乎也漸漸習慣了荷蘭人的這種作風。另外，關於墮胎和安樂死 (Euthanasia) 的合法化，荷蘭所持的立場也引起他國之爭議。

在過去，墮胎在法律上等同於謀殺罪。但早在 1950 年代，荷蘭醫師便公然地進行墮胎手術。到了 1960 年代，兩性問題改革協會對婦女自願墮胎事件，公開表明其支持立場。在一開始的時候，社會也出現多起反對聲浪，特別是來自宗教團體之抗議。這正和當年安樂死是否可以合法化所遭遇的狀況一樣。在法律上不被准許，但某些醫生依然會「間接指示引導」或提供重病患者關於安樂死的資訊，而這些醫生並不會被起訴。安樂死起源於 1971 年，荷蘭醫生范博文 (G. E. P. van Boven) 幫助他病危

的母親安樂死亡。支持他這種行為合法的人，多半是自由黨及社會黨人士，而宗教性政黨則持相當反對之態度。但在 1993 年，包括自殺及在某些條件下的安樂死，在法律上已得到其正當性。2002 年的 4 月 1 日，荷蘭議會以 46 比 28 的票數差距，正式通過了安樂死的合法化。這項決定立刻引起了世界矚目，在國際間也招致強烈反應，但或許這就是荷蘭人之所以為荷蘭人的地方，他們堅持自我，不為所動。荷蘭國會中的自由派也較重視男女同性戀者的社會權益，有 75% 以上的荷蘭人公開支持同性戀，並且已通過承認同性婚姻之立法。

　　要想為荷蘭人下一個典型的定義是不可能的，但是在一定的程度上，仍然可以捕捉到荷蘭人的集體心態和人格特質。首先，荷蘭人對外來文化向來採取十分開放的態度。自 1950 年代以來，很多年輕人喜歡追求美國流行文化，在語言的使用上，也喜愛說講英語，或可以說是美語，他們並不像法國人般拒絕把法文弄成英式或美式的句子。法國人極力保護法語的純正性，在創造新字彙時也極力避免外來語的直接引用。例如在說「漢堡麵包」的時候，hamburger 這個字是不可能直接出現在法文中。但法國人的這種堅持，對荷蘭人來說是不可思議的。反之，荷蘭社會鼓勵人民學習英文，對他們來說，外語能力是一種極為實用的工具。自歐戰以後，所有的荷蘭學生，除了英語訓練之外，也加強法文和德文方面的語言能力。荷蘭是第一個在歐陸販賣英語系書籍和報紙的國家，電影或電視上的外國節目都以原音配上荷語字幕的方式播出，不像法國或德國，偏愛將外國節目直接另行翻譯成自己的語言。荷蘭人經常取笑他們的法國和德國鄰居這種替每一個外國節目自配「國語」的固執。荷蘭的教育部長李仁 (Jo Ritzen) 還曾提倡大學課程最好全用英文授課，至少在討論課上要使用英文。更有人提議「廢掉」荷語，全民改用英文，或將英語提升到官方語言的地位。當然這個提議並沒有被認同，但由此可看出，荷蘭人對於英語的重視。除此之外，在荷蘭，中文和印尼語也是被

鼓勵學習的熱門外語，這也是因為要開拓海外市場而做出的實際考量。

　　荷蘭人的務實和重商性格早已是古老的傳統了，至今仍然如此。很多話語頗能傳神地表達出他們這種重視買賣、商業第一的精神和心態。例如：「你必須知道現實世界要向你買什麼」(Je moet weten wat er is de werld te koop is.) 這句話的實際意思是：「你必須要知道你需要什麼。」類似這種與買賣、商業行為有關的語句，在現在的荷蘭文中比比皆是。現代荷蘭的有錢人不少，但鉅富還是集中在少數人身上。不過，儘管這些人極為富有，從外表、衣著、舉止上是不容易辨識的。保持低調是一種規矩，早年很多部長級的大人物，仍然搭公共電車上下班。現在他們即使搭乘由個人司機接送的專用高級轎車，仍然要替自己找個合理化的理由，像是：因為工作太忙，用私人專屬車可以在途中繼續工作，辦理公務。

　　企業領導人和政商名流都盡量保持低調，一方面可以保持個人隱私，同時他們也強調團隊合作的精神，在公開場合很少提及自己的個人成就。一般說來，荷蘭人都很重視別人和保護自身的隱私權，這種個性也展現在人際關係上，對人保持適當的距離，成為一種必要的禮貌，只有在很明確的受到邀請時，才能到別人家作客，而且時間固定又準時，如果說好下午聚會，客人必須在準備晚餐前告辭，而主人也會事先提醒。在公共場合，荷蘭人之間，並不像法國人或義大利人那般「健談」，他們與陌生人之間的第一次「真正」交談不易展開，但每個人都盡量保持著客氣與禮貌，對一般性的招呼或詢問等均非常樂意提供協助，熱心解答，但不會涉及私人事務。

　　一般來說，大部分的荷蘭人，至少在自己國內非常自律自制，對情緒掌控得宜，不會在婚宴上特別興奮，也不會在葬禮上過度悲傷。他們不願意（別人也不想）因著個人的情緒而造成他人或自己的精神負擔。如果想要作情緒的宣洩，通常會找專業心理諮商師。因此，在荷蘭社會

中，心理醫師或心理輔導諮商師的開業密度，在世界各國當中算得上是
名列前茅。

　　荷蘭人特別重視人與人之間保有著舒適、和諧、和愉悅的氣氛，在
荷蘭語中有一個特殊的字彙 "Gezeligheid" 便是專指這種氣氛。他們非
常驕傲於擁有這個獨一無二的字彙，能夠確切地表達這種愉悅感覺。要
是有人打破了這種氣氛，會被視為一件非常失禮且尷尬的事情。每當有
尷尬爭論發生時，特別是在家庭成員之間發生不悅的時候，總會以「讓
我們保持 Gezeligheid 吧！」作為解圍的用語。這使得每個荷蘭人幾乎都
認為保持這種愉悅氣氛是一種義務與權利。

　　荷蘭人特別重視家庭生活，父母親和子女都刻意維持家中的窗明几
淨及愉悅氣氛，並十分希望朋友看到自己家庭的舒適和諧。也因如此，
在職場上以家庭為理由的請假是頗受尊重的。很多公司也相信，必須把
員工的家庭安頓好，員工才能專心工作的這個信念。在家庭的布置上，
荷蘭人品味的同質性頗高，乾淨怡人，喜歡以新鮮花卉、畫作、及陶瓷
品作為室內裝飾，常常在白天，將蕾絲窗簾拉起一小截，讓路過的人可
以看到室內景象，以向他人展示自己家裡的整潔與愉悅。

　　然而，其他歐洲人對於荷蘭人的印象卻是毀譽參半，除了認為他們
精打細算又小氣吝嗇之外，也嘲笑他們為什麼一到了國外，行為就變得
格外放肆且粗魯。這或許是荷蘭人為了彌補在自己國內的過分自制，而
出現的宣洩行為。

　　荷蘭人的飲食習慣並不鋪張，也不奢侈，不像法國人、義大利人、
甚至自己的鄰居比利時人那樣，常有著特別享受奢華美食的欲望。這也
構成別國人對他們的取笑點：荷蘭人對於食物沒有品味！大部分的荷蘭
人只喜歡乳酪、牛奶和咖啡，荷蘭的名菜只有醃肉青豆湯 (erwtensoep)
和冷鯡魚 (herring)，而且吃相相當不雅：用手倒提魚尾巴，仰著頭，張
大著嘴，一口吞下整條魚。事實上，回顧荷蘭的飲食史，還可以發現一

道傳統國菜，那就是將各種蔬菜、肉類、魚和蝦貝熬煮在一起吃的一種燉菜 (hutspot)。燉菜看不出湯裡面所放的材料，這或許與先前喀爾文教徒掩飾奢侈飲食的心態有關。

荷蘭人最喜歡的節慶日子，或許不是新年也不是聖誕節，而是每年 12 月 5 日的聖尼古拉 (St. Ncolas) 節。聖尼古拉是商人和水手的守護聖人，傳說中，每一年他會騎著白馬或乘船從西班牙出發，和他的摩爾人侍從黑彼得 (Black Peter) 一起來到荷蘭。在這一天，全國的兒童多半會得到自己最想要的禮物。荷蘭人愛小孩是天經地義的傳統，自古以來很多荷蘭畫家都以兒童為主題來作畫。在今天，兒童仍是全家的重心，家裡大大小小的事情也都讓孩子參與討論，共同決定。孩子自己做出的選擇和決定，父母也多給予支持。由於對兒童的重視，小孩的生日也就成為一件不得了的大事，親朋好友相聚替孩子慶生，而這項慣例已成為日常生活中不可或缺的一部分。

古老的傳統價值，新教徒的工作倫理，勤儉持家的美德與容忍的精神，這些特性還存留在荷蘭人身上，但是，形式上或有所改變。努力工作之餘，也越來越希望度假，多餘的存款便拿來投資獲利代替做善工。這些作為不再是為了進入永恆的天國，而是為了短暫的現世人生。寬容的美德當然也可以用在對毒品的容忍及對色情事業的包容，而上述的這些評語，也不過是外國人對於荷蘭人的一種看法罷了。

不過，在基本上，荷蘭的社會仍然維持著以中產階級為主的社會型態與生活觀，他們對各種事情仍然保持寬容、重視個人主義、也鼓勵團隊精神，盡量與人和平共融，大多數人也依然自治自律。傳統中產階級在生活上的價值體系，似乎還是對於這個事事縱容的現代社會，形成了一股節制的力量。

現代宗教與靈修

　　現代社會中的宗教信仰變得更為多元，信徒間彼此溝通對話，荷蘭新教對天主教的影響，最明顯的在於天主教更重視和上帝直接溝通，並簡化了天主教的禮儀和較華麗的教堂布置。天主教也承認了新教的洗禮聖事。另外，一些外來的靈修活動及宗教團體，如佛教以及新教的福音派運動在荷蘭明顯增多。荷蘭的新教儀式，被美國的福音派 (Evangelicalism) 所吸引，就連天主教都經驗了福音派的「魅力」，例如天主教「魅力運動」或稱「靈恩運動」(Charismatic Movement)。佛教的靜坐，也滲入了基督宗教色彩。對一般荷蘭人而言，各教派間的明顯界線越來越模糊，他們也不再將宗派差異列為婚姻的考量。荷蘭人在宗教事務上，更重視個人的精神靈修，因此，各種靈修主義進入荷蘭社會。如對克里斯那穆提 (J. Krishnamurti) 的興趣，他的「星星之營」與相關出版社相繼成立，其著作也被譯為荷蘭文。在荷蘭有為數不少的人跟隨克里斯那穆提修道，並積極參與他的靈修活動，其中包含了前任女王茱麗安娜。另一位著名的克里斯那穆提追隨者為霍夫曼 (Geert Hofmans)，霍夫曼並成為王室的心靈治療師。一些荷蘭人認為霍夫曼是江湖術士，於是，在 1956 年，由於他在王室的角色，曾引起所謂的「皇室危機」。克里斯那穆提的靈修中心，在 1960 年代，出現於荷蘭許多大城市中，阿姆斯特丹、鹿特丹及德文特等地都有其據點。這些「新宗教」在荷蘭的出現，使得社會宗教信仰多元且複雜。

　　移入荷蘭的移民為數眾多，大量外來勞工，主要來自摩洛哥 (Morocco) 與土耳其，他們大多為穆斯林。也有少數移民為東正教徒、印度教徒、錫克教徒 (Sikh) 以及佛教徒。穆斯林並沒有融入荷蘭社會，特別是摩洛哥人和土耳其人，相較之下他們的犯罪率比一般人較高。故荷蘭人對這些穆斯林移民的印象不良。極右派的民粹主義因此組成極右政

黨，並自 1980 年代以後成長。但不論如何，移民的確促進了宗教的多元化，但是荷蘭人自身並沒有因為這些移民，改變自己的宗教信仰，不過對一些靈修活動則十分感興趣。荷蘭的「反文化」團體，如前述之普波運動者的訴求和文化氣氛，使得東方靈修更容易被他們所接受。普波運動的跟隨者，稱阿姆斯特丹為「世界的靈修魔幻中心」。

超覺靜坐 (Transcendental Meditation) 也在阿姆斯特丹等地流行起來。超覺靜坐提供了參與者的靈修想像與心靈寧靜。在荷蘭，佛教的影響力，在 1980 年代至 1990 年代有所提高。特別是在佛教與心理分析理論結合之後，人們對於有關心靈健康與自我成長的課程產生莫大興趣。還有一些有關禪宗的靜坐活動，也在社會中流行。在西藏被「納入」中國版圖後，達賴喇嘛流亡海外，卻弔詭地刺激了包括荷蘭人在內的西方人士對金剛乘佛教 (Vajrayana Buddhism) 的興趣。一些喇嘛在不丹 (Bhutan)、尼泊爾 (Nepal) 和印度「流浪」，卻成為西方旅行者和朝聖者的「聖地」。

其實，一般荷蘭人很難去分辨各種東方宗教、靈修團體及東方養生術之間的不同，例如，對於輪迴的概念、瑜珈術、靜坐和太極拳等等，但都成為一種東方熱的流行符號。大眾希望經由各式東方靈修，達到洞察人生與體驗幸福的境界。「身心靈的整合」，似乎成為一種時尚風氣。除了素食的流行，所謂的另類順勢療法 (homeopathy) 以及針灸也在荷蘭常見。一些企業團體，甚至宣稱自我靈修將促進企業的成就。而企業的成就，則代表一個人「身心靈的整合」。一些順勢療法及自然療法，甚至包括在社會健康保險制度中。

第四節　經濟型態與社會福利

危機的年代

1929～1940 年，是世界經濟大蕭條的年代。荷蘭在 1930 年代，約有近 50 萬人口失業，佔荷蘭總就業人口的四分之一。當時的首相柯林 (Hendrikus Colijn)，採取財政緊縮政策，但政府還是決定撥款資助失業者。其救濟金只能維持最基本的生活開支，如基本房租與簡單的三餐。而接受補助的失業者，不論是屬於白領或藍領階級，都得付出一些勞力來抵取補助，例如修路、築壩等。受補助者，每隔 2 日就必須持補助卡領取救濟金，許多人都認為這種政策使他們的人格受辱。當時，社會主義者希望政府採取一些更積極的經濟政策，但政府卻無力解決。荷蘭人民不得不開始懷疑，議會民主政策的可行性，這種懷疑助長了荷蘭部分左派及右派法西斯政黨的發展。

從二次大戰後之 30 年，到 1970 年代，世界性石油危機爆發之前，荷蘭的經濟復甦可說是穩定成長。荷蘭從美國對戰後歐洲，施以經濟援助之馬歇爾計畫中得到協助，在 1948 年到 1951 年間，各種產業在一定程度上有了重生的機會。

荷、比、盧關稅同盟的成立，擴大了對歐洲境內的貿易，國內生產總值每年成長率達到 6% 左右，這也刺激了荷蘭境內投資的熱絡。在早先，落後於比利時的工業，也在這些年來開始起飛，荷蘭走上工業化的現代消費型社會。家庭電器製品使用普及，汽車擁有率增高，前往海外渡假的休閒生活方式等，都已經成為人民生活所重視的一部分。荷蘭在東西印度群島的殖民地都已獨立，曾經對荷蘭的經濟造成不小的影響，然而從另一方面來說，殖民地的獨立，也刺激了荷蘭經濟的轉型。以前

從事殖民貿易的公司和銀行、造船等行業，必須另謀出路，尋找與歐洲大陸進行貿易的新機會。不過，荷蘭對東南亞的私人性投資仍然維持著，他們大部分是從事製糖、提煉椰子油和咖啡的加工業。

1973 年以降，荷蘭的經濟則呈現衰退，甚至到了 1980 年代，景象更顯得蕭條。一方面，由於國際間的石油危機所影響，另一方面也因社會的現代化帶來了國內薪資調漲，但物價也跟著水漲船高，結果形成了通貨膨脹。再者，因為環保意識抬頭，在一連串的環境保護法下，政府嚴格控管工廠的排污，對農業、畜牧業所使用的化學肥料、農藥也有所嚴格管制，這樣的結果，限制了工業產品的生產及農業、酪農業的大量生產。因此，社會上也因勞力需求量減少而導致失業率增高。這種情況，不僅對荷蘭人本身造成影響，也牽涉到早先於 1950、1960 年代所引進的北非及南歐勞工的就業機會，於是社會問題連帶而起，宣告倒閉或破產的公司節節攀升。荷蘭政府為了應變，實行了國營企業私有化的政策，如將荷蘭皇家航空公司、郵政公司的股份轉讓給私人，這種策略，減少了國家的財政赤字，也可刺激民間公司生產，可謂一舉兩得。

荷蘭於 1980 年代初期，經濟蕭條、失業率激增的另一個重要原因，乃因所謂的「荷蘭病」(Dutch Disease)。在二次大戰以前，荷蘭社會與歐洲其他國家相較，尚不能稱為一個成熟的福利國家。自 1955 年以後，卻逐步走向一個典型的福利社會。當時的社會福利部長德利斯 (Willem Drees)，在 1947 年起，大力推動福利政策。其中，最先實行的福利政策是養老金措施，每一位達到法定退休年齡（65 歲）的荷蘭公民，可領取養老月俸。德利斯是荷蘭現代史上聲望最高的首相之一。他早年曾參加工黨的前身，即社會民主工人黨。之後，德利斯又出任基督教民主聯合黨與社會民主黨之聯合政府首相。在其任內，他的生活樸實無華，每天以步行或腳踏車代步上班。在當時，荷蘭「柱化」、分裂的社會當中，德利斯卻可以聯合具有不同意識型態的政黨，將荷蘭發展成一個高度的福

利社會。德利斯推動的養老金制度，意外地，也為自己帶來了福利，因為他享年 102 歲。

在 1970 年代，福利政策又增加了殘疾人士的保險福利與病假領薪法。另外，更有失業保險補償，以及各種孤寡福利和公司員工子女生活津貼等。而醫療保險，則早在 1960 年代，即開始實行。失業和殘疾者的補償可算十分優厚，有時，可領到原薪資的 80%。殘疾者的福利金，在到達法定退休年齡之際，則改領養老金，直至生命結束為止。這些福利措施，意味著，許多人藉機可以不工作，但卻可以領取政府發放的「慷慨薪俸」。

福利國家，提供人民一種不受就業市場變動的社會保障。換言之，荷蘭人的生活不受就業市場影響，並可享有暫時或永久過著一般生活標準的福利。當一些公司因經濟不景氣，勞資關係惡化時，雙方便以疾殘福利的辦法來解決一些勞資問題。意即在很多情況之下，失業問題也比照疾殘福利的方式來處理。因此，實際上，一些名義上領取疾殘福利之人，並非是基於健康因素。自從 1967 年，在這種福利相關法令頒布時，僅有 20 萬左右的人口，合乎疾殘福利發放標準。但 20 年之後，領取疾殘福利者，突破 1 百萬人。這個數據顯示，就業人口中的 15% 左右，均依賴社會福利金生活。如再加上其他失業人口所領取之失業補助，以及提早申請退休者，總共佔就業人口的 40%。這意謂著，荷蘭有 40% 原本該就業的人口，卻處於閒置無業之狀態。當時的荷蘭首相，魯貝斯在尼莫恆大學的一個演講中，表示荷蘭已經成為一個「病人國家」，此即 1980 年代的「荷蘭病」。這是荷蘭作為一個社會福利國家，所產生的結構性問題。許多的荷蘭人，具有一種可以不需要工作，但仍然可以領取薪水的投機觀念。社會福利政策，造成國家沉重的經濟負擔，最終，這些資金也需要由各種稅收籌措。

1990 年，由基督教民主聯合黨和社會民主黨共同組成的聯合政府，

決定實行保險改革，以及準備縮減病假、殘疾福利。但在荷蘭數個工會，如基督教全國工會聯盟、荷蘭工會聯盟、白領階級及資深職員聯盟的支持下，有 1 百多萬人在海牙街頭示威遊行，造成當時的財政大臣下臺。其中，荷蘭最大黨，基督教民主黨，更因為這次示威事件，致使其在 1994 年的大選中落敗。而意外獲勝的社會民主黨，則必須和自由黨及一些左派政黨聯合組閣——即前文曾提過的「紫色聯盟」執政。

荷蘭政府，在後來採取醫治「荷蘭病」的對策是：觀念扭轉策略。使荷蘭人民意識到，荷蘭必須創造工作意願和工作空間，才能對抗失業和怠惰的「荷蘭病」。於茲，政府鼓勵「非全日制」工作制度以及彈性工作制度，使得婦女就業意願提高。換言之，由原本傳統一個家庭，完全依靠一個男性的全日制工作，轉為一個家庭由男女雙方，都領薪資的彈性或「非全日制」的工作型態。如此，可以減少依賴家庭中一個人的薪資，以及所衍生出的，對工作保障福利政策的過度依賴。這種政策上的改革及觀念上的改變，逐漸得到工會和資方的協調。所以，荷蘭的失業率，從 1983 年的 15%，在 15 年後的 1998 年，縮減為 6%，這稱之為另一種的「荷蘭奇蹟」或「就業奇蹟」。

1980 年代後半期，經濟情況漸開始好轉，早期或戰前便存在的荷蘭大企業，如殼牌 (Shell) 石油、聯合利華 (Unilever)、菲利浦電器、阿克卓 (Akzo) 化工、荷蘭銀行 (ABN) 都發展成跨國企業。在現今「全球化」(globalization) 的取向下，荷蘭企業的生意網遍布世界，其中也包括臺灣和中國大陸，而世界最古老的阿姆斯特丹證券市場也仍然是當前世界上最穩定的股市之一。

荷蘭現代工業的結構

荷蘭主要的工業為石油化工、機械電子、紡織服飾以及食品衛生業。工業上除了大型的跨國公司，更多是由小型企業所組成。另一方面，服

務業已成為荷蘭現代經濟中最重要的組成，特別是金融保險業。其他如技術顧問、電信廣告，以及專業顧問公司也相當發達。金融集團，如國際尼德蘭集團 (Internationale Nederlanden Groep, ING)，以及荷蘭銀行 (ABN AMRO) 最享盛名。

在運輸業上，荷蘭的運輸工業自中世紀起就一向發達。荷蘭因地處萊茵河、馬士河以及須爾德河口之間，故能成為歐洲貿易的水上運輸中心。從世界各地輸入到歐洲的各種商品，常在荷蘭港口轉運。鹿特丹成為歐洲名列前茅的貨運中心。此外，鹿特丹也是大型運輸公司設立的所在地。阿姆斯特丹則因具備國際一流的史基浦機場 (Amsterdam Airport Schiphol)，也成為荷蘭乃至於歐洲的航空運輸中心。

而農業方面，荷蘭在傳統上，農業一向也是主要產業之一，包含了酪農業、畜牧業、園藝、花卉以及蔬菜水果為主的農產品成為主要輸出商品。荷蘭一向是花卉王國，為世界上最大的花卉輸出國。花卉的出口貿易，佔全球市場的 70% 左右。其中鮮花約佔 63%，球莖類約佔 58%。國際的花卉產業雖然競爭激烈，但荷蘭花卉產業勝出的主要原因是：花卉品種多元，從玫瑰花、鬱金香，到百合花與風信子一應俱全。僅玫瑰花與鬱金香的品種就高達 220 多種。另外，荷蘭的花卉種植較不受自然因素的影響，因大部分的花卉培植都是在溫室進行，採高科技的自動控溫與灌溉，以及業者對病蟲害和農藥的嚴格控管，提高了花卉的新鮮健康品質。荷蘭所出口的花卉，都附有品管保證書。荷蘭花卉拍賣場聞名國際，成交之後，都直接運輸至世界各地近百個國家。荷蘭人愛花的性格，延伸至花卉產業，成為名副其實的「花卉王國」。

在能源開發上，荷蘭北部天然氣的蘊藏量為西歐之冠。於 1960 年代起發展的原油，通常於鹿特丹轉運至境內煉油廠，可以和天然氣並行發展。荷蘭人也開發了綠色能源。如利用太陽能、風力發電與水力發電。

水利工程是荷蘭人最驕傲的科技工業之一。從古到今，荷蘭人和水

的關係非常密切，每個人都知道荷蘭人「與海爭地」的事蹟。海洋和運河造就了他們的富裕，但同樣也帶來不少傷害。水患在荷蘭歷史中不斷重演，也因此，荷蘭人對水具有一種「憂患意識」，使得水利管理部大大小小的事情都有著明確精細的分工。近代受害最慘重的一次水災發生在1953年，約有2千人溺斃，10萬多人的房屋被洪水在一夜之間沖走。於是，在1958年，議會通過了所謂的「三角洲計畫」(Delta Project)。這是一項龐大複雜的「封海」工程，他們將馬士河、須爾德河、萊茵河之三角灣口封閉，形成一個大湖，讓海潮無法再流入。換言之，荷蘭人打算封閉容易氾濫成災的河流和北海入海口，並用海堤和橋樑連接了荷蘭的島嶼。這項巨大的工程花費了32年的時間和龐大資金才告完成，對荷蘭的經濟發展也有所幫助。荷蘭人多半相信自己改變了「自然」，雖然，近年來，有一些人認為，荷蘭人對大自然的控制已嫌太多，破壞了生態系統，這也是環保綠黨近年來頗受歡迎的原因之一。荷蘭有25%以上的土地位於海平面以下，與海爭地是荷蘭的傳統。在全球氣候暖化變遷的今天，荷蘭人必須應用科技學習與海水共存。因此，荷蘭率先投資開發水上漂浮屋，希望在環保的概念下，尋求的不只是以傳統的方式治水、抽水與封海，而希望更加積極地創造如何與水和平共存的生活。

第五節　文化多元主義與移民政策

在20世紀中葉的荷蘭「柱化」社會中，曾產生了一個所謂除了基督宗教、自由主義與社會主義以外的「第四個宗派」，這是以伊斯蘭教為主，再加上其他非基督教宗派的勢力。「第四個宗派」為了增進其社會和政治解放，想參與荷蘭「柱化」社會系統，並計畫建立屬於伊斯蘭宗派的大學。在進入「後柱化」社會之際，1992年，荷蘭首相在一個公開演說中，宣稱「屬於非基督教的少數人，已攙入食用馬鈴薯和飲用咖啡的

荷蘭文化，他們感覺自己是一個荷蘭人，我們的文化更多元了。」

　　荷蘭女王雖然以國家領導人的身分，扮演超越宗派之中立角色。但女王和她的王室，實際上為新教取向，新教還是象徵了國家典範。碧翠絲女王的兩個姊妹是天主教徒，但基本上還是均屬基督宗教。在聖誕節、新年期間之公開演說中，女王通常強調基督宗教的精神與價值。在荷蘭，宗派和政治意識型態相互交叉，有宗教信仰的人和沒有特別宗派取向者，在投票時通常會依此考量，選擇自己支持的政黨，並參與自己所屬的宗派活動。因此，教會人士鼓勵教友關心政治問題。教會領袖定期和各種政黨領導人討論政事，教會特別關心社會的慢性貧窮問題，他們批評社會不公，並協助尋求國內與國際和平發展途徑，為難民尋求政治庇護以及建立救濟機構。但「世俗化」使一些信徒與教會漸行漸遠，不過，荷蘭的教會，常於社會與文化的脈絡下開展教會相關工作。教會也常試圖喚醒信徒與一般大眾，教會所進行的社會文化事業，是一種「精神價值」。

　　現代的荷蘭社會，在宗教和社會方面，主要有 3 種面向的發展。首先，天主教徒成為多數，取代了過去佔多數的新教徒人口，天主教成為公開認信的最大宗。再來，許多基督徒不再參與教會事務，屬於非基督徒的人口大增，其中多數為伊斯蘭團體，即前述所謂的「第四宗派」。「第四宗派」不僅建造了為數更多的清真寺，而且欲建立自己的學校體系，包括大學以及媒體機構。

　　基督教會則認為，荷蘭雖然是一個富裕的國家，但更要照顧仍然貧窮與受排擠壓迫的少數群體。教會認為，物質並不能保證幸福，而幸福正是荷蘭社會所追求的。故基督教會所提倡的精神價值，仍在現今的荷蘭社會中，盡力扮演精神食糧之重要角色。

　　傳統上，荷蘭是歐洲對於外來移民態度最為開放及包容的國家之一。但是，近年來，社會上接連發生數起與移民有關的暴力事件，造成荷蘭

人與其境內的移民，特別是與穆斯林之間的緊張關係。一些激進的穆斯林，與政治立場上極右傾的荷蘭人，爆發了相互攻擊，甚或燒毀清真寺的暴力事件。

在整個荷蘭社會的人口結構中，外來移民的數量已逼近總人口的10%，其中又約有一半以上的人為穆斯林移民。移民豐富了荷蘭的文化，但也引發了一些社會問題，促使政府當局不得不正視此一現象，重新檢討移民政策。例如：是否要限制移民進入境內，對新移民的態度是要採取「融入主義」抑或「多元文化主義」，凡此種種，都成為荷蘭政府需要重新考慮的問題。一個多元文化的社會，一般來說，乃由屬於不同文化的人群所構成的社會。

多元文化主義在荷蘭，可從基礎教育制度看出。除了公立小學的設置之外，荷蘭也有許多不同意識型態團體及宗教派別所創辦的基礎教育機構。例如天主教、新教、伊斯蘭教、猶太教、印度教以及神秘教和所謂的人文主義學校。這些學校中的基本課程均相同，其間差異在於，個別強調自身的宗教或意識型態。在《荷蘭憲法》中，教育自由是被法律所保障的。荷蘭小學的多樣性，來自於荷蘭人口組成的多元化。移入荷蘭的移民，除多來自荷蘭以前的殖民地區，也因在 1960 年代，大量的勞工移民由西班牙、義大利、土耳其以及摩洛哥進入荷蘭境內永久居留，荷蘭亦時而庇護政治難民。荷蘭第一座清真寺於 1955 年建於海牙，隨後全荷蘭清真寺的數量增加不少。在進入 21 世紀後，因移入者的自主意識以及荷蘭的文化整合運動，荷蘭出現了「作為荷蘭人」和「誰是荷蘭人」的討論議題。而荷蘭政府也想在多元文化中，保護傳統的荷蘭文化遺產。

在此種多元社會情勢逐漸形成的過程中，發生了幾個具關鍵性的事件。2002 年，荷蘭的極右派政黨領袖賓‧弗圖恩 (Pim Fortuyn) 在阿姆斯特丹近郊，遭到槍擊死亡。這起暗殺事件的時間點，恰巧就在僅距離荷蘭大選的前幾天。據選前的民調顯示，弗圖恩領導的右派政黨──弗圖

恩名單黨 (Pim Fortuyn List) 極有可能成為荷蘭議會中的最大政黨。弗圖恩的政治主張，包括加強對於移民的限制措施，並強調已經移入的穆斯林應該盡速融入荷蘭社會，同時，他也提議要修改《荷蘭憲法》中禁止種族歧視的條款。

　　弗圖恩遭到槍擊死亡事件的發生，打破了荷蘭 350 多年來沒有任何一樁政治暗殺的良好名聲。除此之外，荷蘭的移民部部長麗塔·費東克 (Rita Verdonk)，對於移民政策一向表現得態度強硬，也使得種族和移民問題日趨緊張。此時又發生了另一樁有關荷蘭議員的辭退事件。原籍索馬利亞 (Somalia) 的女議員荷西·阿里 (Ayaan Hirsi Ali) 有次曾經提到，在過去，她是以假難民的身分來到荷蘭。阿里本身對於伊斯蘭婦女解放的激進立場，已經使她備受爭議，她曾經和導演迪奧·梵谷 (Theo van Gogh)，共同籌劃拍攝了揭發伊斯蘭社會婦女受暴力威脅的影片，梵谷後來卻遭身穿伊斯蘭罩袍的摩洛哥裔荷蘭人當街刺殺，而阿里也受到死亡威脅。此時，費東克對於同屬於自由民主人民黨的阿里議員，以偽造文書的名義，迫使她辭去議員一職，更藉此，取消了阿里的荷蘭國籍。費東克的作法引發了社會輿論的軒然大波。其中包括執政聯盟中的六六民主黨都表態反對這項決議，更揚言要退出當時的三黨聯合執政聯盟，結果導致了當時擔任荷蘭首相的揚·包肯納德 (Jan P. Balkennende) 之內閣總辭。事實上，對阿里的辭退事件所反映出的是，近來荷蘭社會對於移民政策的態度傾向。

　　荷蘭的環境地小人稠，而外來人口的組成又相當複雜，其中有來自於原屬荷蘭殖民地的印尼人與蘇利南人等，也有從摩洛哥、土耳其、葡萄牙、西班牙及義大利等地移入的勞工移民，以及來自東歐各國和非洲的經濟難民。這些佔了總人口十分之一的外來移民，因其不同的社會與文化背景，為荷蘭帶來新的社會問題與文化衝擊。近幾年來，因陸續發生了上述的暴力和衝突事件，使得向來以宗教寬容、文化多元與自由開

放精神享譽世界的荷蘭人，也不得不重新思考原有的移民政策。如何在
文化寬容、文化多元主義與移民問題的兩難之間，權衡其得失，便成為
荷蘭社會當前的一大考驗。

第六節　藝術與文化

藝　術

　　荷蘭的藝術發展多元而豐富，有特色的藝術家不勝枚舉。在 20 世紀
初的新造型主義 (Neoplasticism)，稱為「風格」(De stijl) 的是一個新的藝
術流派。這個藝術派別的名稱，則來自一群藝術家，他們於 1917 年創立
了《風格》月刊。由建築家同時也是畫家兼詩人的范德斯堡 (Theo van
Doesburg) 等在萊登市創立，其創始成員包括畫家，蒙德里安 (Piet
Mondriaan) 及建築藝術家奧德 (Pieter Oud) 等，藝術家們在《風格》期刊
中表達其藝術觀點與理論，他們反對以形象作為藝術的最終目標，但是
卻以整齊的基本形狀和幾個原色來呈現藝術風格，意謂著藝術本身自有
能力表達它自己的造型語言。在這樣的藝術語境中，藝術家自認為是一
個代理人，而不是具有主題之藝術作品的作者。這種風格突破了荷蘭的
傳統畫風，而將自然轉為文化。「風格」派的這種理念，可以從蒙德里安
的《藍‧黃的構成》為代表，他為了呈顯純粹真實，將色彩減少到只剩
下原色。范德斯堡則是把這個觀念擴展到建築領域。建築物不崇尚「自
然主義」，亦不追求「歷史主義」(Historicism)，以抽象思想及理性線條
處理空間概念。建築師里特維特 (Gerrit T. Rietveld) 所設計的著名風格派
藝術坐椅，以紅色與藍色做搭配，椅框則佐以黃色與黑色。他強調風格
派僅使用紅、黃、藍三原色與黑、白、灰無色系列。這些藝術家相信世
界的和諧是由抽象的形狀、明亮的色彩以及直線條的美感元素所構成。

風格派的形式與現代主義運動所喜好的幾何式結構和對原色的執著，頗有相通之處，他們是歐洲現代藝術的開拓者，奧德的作品「住宅區的咖啡店」就是這種作品的代表。「風格」的新造型藝術也深深影響到包豪斯 (Bauhaus)，風格派的重要成員之一，范德斯堡便曾在德國威瑪 (Weimar) 的包豪斯建築學校任教。

另外值得注目的是柯不哈 (Cobra) 畫派，即俗稱的眼鏡蛇畫派。Cobra 一字是由哥本哈根 (Copenhagen)、布魯塞爾、與阿姆斯特丹 3 個城市的城市名稱字首合併而成。眼鏡蛇畫派的發展，約起於二次大戰之後，當時的歐洲，不論身心與物質環境都受到了戰爭帶來的創傷，這種經驗，在一些敏銳的年輕藝術家心中掀起陣陣漣漪。一群來自丹麥、比利時、荷蘭的藝術家，運用其具有創造力之想像，從兒童的畫作、精神病患者的圖畫與心理學家容格 (Carl Gustav Jung) 的集體潛意識理論汲取靈感。眼鏡蛇畫派的畫家們，其所主張的藝術體裁為半抽象及半原始的純真表現，著色鮮豔，常以大幅度的變形人物形象為主題。對歐洲的抽象表現主義 (Abstract Expressionism) 有著巨大的影響，主要的代表畫家有阿佩爾 (Karel Appel)、孔斯坦 (Constant Nieuwenhuys)、及科內里斯 (Guillaume Cornelis van Beverloo) 等。

社會學科

20 世紀，荷蘭的史學界有不少著名學著。在歷史學領域中，史學家赫爾 (Pieter C. A. Geyl)，在萊登大學完成學習後，曾為《鹿特丹日報》擔任駐英通訊記者。期間與英國多位著名史家如屈威廉 (George Macaulay Trevlyan) 和克拉克 (Lord Kenneth Clark) 等學者交往密切，赫爾後來並在倫敦大學擔任荷蘭史講座教授。在 1920 年代，他漸漸成為一位荷蘭民族主義者，倡導大尼德蘭主義。在赫爾的史學思想中，他主張使用荷蘭語的比利時法蘭德斯地區甚至包含南非應視為一個聯合體。赫

爾的這種思想，可從其諸多著作中看見，如其 3 大冊的《荷語人民的歷史》。赫爾也是一位非常好辯的史家，與當代史家有不少學術論辯，如英國史家湯恩比 (Arnold Joseph Toynbee)。赫爾的辯論史著許多都集結成冊，如《與史學家辯論》、《從蘭克到湯恩比》以及《湯恩比的答案》等書。

范吉芬 (Albert E. van Giffen) 是一位專門研究史前史的歷史考古學家，他對荷蘭史前史文物的研究相當有貢獻。諸如對菲士蘭史前時代之土崗，德倫特省的古塚以及巨石遺跡，這些古跡都是荷蘭新石器時代的村莊與群葬遺址，共 50 處。

羅明 (Jan Marius Romein) 在萊登大學獲得史學博士學位後，這位精通俄文的史家，除了曾經擔任荷蘭共產黨《論壇報》的主編，也研究中世紀的尼德蘭史。羅明後來成為了阿姆斯特丹大學的歷史講座教授，至此更開拓了其研究領域，開始書寫世界史，其中尤其對亞洲及印尼史有所專精，如其著作《亞洲的世紀》。他是一位馬克思主義者，與上述好辯的史家赫爾亦友亦敵。羅明與赫爾兩人成為學術上的「敵人」，乃因赫爾敵視羅明認同英國著名史家湯恩比的歷史決定論觀點。

文化史家赫津哈無疑是荷蘭最負盛名的史家。其著作堪稱豐富，包含史學、文學、宗教、美學以及對「現代性」的反省等各領域。其中以《中世紀之秋：14、15 世紀法國和尼德蘭地區的生活與思想形式》以及《遊戲的人》(Homo Ludens) 最為著名。《中世紀之秋》於 1919 年甫出版後，旋即在史學界引起極大的爭議。其主要爭議性在於赫津哈在書中使用很多文學、圖像、語言學、美學等資料。批評者認為，其著作缺乏嚴謹的史料分析，且他使用的文字也經常饒富文學性。然而，自 1980 年代以後，隨著敘述史的復興、文化史轉向、圖像史學受到重視，他的著作引起了史學各界的注意，特別是在 1990 年代以後受到好評。

「歷史感覺」，或稱「歷史感官」(De historische sensatie)，是赫津哈

文化史學中最為獨樹一格之處。對他來說，「歷史感覺」雖然無法確切地形容，但它是一種「立即與過去的直接接觸」(Het directe contact met het verleden, een onmiddelijk contact met het verleden)；「直接與過去的接觸是一種很動人的、酒醉的感覺」(een pathos, een dronkenschap van een oogenblik)；「進入一種輕微恍惚的狀態」(in een soort van lichte trance)。因此，他這種對「歷史感覺」的形容，使人聯想到一種神秘氣息。青年時期的赫津哈對東方文化，特別是印度的文明、藝術和宗教極為著迷，尤其是對印度文化中的神秘主義及審美趣味產生極大的興趣。他精通梵文，也曾研究佛教。赫津哈旋即轉向對基督教神秘主義的興趣，特別是寄情於坎比斯式的神秘主義，赫津哈將之稱為「冷靜神秘主義」(nuchtere mystisme)。

赫津哈認為歷史是史家透過「型塑」來完成，而他的《中世紀之秋》即為他史學「型塑」的巧妙實踐之作。此著作呈現了中世紀晚期生活思想形式，帶出十分具有感染力的氣氛及栩栩如生的意象。他將 14、15 世紀看作是中世紀生命過程中進入成熟的晚期，生活思想形式豐富華美，是結滿熟透果實的樹木，但果實因為過熟而走上枯萎的階段。中世紀人們因著他們「誇大華美之形式」所形成的自身重量，終結了中世紀人們的生活步調，終至響起了文藝復興的輕音符。

或許赫津哈所關心的是藉由自己的史學實踐，來超越當代史學的「相對主義」。因為如果史家僅僅只在爭辯史學到底是「主觀或客觀」、「分析或綜合」、「理性或感性」、「科學或藝術」，那麼史家也只能陷入「相對主義」的窠臼。不論賀津哈的史學風格所引發的各方爭議，他的史學卻啟發了不少學者；如年鑑學派的心態史史學家勒高夫 (Jacques Le Goff)、樂華拉度里 (E. Le Roy Ladurie)，文化史家西蒙・夏瑪、歷史哲學家安克・斯密 (F. R. Amkersmit)，撰寫《玫瑰的名字》(Nome Della Rosa) 的符號學家翁貝托・艾可 (Umberto Eco)，甚至著名社會學家伊理亞斯 (Norbert

Elias) 的《文明的進程》(*Uber den Prozess der Zivilisation*) 也受到赫津哈的啟發。

德福里斯 (Jan Pieter M. L. de Vries) 是一位文學家暨語言學家,曾於萊登大學擔任比較語言學教授。德福里斯亦專精日耳曼宗教史,1940 年至 1945 年德國佔領尼德蘭期間,他強調荷蘭的國家認同,反對親德派及德國人,包括荷蘭人在內的大日耳曼帝國主張。隨後,即被親德派的知識分子聯合抵制並免除教職。德福里斯的代表著作有《古日耳曼宗教史》與《北歐古典文學史》等。

在文化人類學的研究領域中,以德・榮格 (Jan P. B. de Josselin de Jong) 為其代表人物。他被視為荷蘭現代結構人類學之父。師承於他研究的主要學者都來自萊登大學,所以也稱作萊登結構主義學派。德・榮格強調田野調查與社會深層結構研究並重。例如他以希臘神話中的人物如愛馬仕 (Hermes) 為例,提出一種二元觀念。愛馬仕是掌管商業、體育、以及傳遞消息之神,但其性格狡詐且善欺好偷,德・榮格認為愛馬仕是二元性格的原型,他也從其他的神話中,看到類似情節,如北美原住民印地安人之神話也經常反映這類二元觀念,不只常出現太陽與月亮、白晝與黑夜等之象徵,神話故事中的人物也常具有這種相對及矛盾的二元個性。如俠盜的偷竊與其施惠俠義性格之並存。德・榮格認為這種二元性,是社會深層結構的反映。荷蘭因對其殖民地社會文化的興趣,一些學者也發展了地域民族誌結構主義人類學。

文　學

20 世紀初,荷蘭文學已經進入「現代文學」的行列,作家們的寫作方式與傳統迥異,文風顯得自由而多元。他們宣揚個人特色,並將原創性 (Originality) 的價值提高到最頂點。然而在世界大戰期間,也有一些專門描寫戰爭的作家,不吝於表達其政治立場。德布拉克 (ter Braak) 毫

不掩飾其對國家社會主義的嫌棄，杜佩隆 (E. du Perron) 也對法西斯主義唾棄萬分。巧合的是，這兩位作家都在德國入侵荷蘭後的同一天，也就是 1940 年的 5 月 14 日辭世。德布拉克選擇自殺，杜佩隆則是病逝床上。他們都成為「不願意活在勝利屬於謊言和野蠻的時代」之典型代表人物。

在德國佔領荷蘭的歲月中，納粹黨人企圖操控荷蘭文學，曾設立「文化會館」(Kultuurkamer)，來審查文學作品。荷蘭作家如打算出版其作品，則必須先加入「文化會館」。所以，許多荷蘭作家在納粹時期，並沒有出版其著作。戰後的作家們，因受戰爭影響，對人類的存在的本質感到虛無荒謬，他們不像戰前的作家，如德布拉克，關心人類的存在價值。小說家范・海特雷弗 (Gerard K. van het Reve) 即擅長描繪戰時人們的鬱悶與絕望。另一位小說家赫爾曼 (Willem F. Hermans)，在他的著作《阿卡西亞的眼淚》(*De Tranen der Acacias'*) 中，透過小說的主角，寫出荷蘭人在德國佔領期間，徘徊於「通敵者」與「抵抗者」的無奈與迷惘。

附錄文獻:《斷絕法案》

1581 年尼德蘭地區反抗西班牙的「反叛者」,終於決定公開地拒絕西班牙的國王菲力二世作為他們的宗主,進而發表《斷絕法案》。法案之內容為後來美國之〈獨立宣言〉提供了一個絕佳範本。以下是《斷絕法案》文獻之內容:

尼德蘭聯省的聯省議會,在此向相關人士頒布這個法案。並向各位致敬問候。

一個國家的君王是為了治理其人民,由上帝所授與的。君王是為管理人民、保護人民,並使他們免於受到壓迫,免於受到暴力。如同牧者一樣照顧他的羊群,這是眾所周知的事情。的確,上帝創造了人,但並不是要人民成為君王的奴僕,不分是非的服從君王的命令。君王是要站在人民的立場來管理人民(如果沒有人民,君王也就不會存在)。君王是以平等和愛去扶持他的人民,就像一位父親對待他的孩子,牧者對待他的羊群。在危難之時,甚至可以犧牲其生命去保護人民。如果君王並非如此,反而壓迫人民,趁機侵犯傳統的習俗,剝奪他們原有的權利,壓制人民並使之屈服之時,他就不再是一位君王了,人民只能將他視為蠻橫的暴君。特別是在沒有經過各聯省的同意,而是出自君王自己的固執行事。各聯省不但可以拒絕承認君王的職權,而且可以通過合法的過程,去選擇另外的國君來保衛他們。

人民在謙虛的進諫、誠懇的請願之後,仍然不能勸說並打動君王及其實行的專權。那麼為了保衛自由,我們只能以天然法則作為指標,來

保護我們的後代，在此，不惜犧牲我們的生命，來將天然法則傳遞給他們。遠近皆知，許多地區已屢屢發生這種情況，這些地方向來都是依照自己的傳統習俗與權利來自治，君王也曾經承諾這種合理的治理方式。大部分的省分，都是在這種方式及情況下，接受了君王的統治。君王如違反他的誓言，那麼就不再被視為君王。目前西班牙君王在其父親查理五世那裡，得到了皇帝的榮譽（正因為這種榮譽，他才獲得這些省分）。但是，他現在已經忘記這裡的人民曾為了他父親與他本人所做出的貢獻。因人民的勇敢，才致使他在敵人面前，得到這種榮譽，並使世界其他地區都畏懼他的名聲。他也忘了先前所賦予給他的皇家尊嚴，他不想按照他原先的誓言，來治理這個地區，反而相信在這個自由之地，心懷仇恨與敵意的西班牙顧問之言。這些人因為不能再像他們對拿坡里、西西里、米蘭和印度群島等王國下的統治那般，享受職位賦予的尊榮與隨意奴役人民之權。他們知悉這個地區的豐饒，故而貪婪這些省分的富裕。顧問們不斷地遊說君王再次征討尼德蘭地區，並全權統治（他們恣意行使極權）。並且認為，如此才會添增君王的權威和榮耀。

　　西班牙君王聽信邪惡的顧問之言，用盡辦法（奪取人們傳統的權利），盡可能地減少這個地區人民的利益，使得聯省成為被奴役之地。更在宗教的面具下，於各大城市委派新主教，促使主教們與富有的修道院兼併，賦予每位主教 9 名教士輔佐。其中的 3 名教士，監督負責宗教異端裁判所的事務。經由兼併，主教們（他們也許是外地人，也可能是本地人）在君王之議會中，具有最高的表決權。

　　上述所委派的教士，將帶給人民恐懼並引入了令人厭惡的異端裁判所，且實行罪惡的奴役統治。先前的君主，也曾經提倡設立異端裁判所，但卻因遭到否決而放棄。此事可證明，先前君主對其人民懷有深切的情感。可是現在雖然有很多省分和城市的顯貴們，針對這個問題做出請願和建議，不論是以書面還是口頭上的形式，如男爵蒙特格尼和伯爵愛格

蒙，他們得到了當時尼德蘭地區的總督帕瑪的允諾，將請願書提交給西班牙當局，但君王卻以浮面禮貌的話語安撫人心，並宣稱這些請願將得到支持。但隨後立即頒布詔令，恰恰是宣布了相反的命令。他下旨立刻承認其所派遣的新主教，並在其合併的修道院內具有全部管轄權。又依照在設有異端裁判所之省分，按照「特倫特會議」所制定的規章行使裁判。不過，「特倫特會議」中的許多規章，旨在剝奪尼德蘭地區原有的權利。這個決策，不僅傷害了人民昔日對前任君王和現任者之間的感情，也引起人民的焦慮和抗議。人民認為，君王不但實質上要求管理人民的財產，還要操控人民的良心。可是人民則相信人類只應該在上帝面前對自己的良心負責。於茲，貴族領袖們立基在對人民的同情上，於 1566 年，用極其謙虛的態度請願君主來撫慰人心，希望君王實行較溫和的政策（這是一位理想君主對其人民所應具備的慈悲）。特別是對於冷酷的異端裁判所及因宗教信仰不同而被判決死刑的議題上。

前述的女總督，和聯省議會駐西班牙代表們，以及懷著肅穆之心的男爵蒙特格尼，就曾以這些問題向西班牙當局提出請願書，並以尼德蘭地區的和平與繁榮為其宗旨向君王陳情。然而，君王非但沒有接見他們，也沒有對他們的請願給予支持或調整（對人民造成的負面影響做出補救）。他卻聽從西班牙顧問之言，宣布將所有提出抗議者，都歸類於叛亂者，並沒收其財產甚至將其處死（他驕傲地以為憑著阿爾巴公爵的軍隊，就可鎮壓尼德蘭使其屈服於他的暴政）。他迅速地逮捕了上述所提及的貴族領袖及代表使節，並隨後處死了他們。這種行為，已經與法律相悖。最殘酷專制的君王，在歷史上都曾經使用宗教虔誠般的精神，來執行這種背道而馳的法律。

女總督與她的臣子平息了 1566 年所發生的抗議事件。眾多秉持自由理念的人們，都被放逐或被迫降服。君王照理來說，沒有正當的理由派遣軍隊暴力鎮壓其人民，並對尼德蘭地區行使迫害。然而，這是西班牙

議會樂觀其成的（這個事件，恰好說明了君王並不尊重人民。英明的君王，不會使用這種職權與其人民對立）。他命令阿爾巴公爵率軍進入聯省鎮壓，與他的顧問一起將這裡的人民看作他眼中的大敵，這從他粗暴蠻橫的行為就已顯示出來。當他進入尼德蘭地區時，並沒有受到人民的反對，因人民曾充滿敬意與誠心對待他，但是人民發現僅得到君王的虛偽承諾。他似乎認為人民還不夠滿意他的行為，更計畫親臨該地。阿爾巴公爵率大軍壓境之後，花費不貲，並組織了一支艦隊，護送他從西班牙啟程，並命令澤蘭省的一支艦隊同他會合。君王為了掩飾他欺騙人民的行為，設計人們進入他的陷阱，將各省分的傳統習慣和權利完全忽視。阿爾巴公爵在他抵達尼德蘭之後，旋即頒布自己為聯省的總督與最高軍事長官。他在各個大城鎮修築堡壘，建立軍營，將軍隊駐紮於主要城市，整個地區都在其武力威脅下，全面臣服。他派遣其心腹，以虛假之禮對待人民，並以君王的名義，邀請貴族前來，虛情假意地聽取貴族的建議，委託他們為自己的故土盡力。但後來相信他的人民，卻被逮捕或驅逐出不拉班省之外，還被當作囚犯禁閉。他其實沒有權力，也沒有正當性作為這樣的審判者。最終，他也不聽這些人的辯護與請求，就逕自宣布了他們的極刑，公開將他們處死。

　　一些居住於尼德蘭境外，且對西班牙人虛假性情瞭若指掌的人，他們既被西班牙人沒收了財產，也剝奪了一些權利。他們無法擁有房產作為棲身之處，也無法得到親王的支持以抵抗教宗方面的暴政，或保衛他們的自由。也有很多士紳與中產階級的市民被流放或處死，或是其財產被沒收，這些都使得正直的人士非常痛心。他們被迫在自宅接待西班牙士兵，還得負擔境內與境外的重稅，他們的妻兒及個人財產都受到嚴重的傷害和損失。除了繳交「百分之一稅」、「二十分之一稅」以及「什一稅」，還得被迫繳納各種捐獻與分攤款項，這些錢是用來建造他們的軍營和新增的防禦工程，這最終導致了這些人破產。除此之外，他們還被徵

調去和他們自己的同胞對抗，被迫與那些用生命捍衛全體尼德蘭人自由的同胞敵對作戰。西班牙為了更輕易地執行其所認可的死刑，以及將尼德蘭地區視為新征服的土地，於茲，他們讓人民變得更窮困，以便使其沒有力量阻擋他的陰謀。他們直接剝奪我們的基礎權利，並按照西班牙的模式改造司法。如此這般，他就想像自己在尼德蘭肆意妄為並高枕無憂。

他們對於貿易、貨物和製造業課徵「什一稅」，企圖將尼德蘭繁榮的商業貿易徹底瓦解。西班牙雖然不只一次遭受到納稅地區的聯合抗議，但他們依然使用最暴烈的手段，強迫實行這種政策。如果沒有隨著奧倫治親王一同流亡，貴族、士紳以及居民大部分都會遭受到報復。在各省議會保持中立的人士，也都被阿爾巴公爵驅逐流放。此外，西班牙迫使軍官們做出承諾與誓言，從日耳曼召募軍人，在主要的城市與堡壘布局駐防。在日耳曼軍人的協助下，使他們得以掌控軍事長官，以便召募更多的日耳曼軍人，軍人與他們利益勾結成為聯盟。於茲，便可威脅不服從的人必須參加征討奧倫治親王、荷蘭省與澤蘭省的戰爭，這是一場歷史上最殘酷野蠻的戰爭。不過，虛假終歸虛假，不可能永遠矇騙人民，西班牙的陰謀在實際實行之前便被揭發，一場場的戰役，替代了他們抵達尼德蘭之際大言不慚地和平吹噓，直至今日。已經遭受了 20 年的壓迫與混亂的地區，已提供我們充分的理由與西班牙的君王斷絕彼此的關係，而去另覓一位堅強、仁慈且厚道的君王作為我們的護衛者。我們的居民終日被總督奴役，被他們的君王視為仇人，但不被當作他們自己的同胞。

在唐璜死亡之後，男爵塞勒斯宣布他將不會批准《根特協議》，卻積極加入新的條款規章，計畫減少優惠條款。雖然早先唐璜曾以君王的名義，誓言支持《根特協議》。我們使用書面及所有可行的方式，請求君王能夠接受我們的請願。我們的親王，也在各個基督教宗派中協調。在科隆議會的代表們，更付出努力與時間，期盼日耳曼皇帝及他的選侯能帶

來長久的和平以及一部分的自由，尤其是對宗教自由（這主要是關乎上帝與我們的良心）。但是，經驗告訴我們，所有的祈禱、談判與協商，都不可能得到君王的肯定，他反而分化削弱各省的聯合，以實行其專制。這些計謀，在他頒布的詔令中可以得到答案。根據這些詔令，聯省政府的官員及追隨者，都被視為叛亂者。如此，我們的生命與財產都會被剝奪，我們已經成為令他人厭惡的一群。於茲，他更可以將我們的商業行為阻斷，並在重賞之下，刺殺我們的親王，陷我們於絕望。在協調沒有希望又無藥可癒的情況下，我們只好在自然法則下保護自己的傳統、權利與自由，使我們的同胞、婦孺與後代，不再被西班牙人所奴役。在不得已的情況下，在此宣布，我們不再擁戴西班牙君王，並且貫徹保護我們自己從古以來的權利與自由。我們在此藉著宣告這個法案，告知人們，我們所身處的艱難處境。我們已經達成協議，在此鄭重頒布法案，在我們這些地區，西班牙君王已經沒有合法的君主權力了，我們決定從此也不再承認他在這個地區的統治權和司法權，不承認他所頒布的尼德蘭地區的任何法律，不再使用他的名號，也不准其他人使用。我們宣布所有的官員、法律人士、各領主、士紳和所有居民，在早先向當時尚任此地君王的西班牙君王所宣示的效忠和所承擔的義務，從現在起全部解除。

聯省的多數地區，已經同意全部服從有名望的奧倫治親王與安茹公爵所領導的政府，並在體制內與他們達成協議。馬提斯公爵已經透過聯省議會的允許辭去其職務，聯省議會委任全體法律人員、官員及相關人士，從現在起就停止使用西班牙君王的名號、頭銜與國徽。若安茹公爵因缺席且發生與國家權利相關的緊急狀況時，則應以聯省議會大議長或省議會的名義臨時代理。但在被提名召集實行職責之前，聯省議會的大議長和委員們，則應當在我們的名義下行事，荷蘭省與澤蘭省兩省，應該以奧倫治親王之名義行事，各省分的省政府在上述省議會合法之前，則須服從與親王協商同意之議會的命令，在與公共事務相關方面，則須

得到上述議會的授權，才能使用我們的國璽、議會印章，以替代西班牙君王的印璽。司法審判部在處理相關事務之際，該地區的省議會及其他會議應當使用該省的名稱和印章。已經送審的案件，及其相關函牘公文，則須全數銷毀。為了有效地行事，我們已經再次命令聯省各地區都須在此法律頒布之際，立刻將西班牙君王的所有印璽，交由各省與財產管理部門，或者交給該部門所授權指定的人，以免被其他人恣意損毀。所有聯省的貨幣，從現在起，不得再印製西班牙君王的稱號及其國徽，所有新發行的金銀貨幣上的紋章，則只能依照聯省議會的指示鑄造發行。我們指示了本地區的法議長和諮詢院的委員們，以及其他的大臣、地方議長、會計長及相關人士、法律人員、官員，即日起不再向西班牙君王發誓，只依據其職務的任期與職權，向當地議會指派的人士就職，並且宣誓對西班牙君王及其追隨者，宣誓內容由聯省議會制定。各省的顧問、法律人員與政府官員，如已經在我們的名義下，向安茹公爵提出擔保，我們將聘用他們繼續其任職。在安茹公爵到來之前，先以此條文廢除早先的職權，以替代新職務。各省會計長及相關人士、法律人員、官員尚未與親王達成立約者，我們將會以我們的名義和印章，授與新的職權。因為在之前的職務中，反對此地區為了爭取自由和權利的行動者，被控告有罪或因行政不當而犯法者除外。

　　我們更要求大議長和其成員不拉班公國大臣、赫德蘭公國大臣、聚特芬省議會與荷蘭省議會的議長及其成員、澤蘭省東須爾德與西須爾德的接管者、菲士蘭省議會議長、麥赫倫司法議長、于特列赫特議會議長和所有其他相關的法律人士、政府官員及代理人員，促成本法案在自己的管轄區內公開宣布且貫徹實行，任何人都不可藉任何理由假稱不知。為了遵守法案的神聖不可侵犯，為了保障公共權益，違法者將會遭受立即的公正處罰。為陳述該命令，我們給予你們充分的權力和威望，來維護法案及其規定。在我們的見證下，法案由聯省議會下令核准，於1581

年 7 月 26 日，在海牙由德阿塞利爾斯簽署通過。

（文獻出自 Smith, J. W., and Smith, P. (eds.), *The Netherlands, 57B.C.–1971.—A Chronology and Fact Book.*）

大事年表

西元前

57　羅馬人在凱撒領軍下，征服萊茵河以北之尼德蘭。凱撒的《高盧戰記》通常被史家認為是記錄尼德蘭地區最早的文字史料。

西　元

69～70　巴達維亞領袖西比利斯反抗羅馬統治，這次「巴達維亞叛變」象徵日後 16 世紀尼德蘭革命以及巴達維亞共和國的建立之隱喻。

406　日耳曼「蠻族」越過萊茵河界，挑戰羅馬帝國。

500　尼德蘭地區居住著菲士蘭人、法蘭克人以及薩克森人。

690～695　聖威利布洛德在于特列赫特等地展開基督教化的傳教工作。

754～925　卡洛林王朝。

768　查理曼繼承矮子丕平成為法蘭克國王。

800　查理曼被加冕為羅馬皇帝。

843　《凡爾登條約》訂立，查理曼帝國分裂為東王國、西王國、中王國 3 部分，尼德蘭之大部分在中王國境內。部分尼德蘭成為東法蘭克王國的領土，法蘭德斯地區隸屬於西法蘭克王國。

862　法蘭德斯伯爵包德文正式成為皇室的封臣，須爾德河以東以及澤蘭也包含在其采邑內。

870　《梅森條約》訂立，法蘭西的禿頭查理與日耳曼的路易聯手瓜分洛林。

879　維京人入侵尼德蘭地區。

963～1354　法蘭德斯、不拉班、荷蘭、于特列赫特等也成為自治封建的諸侯國。

1024　日耳曼皇帝將德倫特伯國贈與于特列赫特主教。

1100　尼德蘭地區管理海埔新生地的官方機構成立。

1289	荷蘭伯爵弗羅里斯五世征服菲士蘭人。
1302	金馬刺之役，法蘭德斯人大勝法軍。
1306	阿姆斯特丹由于特列赫特主教手中得到城市特許狀。
1310～1313	亨利七世入侵義大利，並於 1312 年成為神聖羅馬帝國皇帝。
1350	黑死病在尼德蘭地區猖獗。
1356	不拉班的簡與文澤一世共同簽訂《喜悅的進入》規章，設首都於布魯塞爾。
1369	勃艮第公爵大膽菲力與法蘭德斯伯爵之女瑪格麗特·梅爾聯姻。
1415	賈桂琳成為荷蘭伯爵唯一繼承人。
1419～1477	勃艮第時代。
1425	賈桂琳與勃艮第公爵對立，兩者之間的戰爭引發貴族們與荷蘭城市菁英之間的內戰。賈桂琳屬魚鉤派，貴族則屬鱈魚派。
1428	巴伐利亞與荷蘭伯爵國接受勃艮第善良菲力之統治。
1430	金羊毛騎士團成立。
1438～1441	荷蘭波羅的海貿易時代。
1450	荷蘭成為波羅的海貿易的優勢者，布魯日的重要性漸由安特衛普取代。
1469	伊拉斯莫斯出生。
1477～1482	勃艮第的瑪麗訂定《大特權》憲章，地方權力上升。
1477	勃艮第的瑪麗與哈布斯堡的馬西米連結婚，將哈布斯堡勢力引進尼德蘭。
1500	美男菲力與瓊安之子——查理五世，於根特出生。
1506～1515	哈布斯堡的馬西米連成為尼德蘭地區攝政。
1506～1543	哈布斯堡家族逐漸擴張版圖「尼德蘭十七聯省」誕生。
1507～1515 1518～1530	查理五世的姑母瑪格列特於尼德蘭攝政。
1519	查理五世為日耳曼神聖羅馬皇帝。
1523	路德派的兩位人士遭受火刑，成為查理五世時期對新教徒迫害的開始。
1524	菲士蘭承認查理五世。
1531	查理五世設首府於布魯塞爾。

1548	於哈布斯堡家族之下成立勃艮第哈布斯堡的「勃艮第圈」。
1555	查理五世讓位於其子菲力二世並為西班牙國王 (1556) 與尼德蘭之君主 (1555)。
1562	尼德蘭貴族之間的同盟形成，其中包含威廉‧奧倫治、愛格蒙、霍恩以及蒙提尼等，他們不滿樞機主教葛蘭維爾對尼德蘭政局的過度干預，以及抗議西班牙引進異端裁判所。
1565	貴族形成「協議同盟」，約有 4 百多位貴族加入，其目的為齊心抗議異端裁判所以及提倡宗教自由。
1566	威廉‧奧倫治、愛格蒙、霍恩等尼德蘭貴族向尼德蘭總督馬格烈特‧帕瑪獻請願表。 「破壞聖像運動」展開。
1567～1573	阿爾巴公爵就任尼德蘭攝政總督。
1568	發生「荷蘭叛變」。
1568～1648	荷蘭與西班牙的「八十年戰爭」。
1572	「乞丐們」奪得登布里，並在臺爾夫特展開會議。為了頌揚威廉‧奧倫治的「威廉頌」譜成，這首曲子後來成為荷蘭的國歌。
1573	德雷貴中接任尼德蘭總督。 哈倫和奧克馬圍城之役。
1574	西班牙被迫放棄萊登圍城之役。
1575	威廉‧奧倫治成立萊登大學，為繼魯汶之後尼德蘭地區境內第二所大學。
1576	西班牙方面與尼德蘭地區達成《根特協議》。威廉‧奧倫治將成為荷蘭省與澤蘭省的執政。
1576～1578	奧地利的唐璜繼任為尼德蘭總督。
1577	帕瑪公爵法納茲宣稱為尼德蘭總督。
1579	南方組成阿拉斯聯盟繼續效忠西班牙，北方七省則組成于特列赫特聯盟繼續反抗西班牙。
1580	菲力二世懸賞 2 萬 5 千荷盾誅殺威廉‧奧倫治。
1581	頒布《斷絕法案》，北尼德蘭七省宣布聯合獨立，拒絕菲力二世為其國王。威廉‧奧倫治為執政官。
1584	威廉‧奧倫治於臺爾夫特遇刺。其子墨利斯被推舉為荷蘭省與澤蘭省的執政官。

1585	聯省議會決定封鎖須爾德河及安特衛普的港口。
1585～1625	墨利斯續任為荷蘭省與澤蘭省執政官。
1588	西班牙無敵艦隊遭到擊敗。 萊斯特離開荷蘭。
1595	荷蘭第一次派遣遠征探險隊至東印度。
1598	菲力二世將南尼德蘭贈與其女伊薩貝拉與其女婿阿伯特大公。
1600	墨利斯領軍在法蘭德斯的新港附近大勝西班牙。
1602	荷蘭聯合東印度公司成立。
1609～1621	荷蘭與西班牙簽訂《十二年休戰協定》。
1614	荷蘭成立為發展捕鯨事業的「北方公司」。
1618	奧登巴納維特和格老修斯被捕。 多德宗教會議決定翻譯國家版《聖經》，於 1637 年正式出版。
1619	奧登巴納維特被控通敵叛國，處以死刑。
1621	西印度公司成立，格老修斯流亡瑞典。 荷蘭與西班牙之間《十二年休戰協定》結束。
1624～1662	荷蘭佔領福爾摩沙臺灣。
1625～1647	韓力繼任為荷蘭等 5 省執政官。
1635～1637	鬱金香球莖貿易盛行，產生「鬱金香熱」。
1636～1654	荷蘭佔領巴西為殖民地。
1641	日本允許荷蘭在長崎出島建立貿易基地。
1642	荷蘭發現紐西蘭。
1647～1650	奧倫治的威廉二世接任荷蘭等 5 省執政官。
1648	三十年戰爭結束，《西發利亞條約》中之《明斯特條約》簽訂，國際公認荷蘭共和國之獨立。
1650～1672	荷蘭聯省共和國史上首次無執政官統治時期。
1651	英國訂《航海法案》。
1652～1654	第一次英荷海上戰爭。
1665～1667	第二次英荷海上戰爭，並簽訂《布雷達條約》。
1672～1702	德威特於海牙被處死。威廉三世接任荷蘭等 5 省執政官。
1677	威廉三世與英國斯圖亞特的瑪麗聯姻。
1683	威廉三世於阿姆斯特丹與城市首領菁英們產生衝突。

1685	路易十四下令廢止〈南特詔書〉，許多法國胡格諾派新教徒湧入荷蘭尋求庇護。
1688	法王路易十四領軍進入西屬尼德蘭，反法的奧格斯堡同盟成立。
1689～1702	荷蘭威廉三世與瑪麗王后入主英國。
1702～1747	荷蘭聯省共和國史上第二次無執政官統治時期。
1713	與法簽訂《于特列赫特和約》
1714	西屬尼德蘭的統治權轉予奧地利的哈布斯堡家族。
1715	荷蘭聯省共和國得到奧屬尼德蘭的駐守權。
1715～1795	奧地利哈布斯堡統治南尼德蘭包括盧森堡在內地區。
1734	威廉四世與英國喬治三世之女安妮結婚。
1740	奧地利女皇瑪莉亞德瑞莎統治南尼德蘭。
1747	奧倫治的威廉四世接任共和國聯省執政官。
1766～1795	奧倫治的威廉五世親任共和國聯省執政官。
1780～1784	第四次英荷海上戰爭。
1780～1787	荷蘭聯省共和國內出現要求改革時政的「愛國者」。
1781	「愛國者」的小冊子《致尼德蘭人民》出版，鼓吹民主。
1787	普魯士軍事力量介入對付「愛國者」，威廉五世復權。
1791～1798	東印度公司和西印度公司盤清，殖民地控制權轉予荷蘭政府。
1795	巴達維亞革命爆發，威廉五世逃亡英國，「愛國者」掌權。
1806～1810	路易·拿破崙成為荷蘭國王。
1810～1813	荷蘭被納入法國拿破崙帝國。
1814～1815	維也納會議中決定將荷蘭共和國與奧屬尼德蘭合併，為尼德蘭聯合王國。
1815	拿破崙敗於滑鐵盧，奧倫治家族由英返國，並成為尼德蘭聯合王國的國王威廉一世，確立新憲法與兩院制議會。
1830～1839	比利時革命，脫離尼德蘭聯合王國。
1830	荷蘭在印尼實行「強迫種植」。
1830～1831	比利時王國建立，荷蘭出兵干涉。
1837	《嚮導》文藝期刊成立。
1839	《倫敦和約》簽訂，威廉一世承認比利時獨立。 哈倫至阿姆斯特丹的鐵路開通，是為荷蘭第一條鐵路。

1840	威廉一世退位，荷蘭憲政改革。
1840～1849	威廉二世繼位為尼德蘭國王與盧森堡公爵。
1848	荷蘭由托北克所主導進行以自由主義為基礎的憲政改革。
1849	威廉三世即位為尼德蘭國王與盧森堡公爵。
1859	荷蘭東印度公司禁止奴隸的運輸販賣。
1860	莫塔杜里的小說《麥斯·哈弗拉爾》出版，反映荷蘭殖民者對爪哇人的剝削。
1863	禁止西印度公司奴隸運輸販賣。
1870	阿蕾塔被允許進入公立高中，開啟荷蘭女性解放運動的序幕。
1872	荷蘭罷工運動合法化。
1873～1904	阿杰戰爭。
1877	居普爾計畫成立喀爾文政黨。
1880	居普爾創立阿姆斯特丹自由大學。
1887	荷蘭再度進行憲政改革，調寬有限度的選舉權。
1888	居普爾與夏普曼成立宗教聯合政黨。
1889	荷蘭通過新的教育法案，對公立及由宗教團體設立的學校均進行經費補助。
1890～1948	威廉明娜女王時期。
1901～1905	居普爾擔任荷蘭首相並籌組宗教政黨聯合內閣。
1902	英國與南非荷裔間爆發波耳戰爭。
1907	荷蘭皇家殼牌石油公司成立。海牙二度召開國際和平會議。
1909	荷蘭新教工會 (CNV) 成立。
1914～1918	第一次世界大戰爆發，荷蘭為中立國，比利時、盧森堡被德國佔領。
1917	因德國宣布無限制潛水艇戰，荷蘭船隻嚴重受損。
1919	荷蘭確立全民（男子與女子）普選。
1920	荷蘭成為國聯會員。
1922	荷蘭修憲，去除官方文件中「殖民」辭彙。
1939～1945	第二次世界大戰爆發。
1940	德國納粹佔領荷蘭，威廉明娜女王及政府流亡英國，比利時、盧森堡亦遭佔領。
1942	德國驅逐荷蘭境內的猶太人，約有 10 萬荷蘭猶太人遭押至集

中營。

1944	聯軍首先解放尼德蘭南部。商議荷比盧同盟。
1945	納粹德國投降。蘇卡諾等人宣布印尼獨立。荷蘭加入聯合國。
1948	荷比盧達成關稅同盟。 荷蘭對印尼殖民地民族運動展開鎮壓。 馬歇爾計畫援助荷蘭。 退休養老金相關法案成立。
1948～1980	荷蘭茱麗安娜女王時期。
1949	荷蘭承認印尼獨立。荷比盧加入北大西洋公約組織 (NATO)。
1950	舒曼計畫開始。
1951	荷比盧加入歐洲煤鐵共同組織 (ECSC)。
1952	阿姆斯特丹至萊茵區運河開通。
1953	澤蘭發生荷蘭近代最嚴重水患，約 2 千民眾溺斃。
1957	荷比盧簽署《羅馬條約》，加入歐洲經濟共同體 (EEC) 和歐洲原子能共同體 (EURATOM)。
1961	荷蘭 1 週 5 個工作天開始實行。
1965	普波運動形成，一群阿姆斯特丹的年輕人鼓吹無政府主義，挑戰當時的主流文化。
1966	新版《新教義》誕生，揭示了荷蘭天主教在 1960 年代的改革。
1971	荷蘭投票年齡限制降低到 18 歲。荷蘭女王出訪印尼，承諾雙方友好關係。
1975	荷蘭承認蘇利南獨立。
1980	荷蘭碧翠絲女王即位。
1983	荷蘭憲政改革。
1989	社會民主黨與基督教民主黨聯合執政。
1992	《馬斯垂克條約》簽署，歐洲邁向整合，荷比盧同為歐盟核心國。
1994	左右共治的「紫色聯盟」成立。
1997	在《阿姆斯特丹條約》下，接受了東歐各國參與歐盟的申請。
1998	荷比盧正式加入歐洲貨幣聯盟 (EMU)。
2002	1 月 1 日歐元正式流通，荷比盧等歐盟成員宣布以歐元為唯

一固定貨幣。

布魯塞爾歐盟高峰會議，針對美國 911 恐怖攻擊討論歐洲因應之道。

歐盟高峰會議在比利時拉肯簽署〈拉肯宣言〉，決定東歐國家在 2004 年參與歐盟議會選舉，宣言中並強調歐盟對世界事務所參與之重要性。

2004	歐盟會員國增至 25 國，在歐盟首都布魯塞爾慶祝。
2005	荷蘭舉行《歐盟憲法》公投但未通過。
2006	荷蘭移民部部長費東克因處理索馬利亞裔議員阿里事件引起輿論，導致包肯納德的內閣總辭。
2009	荷蘭女王節發生撞車事件。
2010	自由民主人民黨馬克呂特 (Mark Rutte) 擔任首相籌組內閣。
2011	荷蘭司法部決定關閉 8 所監獄，顯示犯罪率減少，並實施獄政經費縮節。
2012	首相馬克呂特因政府財政赤字及緊縮措施問題朝野協商失敗，向女王請辭。 女王碧翠絲訪問阿曼期間，穿戴頭巾長袍，惹來不尊重女性的批評。

參考書目

外文資料

Andrade, T. *How Taiwan Became Chinese: Dutch, Spanish, and Han Colonization in the Seventeenth Century* (New York, 2007).

Arblaster, P. *A History of the Low Countries* (New York, 2006).

Balthazar, H., etc. *The Drama of the Low Countries: Twenty Centuries of Civilization between Seine and Rhine* (Antwerp, 1996).

Beeke, J. R. *Assurance of Faith: Calvin, English Puritanism, and the Dutch Second Reformation* (New York, 1991).

Berkvens-Stevelincke, C., and Israel, J. I. (eds.). *The Emergence of Tolerance in the Dutch Republic* (Brill, 1997).

Blankenburg, E., and Bruinsma, F. *Dutch Legal Culture*, (Deventer, 1991).

Blockmans, W., and Prevenier, W. *The Low Countries under Burgundian Rule* (Philadelphia, 1997).

Blom, J. C. H., and Lamberts, E. (eds.). *History of the Low Countries* (New York, Oxford, 1999).

Boxer, C. R. *The Dutch Seaborne Empire, 1600～1800* (London, 1999).

Boxer, C. R. *Dutch Merchants and Mariners in Asia: 1602～1795* (London, 1988).

Brook, T. *Vermeer's Hat: The Seventeenth Century and the Dawn of Global World* (New York, 2008).

Bruijn, J. R. Gaastra F. S., and Schöffer I. *Dutch-Asiatic Shipping in the 17th and 18th Centuries* (The Hague, 1987).

Burke, P. *Venice and Amsterdam: A Study of Seventeenth Century Elites* (Cambridge, 1994).

Buuren, M. (ed.). *Dutch Culture in a European Perspective 1900: The Age of Bourgeois Culture* (Basingstock, 2004).

Carson, P. *The Fair Face of Flanders* (Tielt, 1991).

Coleman, J. A. *The Evolution of Dutch Catholicism 1958~1974* (Berkeley, 1978).

Coolhass, W. P., and Schutte, G. *A Critical Survey of Studies on Dutch Colonial History* (The Hague, 1980).

Crenshaw, P. *Rembrandt's Bankruptcy: The Artist, His Patrons, and the Art Market in Seventeenth-Century Netherlands* (Cambridge, 2006).

Crew, P. M. *Calvinist Preaching and Iconoclaism in the Netherlands 1544~1569* (Cambridge, 1978).

Darby, G. *The Origins and Development of the Dutch Revolt* (New York, 2001).

De Vries, and van der Woude. *The First Modern Economy: Success, Failure and Perseverance of Dutch Economy 1500~1815* (New York, 1995).

De Voogd, C. *Histoire des Pays-Bas* (Paris, 1992).

Duke, A. *Reformation and Revolt in the Low Countries* (London, 2003).

Dyrness, W. A. *Reformed Theology and Visual Culture* (Cambridge, 2004).

Fokkema, D., and Grijzenhout, F. (eds.). *Dutch Culture in a European Perspective Accounting for the Past 1650~2000* (Basingstock, 2004).

Frijhoff, W., and Clark, G. (eds.). *Dutch Culture in a European Perspective* (Basingstock, 2004).

Gaastra, F. S. *De Geschiedenis van de VOC* (Zutphen, 1991)

Geyl, P. *History of the Dutch-Speaking Peoples, 1555~1648* (London, 1998).

Giselinde, K. *Good Humor, Bad Taste: A Sociology of the Joke* (New York, 2006).

Goldgar, A. *Tulipmania: Money, Honor, and Knowledge in the Dutch Golden Age* (Chicago, 2007).

Grijzenhout, F., and van Veen, H. (eds.). *The Golden Age of Dutch Painting in Historical Perspective* (Cambridge, 1999).

Haak, B. *The Golden Age: Dutch Painters of the Seventeenth Century* (New York, 1984).

Hellemans, S. *Strijd om de moderniteit: Sociale bewegingen en verzuiling in Europa sinds 1800* (Kadoc-Studies, Leuven, 1990).

Hochstrasser, J. B. *Still Life and Trade in the Dutch Golden Age* (London, 2007).

Hsia, R., and Nierop, H. van (eds.). *Calvinism and Religious Toleration in the Dutch Colden Age* (Cambridge, 2002).

Huizinga, J. *Dutch Civilisation in the Seventeenth Century and Other Essays* (London, 1998).

Huizinga, J. *Herfsttij der middeleeuwen Studie over levens-en gedachtenvormen der veertiende en vijftiende eeuw in Frankrijk en de Nederlanden* (Amsterdam, 1997).

Israel, J. I. *Dutch Primacy in World Trade, 1585~1740* (Oxford, 1990).

Israel, J. I. *The Dutch Republic: It's Rise, Greatness, and Fall, 1477~1806* (Oxford, 1995).

Jacob, M. C., and Mijnhardt (eds.). *The Dutch Republic in the Eightteenth Century: Decline, Enlightenment and Revolution* (Ithaca, 1992).

Koenigsberger, H. G. *Monarchies, States Genrals and Parliaments: The Netherlands in the Fifteenth and Sixteenth Centuries* (Cambridge,

2001).

Kossmann, E. H. *De Lage Landen, 1780~1980. Twee eeuwen Nederland en België*, 2 vols. (Brussels, 1996).

Kossmann, E. H. *The Low Countries, 1780~1940* (Oxford, 1978).

Lecler, J. *Toleration and the Reformation* (New York, 1960).

Lijphart, A. (ed.). *Conflict and Coexistence in Belgium* (Berkeley, 1981).

Lijphart, A. *Politics of Accommodation: Pluralism and Democracy in the Netherlands* (Berkeley, 1975).

Lucassen, J., and Davids, C. A. (eds.). *A Miracle Mirrored: The Dutch Republic in European Perspective* (Cambridge, 1995).

Lunsford, W. *Piracy and Privateering in the Golden Age Netherlands* (New York, 2005).

Mcleod, H. *The Early 1960s in the Religious Crisis of the 1960s* (Oxford, 2007).

McQueen, A. *The Rise of the Cult of Rembrandt* (Amsterdam, 2003).

Mokyr, J. *Industrialization in the Low Countries 1795~1850* (New Haven, 1976).

Muizelaar, K., and Phillips, D. *Picturing Men and Women in the Dutch Golden Age: Paintings and People in Historical Perspective* (New Haven, 2003).

Nak, G. *Amsterdam, A Brief Life of the City* (Amsterdam, 2005).

Nicholas, D. *Medieval Flanders* (London, 1992).

Pagden, A. (ed.). *The Idea of Europe* (Cambridge, 2002).

Parker, C. H. *The Reformation of Community: Social Welfare and Calvinist Charity in Holland, 1572~1620* (Cambridge, 1998).

Parker, G. *The Dutch Revolt* (London, 1997).

Parthesius, R. *Dutch Ships in Tropical Waters: The Development of the Dutch*

East India Company Shipping Network in Asia 1595～1660 (Amsterdam, 2010).

Pirenne, H. *Histoire de Belgique*, 7 vols. (Brussels, 1902～1932).

Pollmann, J. *Religious Choice in the Dutch Republic: The Reformation of Arnoldus Buchelius, 1565～1641* (Manchester, 1999).

Porter, Roy. *Enlightenment in the National Context* (Cambridge, 1981).

Prak, M. *Dutch Republic in the Seventeenth Century: The Golden Age* (Cambridge, 2005).

Prakash, Om. *The Dutch East India Company and the Economy of Bengal, 1630～1720* (New Jersey, 1985).

Price, J. L. *Culture and Society in the Dutch Republic during the Seventeenth Century.* (London, 1974).

Price, J. L. *Dutch Republic in the Seventeenth Century* (Oxford, 1998).

Price, J. L. *Dutch Society, 1588～1713* (New York, 2000).

Rietbergen, P. J. *A Short History of the Netherlands* (Amersfoort, 1995).

Righart, H. *De katholieke zuil in Europa. Het ontstaan van verzuiling onder katholieken in Oostenrijk, Zwitserland, België en Nederland* (Boom, Meppel, 1986).

Saunders, J. V. *Early Democracies in the Low Countries: Unban Society and Political Conflict in the Middle Ages and the Renaissance* (New York, 1963).

Schama, S. *The Embarrassment of Riches. An Intertretation of Dutch Culture in the Golden Age* (New York, 1989).

Schama, S. *Patriots and Liberators: Revolution in the Netherlands 1780～1813* (1977).

Schama, S. *Rembrandt's Eyes* (New York, 1999).

Schenkeveld, M. A. (ed.). *Nederlandse Literatuur, Een Geschiedenis* (Groningen, 1993).

Shetler, W. Z. *The Netherlands in Perspective: The Dutch Way of Organing a Society and Its Setting* (Utrecht, 1997).

Simon, W. *Cities of Ladies: Beguine Communities in the Medieval Low Countries, 1200~1565* (Philadelphia, 2001).

Smith, J. W., and Smith, P. (eds.), *The Netherlands, 57B.C.-1971. - A Chronology and Fact Book.* (New York. 1973)

Tamse, C. A., and Witte, E. (eds.). *Staats en natievorming in Willem I's koninkrijk 1815~1830* (Brussels, 1992).

Tracy, J. *Holland under Habsburg Rule, 1506~1566: The Formation of a Body Politic* (California, 1990).

Toussaint-Samat, M. *A History of Food* (Oxford, 1994).

Unger, R. W. *A History of Brewing in Holland 900~1900* (Leiden, 2001).

van der Horst, H. *The Low Sky: Understanding the Dutch* (London, 2004).

van der Wee, H. *The Rise of the Antwerp Market* (The Hague, 1963).

van Deursen, T. *Plain Lives in the Golden Age* (Cambridge, 1992).

van Gelderen, M. *The Political Thoughts of the Dutch Revolt* (Cambridge, 1993).

van Houtte, J. A. *An Economic History of the Low Countries* (London, 1997).

van Nierop, H. K. F. *The Nobility of Holland: From Knights to Regents 1500~1165* (Cambridge, 1993).

van Oostrom, F., and van Oostrom, F. P. (eds.), *De Canon van Nederland-De Vijftig Vensters.* (Amsterdam, 2008)

van Suchtelen, A. *Dutch Cityscape of the Golden Age* (Zwolle, 2008).

van Zanden, J. L. *The Rise and Decline of Holland' Economy* (Manchester, 1993).

van Zanden, J. L., and van Riel, A. *The Strictures of Inheritance: The Dutch*

Economy in the Nineteenth Century (New Jersey, 2004).

Verhulst, A. *The Rise of Cites in North-West Europe* (Cambridge, 1999).

Wheelock, A. Jr., and Seeff, A. (eds.). *The Public and Private in Dutch Culture of the Golden Age* (London, 2000).

Wils, L. *van Clovis tot Happart. De lange weg van de natievorming in de Lage Landen* (Leuven, 1992).

Witte, E., etc. *Political History of Belgium* (Brussels, 2000).

Yeazell, R. B. *Art of the Everyday: Dutch Painting and the Realist Novel* (New Jersey, 2008).

中文資料

弗里德里西・希爾 (Heer, F.) 著，趙復三譯，《歐洲思想史》，香港中文大學出版社，2003。

周明泉，〈哈伯瑪斯與德希達「核心歐洲」之共同宣言〉，《當代》第 198 期，2004，頁 4～19。

張淑勤，《低地國史──新歐洲的核心》（增訂二版），臺北：三民書局，2010。

張淑勤，〈荷蘭文化史家 Johan Huizinga 的史學〉，《歷史與文獻》，臺北：學生書局，1998，頁 250～272。

張淑勤，〈賀津哈 (Johan Huizinga) 史學中的神秘性與美學成分〉，社會與文化──世界史研究與教學學術研討會論文，國立臺灣師範大學，2010。

張淑勤，〈宗教與現代性──比利時、荷蘭天主教地區「分立化」興衰過程之探析〉，《輔仁歷史學報》第 22 期，2009，頁 269～306。

程紹剛譯註，《荷蘭人在福爾摩沙》，臺北：聯經出版社，2000。

劉謙功，〈荷蘭瓷都代爾夫特興起的歷史動因〉，《藝術百家》第 4 期，2008 年 4 月，頁 119～126。

圖片出處：4, 5: Shutterstock; 15: Paul van Riel; 17: B&U International Picture Service, Amsterdam; 32, 34: Spaarnestad Fotoarchief, Haarlem; 33: Corbis.

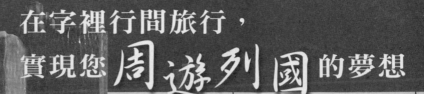

用歲月的眼睛，觀照時間的印記

在字裡行間旅行，
實現您**周遊列國**的夢想

國別史叢書

日本史──現代化的東方文明國家

韓國史──悲劇的循環與宿命

菲律賓史──東西文明交會的島國

印尼史──異中求同的海上神鷹

尼泊爾史──雪峰之側的古老王國

巴基斯坦史──清真之國的文化與歷史發展

阿富汗史──文明的碰撞和融合

阿富汗史──戰爭與貧困蹂躪的國家

伊拉克史──兩河流域的榮與辱

約旦史──一脈相承的王國

敘利亞史──以阿和平的關鍵國

土耳其史──歐亞十字路口上的國家

埃及史──神祕與驚奇的古國

法國史──自由與浪漫的激情演繹

德國史──中歐強權的起伏

捷克史──波希米亞的傳奇

匈牙利史──一個來自於亞洲的民族

低地國（荷比盧）史——新歐洲的核心

「低地國」過去曾被認為是蠻荒之地，但到中世紀搖身一變成為歐洲商業中心，近代更成為歐洲聯盟的源頭。這裡發展過人文主義、宗教寬容精神，也激發過新教倫理、近現代商業精神等要素。想知道她們如何從蠻荒之地變身為「核心歐洲」的一分子，千萬不能錯過本書！

丹麥史——航向新世紀的童話王國

風景秀麗的丹麥孕育了安徒生浪漫的童話，隨手汲拾皆是美麗的故事，在充滿花香和書香的土地上，給予人們充滿希望的福音，也為世界和平帶來一股清流。

法國史——自由與浪漫的激情演繹

法國，她優雅高貴的身影總是令世人著迷，她從西歐小國逐漸成長茁壯，締造出日後舉足輕重的地位。在瑰麗的羅浮宮、不可一世的拿破崙之外，更擁有足以影響世界的歷史與文化成就。

德國史——中歐強權的起伏

自統一建國，至主導歐洲外交，甚而挑起世界大戰，在近現代的歐洲舞臺，德國絕對是凝聚焦點的主角，在一次次的蟄伏和崛起中，顯現超凡的毅力與韌性。